Diogenes Taschenbuch 97/4

F. Scott Fitzgerald

Der Rest von Glück

Erzählungen 1920

Aus dem Amerikanischen von
Walter Schürenberg

Diogenes

Die Geschichten sind den Bänden *Flappers and Philosophers* (1920)
und *Tales of a Jazz Age* (1922) entnommen.
Hinweis am Ende dieses Bandes.
Umschlagfoto: Clara Bow

Deutsche Erstausgabe

80/80/8/1
ISBN 3 257 20744 1

Inhalt

Die Kristallbowle

I

Es gab die ältere Steinzeit und die jüngere Steinzeit und die Bronzezeit und – viele Jahre später – das Kristall-Zeitalter. Im Kristallzeitalter saßen junge Damen, wenn sie junge Männer mit langen gezwirbelten Schnurrbärten dazu überredet hatten, sie zu heiraten, nachher mehrere Monate lang und schrieben Danksagungen für Kristallgeschenke jeglicher Art – Punschbowlen, Fingerschalen, Tischgläser, Weingläser, Kompotteller, Konfektteller, Karaffen und Bonbonnieren –, denn obwohl Kristall in den neunziger Jahren nichts Neues war, diente es jetzt vor allem dazu, den betörenden Glanz des Neumodischen von Bostons Back Bay bis zum leichtlebigen Mittleren Westen zu reflektieren.

Nach der Hochzeit prangten die Punschbowlen auf der Anrichte mit der großen Bowle im Mittelpunkt; die Gläser wurden im Porzellanschränkchen aufgestellt, die Kerzenleuchter immer auf beiden Seiten eines Möbels – und dann begann der Existenzkampf. Die Konfektschale verlor ihren kleinen Henkel und wanderte als Stecknadelschälchen nach oben; eine Katze stieß auf ihrem Spaziergang die kleine Bowle von der Anrichte, und das Hausmädchen zerbrach das mittlere Bowlengefäß nebst der Zuckerschale; dann gab es Beinbrüche bei den Weingläsern, und selbst die Tischgläser verschwanden eins nach dem anderen wie die zehn kleinen Negerlein, und das letzte endete angeschlagen und verkrüppelt als Zahnbürstenhalter neben anderen schäbigen Luxusutensilien auf dem Glasbrett im Badezimmer. Aber zu der Zeit, als all dies geschah, war das Kristallzeitalter ohnehin vorbei.

Es hatte seinen ersten Höhepunkt schon überschritten, als eines Tages die neugierige Mrs. Roger Fairboalt der schönen Mrs. Harold Piper einen Besuch machte.

»Meine *Liebe*«, sagte die neugierige Mrs. Fairboalt, »ich *liebe* Ihr Haus. Ich finde es *soo* künstlerisch.«

»Ich freue mich ja *soo*«, sagte die schöne Mrs. Harold Piper, wobei ihre jungen, dunklen Augen aufleuchteten, »und Sie *müssen* öfter kommen. Ich bin nachmittags fast *immer* allein.«

Mrs. Fairboalt hätte wohl gern gesagt, daß sie dies absolut nicht glauben könne und wieso man das auch von ihr erwarte – denn die ganze Stadt wußte doch, daß Mr. Freddy Gedney in den letzten sechs Monaten Mrs. Piper an fünf Nachmittagen die Woche besucht hatte. Mrs. Fairboalt war in jenem reiferen Alter, wo sie allen schönen Frauen mißtraute –.

»Das Speisezimmer liebe ich *besonders*«, sagte sie, »all das *wundervolle* Porzellan und diese riesige Kristallbowle.«

Mrs. Piper lachte, so hübsch, daß Mrs. Fairboalts Vorbehalte wegen der Freddy-Gedney-Geschichte dahinschwanden.

»Oh, diese Riesenbowle!« Mrs. Pipers Mund schürzte sich bei dem Wort zu einer Rosenknospe. »Um diese Bowle gibt's eine ganze Geschichte –.«

»Oh –.«

»Sie erinnern sich an den jungen Carleton Canby? Also,

er hatte einmal sehr viel für mich übrig, und an dem Abend, als ich ihm sagte, daß ich Harold heiraten würde – vor sieben Jahren, zweiundneunzig – da reckte er sich und sagte: ›Evelyn, ich werde Ihnen ein Geschenk machen, das so hart wie Sie ist und ebenso schön und ebenso leer und durchsichtig.‹ Er machte mir ein bißchen angst – seine Augen waren gar so schwarz. Ich dachte, er wollte mir ein verwunschenes Haus vermachen oder etwas, das explodieren würde, wenn man es auspackte. Diese Bowle kam, und natürlich ist sie wunderschön. Ihr Durchmesser oder Umfang oder so ist zweieinhalb Fuß – oder vielleicht dreieinhalb. Jedenfalls ist die Anrichte wirklich zu klein für sie; sie steht ein Stück über.«

»Meine *Liebe*, war das nicht *verrückt*! Und damals ging er auch aus der Stadt fort, nicht wahr?« Dabei machte Mrs. Fairboalt sich eifrig Notizen in ihrem Gedächtnis – »hart, schön, leer und durchsichtig«.

»Ja, er ging in den Westen – oder Süden– oder irgendwohin«, antwortete Mrs. Piper und strahlte jene göttliche Unbestimmtheit aus, die der Schönheit etwas Zeitloses verleiht.

Mrs. Fairboalt zog ihre Handschuhe über, während sie zugleich den Effekt von Weiträumigkeit billigte, der durch die offene Zimmerflucht, den Durchblick von dem geräumigen Musikzimmer durch die Bibliothek bis auf einen Teil des dahinter liegenden Speisezimmers hervorgebracht wurde. Es war wirklich das hübscheste der kleineren Häuser in der Stadt, und Mrs. Piper hatte schon davon gesprochen, in ein größeres an der Devereaux Avenue umzuziehen. Vermutlich *scheffelte* Harold Piper Geld.

Als sie in der zunehmenden Herbstdämmerung auf dem

Gehsteig war, nahm sie jenen mißbilligenden, etwas widerlichen Gesichtsausdruck an, den fast alle erfolgreichen Frauen von über vierzig auf der Straße tragen.

Wenn *ich* Harold Piper wäre, dachte sie, würde ich *etwas* weniger Zeit den Geschäften widmen und *etwas* mehr Zeit dem Zuhause. Irgendein *Freund* sollte mal mit ihm reden.

Aber wenn Mrs. Fairboalt den Nachmittag für erfolgreich hielt, so hätte sie ihn als triumphal bezeichnet, wäre sie nur zwei Minuten länger geblieben. Denn während sie noch als schwarze Gestalt hundert Meter weiter die Straße hinunter entschwand, bog ein sehr gutaussehender, aufgewühlter junger Mann in die Auffahrt zum Piper-Haus ein. Mrs. Piper kam selbst auf das Klingeln an die Tür und ließ ihn, mit bestürztem Ausdruck, sogleich in die Bibliothek.

»Ich mußte dich sehen«, begann er in wilder Erregung. »Deine Nachricht hat mich übel hergenommen. Hat Harold dich eingeschüchtert?«

Sie schüttelte den Kopf.

»Ich bin ganz fertig, Fred«, sagte sie langsam, und ihre Lippen waren ihm nie so sehr wie abgerupfte Rosenblätter erschienen. »Er kam gestern abend völlig aufgebracht nach Hause. Seine Schwester Jessie hatte es für ihre Pflicht gehalten, und so war sie in die Stadt hinunter in sein Büro gegangen und hatte ihm berichtet. Er war tief verletzt – oh, ich kann es nicht anders ansehen als er, Fred. Er sagt, im Club wurde den ganzen Sommer über uns geklatscht, und er wußte nichts, und jetzt versteht er Gesprächsbrokken, die er aufgeschnappt hat, und verschleierte Andeutungen der Leute über mich. Er ist mächtig wütend, Fred, und er liebt mich und ich liebe ihn – jawohl.«

Gedney nickte langsam und schloß halb die Augen.

»Ja«, sagte er, »mein Unglück ist dem deinen gleich. Ich verstehe nur zu gut, wie andere Leute das sehen müssen.« Seine grauen Augen blickten offen in ihre dunklen. »Aus ist es mit der Seligkeit. Mein Gott, Evelyn, ich habe den ganzen Tag im Büro gesessen und auf deinen Brief gestarrt, immer darauf gestarrt und gestarrt –.«

»Du mußt gehen, Fred«, sagte sie beharrlich, und das leise Drängen in ihrer Stimme war ein neuer Schock für ihn. »Ich habe ihm mein Ehrenwort gegeben, dich nicht zu sehen. Ich weiß genau, wie weit ich bei Harold gehen kann, und an diesem Nachmittag hier mit dir zu sein ist etwas, das ich einfach nicht darf.«

Sie standen noch so da, und indem sie sprach, machte sie eine kleine Bewegung zur Tür hin. Gedney sah sie unglücklich an und versuchte, sich wenigstens jetzt noch ein letztes Bild von ihr einzuprägen – und dann erstarrten beide plötzlich zu Marmor, als draußen auf der Auffahrt Schritte zu hören waren. Augenblicklich streckte sie den Arm aus, faßte seinen Rockaufschlag und beförderte ihn, halb drängend, halb ziehend, durch die Flügeltür ins dunkle Speisezimmer.

»Ich veranlasse ihn, nach oben zu gehen«, flüsterte sie dicht an seinem Ohr. »Beweg dich nicht, bis du ihn auf der Treppe hörst. Dann geh zur Vordertür hinaus.«

Dann war er allein und horchte, wie sie ihren Gatten in der Halle begrüßte.

Harold Piper war sechsunddreißig, neun Jahre älter als seine Frau. Er sah gut aus – mit einigen Abstrichen: nämlich Augen, die zu eng beieinander standen, und eine gewisse Ausdrucksleere, wenn sein Gesicht in Ruhe war. Seine Haltung gegenüber dieser Sache mit Gedney war typisch für seine ganze Art. Er hatte Evelyn gesagt, daß er die Angelegenheit als erledigt betrachte und ihr nie wieder deswegen Vorhaltungen machen noch in irgendeiner Form darauf anspielen werde; und er sagte sich, daß dies eine großartige Weise sei, die Sache anzusehen – daß sie denn auch nicht wenig beeindruckt war. Doch wie alle Männer, die sich auf ihre Großzügigkeit etwas zugute tun, war er im Grunde außergewöhnlich engherzig.

An diesem Abend begrüßte er Evelyn mit betonter Herzlichkeit.

»Du mußt dich beeilen und dich umziehen, Harold«, sagte sie eifrig. »Wir gehen doch zu den Bronsons.«

Er nickte.

»Ich brauche nicht lange zum Umziehen« – und mit diesen Worten war er schon halb in der Bibliothek. Evelyns Herz pochte vernehmlich.

»Harold«, begann sie mit leicht stockender Stimme und folgte ihm dorthin. Er zündete sich gerade eine Zigarette an. »Du wirst dich dennoch beeilen müssen, Harold«, schloß sie und blieb in der Tür stehen.

»Wieso?« fragte er etwas ungeduldig. »Du bist doch auch noch nicht angezogen, Evie.«

Er streckte sich in einem großen Lehnsessel aus und entfaltete die Zeitung. Ihr wurde schwach, denn Evelyn sah, daß dies mindestens zehn Minuten dauern würde – und Gedney stand nebenan und wagte nicht zu atmen. Angenommen, Harold wollte, bevor er nach oben ging, einen Drink aus der Karaffe auf der Anrichte. Dann fiel ihr ein, dem zuvorzukommen, indem sie ihm die Karaffe und ein Gläschen brächte. Sie fürchtete, durch irgendetwas seine Aufmerksamkeit auf das Speisezimmer zu lenken, aber das andere Risiko konnte sie auch nicht eingehen.

Doch im selben Moment stand Harold auf, warf die Zeitung hin und trat auf sie zu.

»Evie, Liebling«, sagte er, indem er sich herunterbeugte und den Arm um sie legte, »ich hoffe, du denkst nicht mehr an gestern abend –.« Sie schmiegte sich zitternd an ihn. »Ich weiß«, fuhr er fort, »es war nur eine unüberlegte Freundschaft deinerseits. Wir alle machen Fehler.«

Evelyn hörte ihn kaum. Sie fragte sich, ob sie sich einfach an ihn klammern und ihn so hinaus- und die Treppe hinaufziehen könnte. Sie dachte auch daran, krank zu spielen und zu bitten, nach oben getragen zu werden – aber zu ihrem Unglück wußte sie, er würde sie nur auf die Couch legen und ihr einen Whisky bringen.

Plötzlich stieg ihre Nervenanspannung noch um einen weiteren allerletzten Grad. Sie hatte ein ganz schwaches, aber unmißverständliches Knarren im Fußboden des Speisezimmers gehört. Fred versuchte also, durch den Hinterausgang zu entkommen.

Doch dann gab es ihrem Herzen einen Stoß, als sie einen hohlen Klang hörte, wie von einem Gong, der durch das Haus echote. Gedney war mit dem Arm an die Kristallbowle gestoßen.

»Was ist das!« rief Harold. »Wer ist im Haus?«

Sie klammerte sich an ihn, aber er stürzte davon, und ihr war, als krache der Raum über ihr zusammen. Sie hörte die Tür zur Anrichte gehen, ein Schlurren, das Rasseln einer Pfanne, und in wilder Verzweiflung rannte sie in die Küche und drehte die Gaslampe an. Der Arm ihres Gatten löste sich langsam von Gedneys Hals, und er stand ganz ruhig, zuerst gleichsam erstaunt und dann mit zunehmend kummervollem Gesichtsausdruck.

»Mein Gott!« sagte er bestürzt, und dann nochmal: »Mein *Gott*!«

Er wandte sich, wie um sich erneut auf Gedney zu stürzen, hielt inne, seine Muskeln entspannten sich zusehends, und er lachte kurz und bitter.

»Sachen macht ihr – Sachen –.« Evelyns Arme hielten ihn umschlungen und ihre Augen taten verzweifelt Abbitte, aber er stieß sie weg und sank wie betäubt auf einen Küchenstuhl, im Gesicht weiß wie Porzellan. »Ihr habt mir was angetan, Evelyn. Teuflisch ist das! *Teuflisch*!«

Er hatte ihr noch nie so leid getan; sie hatte ihn noch nie so sehr geliebt.

»Es war nicht ihre Schuld«, sagte Gedney ziemlich kleinlaut. »Ich kam nur so vorbei.« Aber Piper schüttelte nur den Kopf, und als er aufblickte, war es, als habe irgendein Unfall seinen Geist beschädigt und zeitweilig außer Funktion gesetzt. Seine Augen, die plötzlich erbarmungswürdig blickten, brachten in Evelyn tief und unhörbar eine Saite zum Schwingen – und zugleich wallte in ihr ein heftiger Zorn empor. Sie fühlte ein Brennen in den Augen; sie stampfte heftig mit dem Fuß auf; ihre Hände fuhren nervös auf dem Tisch umher, als suchten sie nach einer Waffe, und dann stürzte sie sich wild auf Gedney.

»Hinaus mit dir!« schrie sie, aus dunklen Augen blitzend, mit kleinen Fäusten auf seinen ausgestreckten Arm hämmernd. »Du hast das angerichtet! Hinaus mit dir – hin*aus*, sage ich, *hinaus*.«

II

Hinsichtlich der fünfunddreißigjährigen Mrs. Harold Piper waren die Meinungen geteilt – Frauen sagten, sie sei immer noch hübsch; Männer sagten, sie sei nicht mehr anziehend. Und das kam wahrscheinlich daher, daß die Besonderheiten ihrer Schönheit, die von den Frauen gefürchtet und von den Männern geschätzt wurden, verblaßt waren. Ihre Augen waren immer noch ebenso groß und dunkel und traurig, aber sie hatten nichts Geheimnisvolles mehr; ihre Trauer war nicht mehr überirdisch, sondern einfach menschlich, und sie hatte sich angewöhnt, wenn sie unangenehm überrascht oder verstimmt war, die Augenbrauen zusammenzuziehen und mehrmals zu blinzeln. Auch ihr Mund hatte eingebüßt: das Rot der Lippen war zurückgegangen und das leichte Herabziehen der Mundwinkel beim Lächeln, das zusammen mit dem traurigen Ausdruck der Augen leicht spöttisch und zugleich sehr reizvoll gewirkt hatte, war ganz verschwunden. Wenn sie jetzt lächelte, zogen sich ihre Mundwinkel eher nach oben. Früher, als sie noch in ihrer Schönheit schwelgte, hatte Evelyn dieses Lächeln ausgekostet – sie hatte es noch hervorgekehrt. Als sie das nicht mehr tat, schwand es dahin und mit ihm der Rest ihrer geheimnisvollen Ausstrahlung.

Spätestens einen Monat nach der Freddy-Gedney-Affäre hatte sie aufgehört ihr Lächeln hervorzukehren. Äußerlich war alles etwa so weitergegangen wie zuvor. Aber in jenen paar Minuten, in denen sie entdeckt hatte, wie sehr sie ihren Gatten liebte, war ihr klar geworden, wie endgültig sie ihn verletzt hatte. Einen Monat lang kämpfte sie gegen quälendes Schweigen, wilde Vorwürfe und Anklagen – sie stritt mit ihm, brachte ihm etwas stille, kümmerliche Liebe entgegen, woraufhin er sie nur bitter auslachte –, und dann glitt auch sie allmählich in Schweigen, und eine dunkle, unübersteigbare Schranke ging zwischen ihnen nieder. Die Liebe, die einst in ihr aufgewallt war, wendete sie nun reichlich Donald zu, ihrem kleinen Sohn, den sie jetzt nahezu verwundert als Teil ihres Lebens erkannte.

Im folgenden Jahr brachten beiderseitige Interessen und Verantwortlichkeiten, die ihnen erwuchsen, und ein aus der Vergangenheit herüberglimmender Funken die Ehegatten wieder zusammen – aber nach einer etwas pathetisch aufwallenden Leidenschaft erkannte Evelyn, daß ihre große Chance dahin war. Es war einfach nichts mehr übrig geblieben. Sie hätte wohl genug Jugend und Liebe für sie beide aufbringen können – aber jene Zeit des Schweigens hatte nach und nach die Quellen der Zuneigung ausgetrocknet, und ihre Begierde, sich von neuem daran zu laben, war abgestorben.

Zum ersten Mal begann sie sich nach Freundinnen umzusehen, Lieblingsbücher von früher wieder zu lesen, sich etwas Näharbeit vorzunehmen, wobei sie ein Auge auf ihre beiden Kinder haben konnte, denen sie sehr zugetan war. Sie kümmerte sich um Kleinigkeiten – wenn sie Krumen auf der Tischdecke sah, schweiften ihre Gedanken schon von jeder Unterhaltung ab: sie war dabei, allmählich den Rückzug ins mittlere Alter anzutreten.

An ihrem fünfunddreißigsten Geburtstag ging es ausnahmsweise sehr lebhaft zu, denn sie hatten im letzten Moment Abendeinladungen verschickt, und als sie am Spätnachmittag an ihrem Schlafzimmerfenster stand, merkte sie, daß sie *sehr* müde war.

Zehn Jahre früher hätte sie sich hingelegt und etwas geschlafen, aber jetzt hatte sie das Gefühl, die Dinge überwachen zu müssen: Dienstmädchen waren unten beim Saubermachen, alles mögliche stand auf dem Fußboden herum, und Lieferanten würden da sein, mit denen man energisch reden müßte – und schließlich war noch ein Brief an Donald zu schreiben, der vierzehn wurde und in seinem ersten Jahr im Schulinternat war.

Nichtsdestoweniger war sie schon fast entschlossen, sich niederzulegen, als sie plötzlich ein vertrautes Signal von Klein-Julie unten hörte.

»Julie!« rief sie.

»Ah-au-uuh!« jammerte Julie in langgezogenen Tönen. Dann drang die Stimme von Hilda, dem Zweitmädchen, herauf.

»Sie hat sich ein bißchen geschnitten, Mrs. Piper.«

Evelyn stürzte zu ihrem Nähkorb, wühlte darin, bis sie ein zerrissenes Taschentuch fand, und eilte nach unten. Im nächsten Augenblick war Julie weinend in ihren Armen, während sie nach der Schnittwunde suchte, die schon kleine unbedeutende Spuren auf Julies Kleidchen hinterlassen hatte.

»Mein Dau-aumen!« erklärte Julie. »Oh-h-h, tut weh.«

»Es war die Bowle da, das Riesending«, sagte Hilda entschuldigend. »Sie stand auf dem Fußboden, während ich die Anrichte polierte, und Julie kam vorbei und spielte damit. Da hat sie sich eben ein bißchen geschnitten.«

Mit einem zornigen Stirnrunzeln zu Hilda hin zog Evelyn Julie energisch auf ihren Schoß und riß das Taschentuch in Streifen.

»Nun – laß mal sehen, Liebling.«

Julie hielt ihn empor, und Evelyn beugte sich herab.

»Da!«

Julie betrachtete ihren blessierten Daumen mißtrauisch. Sie krümmte ihn; er wackelte. Ein befriedigter, interessierter Ausdruck erschien auf ihrem von tränenverschmierten Gesicht. Sie schnuffte und wackelte noch einmal damit.

»Du *Schatz*!« rief Evelyn und küßte sie, aber ehe sie aus dem Zimmer ging, runzelte sie noch einmal zu Hilda die Stirn. Unachtsam! So waren alle Dienstboten heutzutage. Wenn sie nur eine gute Irin bekommen könnte – aber das gab's nicht mehr – und diese Schwedinnen ...

Um fünf Uhr erschien Harold, kam herauf in ihr Zimmer und drohte in verdächtig jovialem Ton, ihr fünfunddreißig Geburtstagsküsse zu geben. Evelyn leistete Widerstand.

»Du hast getrunken«, sagte sie kurz und fügte dann abmildernd hinzu, »ein bißchen. Du weißt, ich hasse den Geruch.«

»Evie«, sagte er nach einer Pause, indem er sich am Fenster in einem Sessel niederließ, »ich habe dir jetzt etwas zu erzählen. Ich nehme an, du hast gemerkt, daß die Dinge in der Stadt nicht zum besten gelaufen sind.«

Sie stand am Fenster und kämmte ihr Haar, aber bei diesen Worten wandte sie sich um und sah ihn scharf an.

»Wie meinst du das? Du hast immer gesagt, in der Stadt wäre Platz für mehr als eine Eisenwarengroßhandlung.« Ihre Stimme klang einigermaßen beunruhigt.

»Das war es auch«, sagte Harold bedeutungsvoll, »aber dieser Clarence Ahearn ist ein schlauer Bursche.«

»Ich war überrascht, als du sagtest, er würde zum Essen kommen.«

»Evie«, fuhr er fort und gab sich noch einen Klaps aufs

Knie, »nach dem ersten Januar wird die ›Clarence Ahearn Company‹ zur ›Ahearn Piper Company‹ – und ›Gebrüder Piper‹ wird als Firma nicht mehr bestehen.«

Evelyn war entsetzt. Daß sein Name an zweiter Stelle stand, kam ihr irgendwie feindselig vor; dennoch schien er entzückt zu sein.

»Ich verstehe nicht, Harold.«

»Nun, Evie, Ahearn hatte eine Zeitlang mit Marx geflirtet. Wenn sich diese beiden zusammengetan hätten, dann wären wir der kleine Mann gewesen, der sich redlich plagt, kleinere Orders hereinholt, mit Rückgaberecht auf eigenes Risiko. Es ist eine Frage des Kapitals, Evie, und ›Ahearn und Marx‹ wären das im Geschäft gewesen, was jetzt ›Ahearn und Piper‹ sein werden.« Er machte eine Pause und hustete, wobei ein Wölkchen Whiskydunst zu ihrer Nase emporstieg. »Um die Wahrheit zu sagen, Evie, ich habe den Verdacht, daß Ahearns Frau etwas damit zu tun hat. Eine ehrgeizige kleine Dame, wie ich höre. Vermutlich wußte sie, daß die Marxens ihr hier nicht viel weiterhelfen könnten.«

»Ist sie eine – Gewöhnliche?« fragte Evie.

»Hab sie nie getroffen, soviel ich weiß – aber ich zweifle nicht daran. Clarence Ahearns Name war fünf Monate auf der Vorschlagsliste im Golf- und Landclub – und nichts ist geschehen.« Er machte eine geringschätzige Handbewegung. »Ahearn und ich haben heute mittag beim Lunch zusammengesessen und haben die Sache so gut wie entschieden, und so dachte ich, es wäre nett, ihn und seine Frau heute abend hier zu haben, also neun zum Essen, überwiegend Familie. Schließlich ist das eine große Sache für mich, und natürlich werden wir sie von Zeit zu Zeit einladen müssen, Evie.«

»Ja«, sagte Evelyn nachdenklich, »das werden wir wohl.«

Evelyn war nicht verstimmt über die gesellschaftlichen Folgen – aber die Vorstellung, daß aus ›Gebrüder Piper‹ eine ›Ahearn Piper Company‹ würde, erschreckte sie. Das kam ihr vor wie ein Abstieg.

Eine halbe Stunde später, als sie dabei war, sich zum Essen anzukleiden, hörte sie seine Stimme von unten.

»Oh, Evie, komm einmal herunter!«

Sie ging hinaus in die Halle und rief über das Treppengeländer: »Was gibt es denn?«

»Ich möchte, daß du mir hilfst, vor dem Essen diesen Punsch anzusetzen.«

Rasch hakte sie ihr Kleid wieder zu, ging hinunter und fand ihn dabei, die wichtigsten Ingredienzen auf dem Eßzimmertisch aufzubauen. Sie trat an die Anrichte, holte eins der Bowlengefäße herunter und brachte es ihm.

»Oh, nein«, protestierte er, »laß uns die große nehmen. Es werden Ahearn und seine Frau da sein, und du und ich und Milton, das sind schon fünf, und Tom und Jessie, das macht sieben, und deine Schwester und Joe Ambler, das macht neun. Du glaubst nicht, wie schnell das Zeug weggeht, wenn man es selbst bereitet hat.«

»Wir wollen diese Bowle nehmen«, beharrte sie. »Sie faßt eine Menge. Du weißt, wie Tom ist.«

Tom Lowrie, mit Harolds Cousine Jessie verheiratet, neigte dazu, alles, was er anfing, in alkoholisierter Stimmung zu beenden.

Harold schüttelte den Kopf.

»Sei nicht albern. Die hier faßt nur knapp drei Liter, und wir sind zu neun, und die Dienstboten werden auch etwas haben wollen – und es ist ja kein besonders starker

Punsch. Es ist so viel lustiger, wenn alles reichlich da ist, Evie; wir müssen ja nicht alles austrinken.«

»Ich sage: die kleinere Bowle.«

Wieder schüttelte er hartnäckig den Kopf.

»Nein, sei doch vernünftig.«

»Ich *bin* vernünftig«, sagte sie kurz. »Ich will keine betrunkenen Männer im Haus haben.«

»Das behauptet auch niemand.«

»Dann nimm die kleinere.«

»Also, Evie –.«

Er packte die kleinere Bowle, um sie wieder hinaufzustellen. Sogleich griff sie auch zu und hielt sie fest. Es gab ein kurzes Gerangel und dann, mit einem ärgerlichen Brummen, hob er das Ding auf seiner Seite an, entwand es ihren Händen und trug es zur Anrichte hinüber.

Sie sah ihn an und versuchte, Verachtung in ihren Blick zu legen, aber er lachte nur. Sie gab sich geschlagen, lehnte aber jede weitere Beteiligung an dem Punsch ab und ging aus dem Zimmer.

III

Um sieben Uhr dreißig schritt Evelyn mit glühenden Wangen und ihrer hochgetürmten Frisur mit einem Hauch von Brillantine die Treppe hinunter. Mrs. Ahearn, eine kleine Frau, die eine leichte Nervosität unter rotem Haar und einem höchst aufwendigen Empire-Kleid verbarg, begrüßte sie sehr beredt. Evelyn mochte sie vom ersten Augenblick an nicht, aber den Gatten akzeptierte sie schon eher. Er hatte klug blickende, blaue Augen und eine natürliche Gabe, den Menschen zu gefallen, womit er's gesellschaftlich hätte schaffen können, wäre er nicht offenkundig so ungeschickt gewesen, seinem Aufstieg durch eine zu frühe Heirat zu schaden.

»Ich freue mich, Pipers Frau kennenzulernen«, sagte er schlicht. »Es sieht so aus, als wenn Ihr Gatte und ich in Zukunft viel miteinander zu tun hätten.«

Sie neigte den Kopf, lächelte anmutig und wandte sich dann, um die anderen zu begrüßen: Milton Piper, Harolds stillen, harmlosen jüngeren Bruder; die beiden Lowries, Jessie und Tom; Irene, ihre unverheiratete Schwester, und schließlich Joe Ambler, einen überzeugten Junggesellen und Irenes ewigen Begleiter.

Harold machte den Anführer ins Speisezimmer.

»Wir machen heute einen Punsch-Abend«, verkündete er jovial – Evelyn sah, daß er sein Gebräu schon reichlich probiert hatte – »also gibt es außer dem Punsch keine Cocktails. Er ist 'ne Meisterleistung meiner Frau, Mrs. Ahearn, sie gibt Ihnen das Rezept, wenn Sie es wollen; aber infolge eines leichten« – er sah zu seiner Frau hinüber und zögerte – »eines leichten Unwohlseins bin ich für die heutige Mischung verantwortlich. Hier ist sie!«

Während des ganzen Essens gab es Punsch, und Evelyn bemerkte, daß Ahearn und Milton Piper und alle Frauen zu dem Mädchen, das einschenken wollte, verneinend den Kopf schüttelten, und damit wußte sie, daß sie bezüglich der Bowle recht gehabt hatte; sie war immer noch halb voll. Sie beschloß, Harold gleich nachher zur Vorsicht zu mahnen, aber als die Frauen vom Tisch aufstanden, nahm Mrs. Ahearn sie in Beschlag, und sie fand sich in eine Unterhaltung über Städte und Schneiderinnen verstrickt, wobei sie sich höflich interessiert zeigte.

»Wir sind ziemlich oft umgezogen«, plapperte Mrs.

Ahearn, wobei ihre rote Mähne heftig nickte. »Oh, ja, wir sind bisher nie so lange in einer Stadt geblieben – aber ich hoffe, hier bleiben wir für immer. Mir gefällt es hier, Ihnen nicht?«

»Wissen Sie, ich habe immer hier gelebt, so ist es ganz natürlich –.«

»Oh, das versteht sich«, sagte Mrs. Ahearn lachend. »Clarence sagte mir immer, er brauche eine Frau, bei der er nachhause kommen und sagen könne: ›Also morgen ziehen wir nach Chicago, um dort zu wohnen. Pack die Sachen ein.‹ So kam es dahin, daß ich nie erwartete, irgendwo heimisch zu werden.« Wieder gab sie ihr kleines Lachen von sich; Evelyn argwöhnte, daß es ihr Party-Lachen war.

»Ihr Gatte ist ein sehr fähiger Mann, glaube ich.«

»Oh, ja«, stimmte Mrs. Ahearn eifrig zu. »Er hat Grips, ja das hat Clarence. Ideen und Begeisterung, wissen Sie. Spürt auf, was ihm liegt, und dann hin, und er kriegt es.«

Evelyn nickte. Sie fragte sich, ob die Männer hinten im Speisezimmer immer noch Punsch tranken. Mrs. Ahearns Geschichte wurde in Schüben weiter ausgesponnen, aber Evelyn hörte nicht mehr zu. Der erste Schwall von Zigarrenrauch drang herein. Das Haus war eigentlich nicht sehr geräumig, dachte sie; an einem Abend wie diesem war die Bibliothek manchmal blau vor Rauch, und man mußte am nächsten Tag stundenlang die Fenster offen halten, um den schalen Dunst aus den Gardinen und Vorhängen zu lüften. Vielleicht könnte diese Partnerschaft . . . sie begann im Geiste auf ein neues Haus zu spekulieren . . .

Mrs. Ahearns Stimme drang an ihr Ohr:

»Ich würde wirklich gern das Rezept bekommen, wenn Sie es irgendwo aufgeschrieben haben –.«

Dann hörte man ein Stühlerücken im Speisezimmer, und die Männer kamen hereingeschlendert. Evelyn sah sogleich, daß ihre schlimmsten Befürchtungen eingetroffen waren. Harolds Gesicht war unnatürlich gerötet und er brachte seine Sätze nicht klar zu Ende, während Lowrie im Gehen schwankte und um ein Haar auf Irenes Schoß landete, als er sich neben ihr auf der Couch niederlassen wollte. Da saß er und blinzelte die Gesellschaft verschwommen an. Evelyn blinzelte unwillkürlich zurück, aber ihr war nicht komisch dabei zumute. Joe Ambler lächelte zufrieden und paffte an seiner Zigarre. Nur Ahearn und Milton Piper schienen unberührt.

»Ist 'n wirklich hübsches Städtchen, Ahearn«, sagte Ambler, »das werden Sie noch merken.«

»Ich fand es schon sehr hübsch«, sagte Ahearn freundlich.

»Sie wern's mehr als hübsch finden, Ahearn«, sagte Harold mit Nachdruck, »soweit es an mir liegt.«

Er holte zu einer Lobrede auf die Stadt aus, und Evelyn fragte sich mit Unbehagen, ob es die anderen auch so langweile wie sie. Offenbar nicht. Alle hörten aufmerksam zu. Evelyn schaltete sich bei der ersten Gelegenheit ein.

»Wo haben Sie früher gewohnt, Mr. Ahearn?« fragte sie interessiert. Dann fiel ihr ein, daß Mrs. Ahearn es ihr schon gesagt hatte, aber das machte nichts. Harold durfte nicht so viel reden. Er war widerlich, wenn er getrunken hatte. Aber er hakte sogleich wieder ein.

»Ich sag Ihn'n, Ahearn. Ers'mal 'n Haus hier ob'n.

Nehmense Stearne House oder Ridgeway House. Wennses hab'n, sag'n de Leute: ›Das ist Ahearn Haus.‹ Solide, wissense, das macht Eindruck.«

Evelyn errötete vor Zorn. Das klang so unangebracht wie möglich. Dennoch schien Ahearn nichts dabei zu finden, sondern nickte nur ganz ernsthaft.

»Haben Sie sich schon umgesehen –« aber ihre Worte verflüchtigten sich ungehört, während Harolds Stimme weiterdröhnte.

»Erst'n Haus – das is der Anfang. Dann lernense Leute kennen. Zuerst hochnäsig gegen jemand von draußen, aber nich lange – nich nach'm Kennenlern. Leute wie Sie –« er wies mit einer schweifenden Handbewegung auf Ahearn und seine Frau – »in Ordnung. Herzlich wie sonstwas, wenn ersmal die Schrang-rang-rang –.« Er schluckte und sagte dann »Schranken gefallen sind«, die Worte gekonnt wiederholend.

Evelyn blickte flehend zu ihrem Schwager, aber ehe der noch eingreifen konnte, kam ein halb ersticktes Gemurmel von Tom Lowrie hinter seiner erloschenen Zigarre hervor, die er fest zwischen den Zähnen hielt.

»Huma uma ho huma ahdy um –.«

»Was?« fragte Harold völlig ernsthaft.

Tom fügte sich und nahm umständlich die Zigarre aus dem Mund – das heißt nur einen Teil davon, und den Rest blies er mit einem vernehmlichen *Waff* durchs Zimmer, wo er als ein feuchtes Etwas auf Mrs. Ahearns Schoß landete.

»Verssei'ung«, murmelte er und machte Anstalten, den Stummel zurückzuholen. Miltons Hand an seinem Rockkragen hielt ihn rechtzeitig zurück, und Mrs. Ahearn schnippte den Tabakrest nicht ungewandt von ihrem

Kleid auf den Fußboden, ohne auch nur einen Blick darauf zu verwenden.

»Wollte sag'n«, fuhr Tom mit schwerer Zunge fort, »vor diesem Swischenfall« – er winkte entschuldigend zu Mrs. Ahearn hinüber – »wollte sag'n, ich bin in dieser Sache mit'm Golfclub genau im Bilde.«

Milton beugte sich vor und flüsterte ihm etwas zu.

»La' mich'n Ruhe«, sagte er gereizt, »weiß selbs', was'ch tue. Dassu sin' se doch hergekomm'n.«

Evelyn saß in panischer Angst, versuchte etwas über die Lippen zu bringen. Sie sah das höhnische Lächeln ihrer Schwester und wie Mrs. Ahearns Gesicht rot anlief. Ahearn blickte auf seine Uhrkette nieder und fingerte daran herum.

»Hab gehört, wer Sie aus'm Club raushält, un der is nich'n Fatz besser als Sie. Ich kann die ganze Chose bereinigen. Hätte ich längst, aber da kannte ich Sie noch nich. Harold ha' mir gesagt, Sie sin' sauer deswegen –.«

Milton Piper stand plötzlich unvermittelt auf. Im nächsten Moment standen alle wie auf dem Sprung, und Milton sagte sehr hastig etwas von früh nachhause müssen, und die Ahearns hörten eifrig hin. Dann schluckte Mrs. Ahearn und wandte sich mit einem gezwungenen Lächeln zu Jessie. Evelyn sah, wie Tom vorwärts schwankte und seine Hand auf Ahearns Schulter legte – und plötzlich hörte sie neben sich eine neue, verängstigte Stimme und erblickte Hilda, das Zweitmädchen.

»Bitte, Mis' Piper, ich denk, Julie hat sich an der Hand vergiftet. Die ist ganz geschwollen und ihre Backen glühen und sie stöhnt und jammert –.«

»Was hat Julie?« fragte Evelyn in erhöhtem Ton. Die Gesellschaft schien plötzlich zurückzuweichen. Sie wandte sich rasch um, suchte mit den Augen Mrs. Ahearn und eilte auf sie zu.

»Wenn Sie mich bitte entschuldigen wollen, Mrs. –« Sie hatte im Augenblick den Namen vergessen, aber sie sprach gleich weiter: »Mein Töchterchen ist plötzlich krank geworden. Ich werde wieder unten sein, sobald ich kann.« Sie wandte sich und lief rasch die Treppe hinauf, wobei sie noch mit halbem Auge Schwaden von Zigarrenrauch wahrnahm und eine laute Diskussion in der Mitte des Zimmers, die in einen Streit auszuarten schien.

Als sie im Kinderzimmer das Licht einschaltete, fand sie Julie, die sich im Fieber hin und her warf und sonderbare kleine Schreie ausstieß. Sie legte die Hand an ihre Wangen. Sie glühten. Mit einem Schreckensruf tastete sie sich unter der Decke den Arm entlang bis zu der kleinen Hand. Hilda hatte recht. Der ganze Daumen bis hinauf zum Handgelenk war geschwollen und auf seiner Mitte war eine kleine entzündete Wunde. Blutvergiftung! dachte sie voller Entsetzen. Der Verband war von der Schnittwunde gerutscht und es war Schmutz hineingekommen. Um drei hatte sie sich geschnitten – und jetzt war es nahezu elf. Acht Stunden. Eine Blutvergiftung konnte sich unmöglich so schnell entwickeln. Sie lief zum Telefon.

Dr. Martin von gegenüber war ausgegangen. Bei Dr. Foulke, ihrem Hausarzt, meldete sich niemand. Sie zermarterte sich das Gehirn und rief in ihrer Verzweiflung ihren Hals-Nasen- und Ohrenarzt an, und während der die Telefonnummern von zwei praktischen Ärzten suchte, biß sie sich wütend auf die Lippen. Während dieser schier endlosen Minuten glaubte sie laute Stimmen von unten zu hören – aber sie war jetzt wie in einer anderen Welt. Nach einer Viertelstunde hatte sie einen Arzt ausfindig gemacht, der sich nur ärgerlich und mürrisch meldete, weil man ihn aus dem Bett holte. Sie lief wieder ins Kinderzimmer und sah mit einem Blick auf die Hand, daß sie noch etwas mehr angeschwollen war.

»Oh Gott!« schluchzte sie, kniete neben dem Bett und strich Julie wieder und wieder übers Haar. Mit der vagen Idee, etwas heißes Wasser holen zu müssen, erhob sie sich und wollte zur Tür, aber der Spitzenbesatz ihres Kleides verfing sich in dem Geländer des Bettchens, und sie stürzte vornüber auf Hände und Knie. Sie rappelte sich hoch und riß wild an der Spitze. Das Bett bewegte sich und Julie stöhnte. Dann etwas ruhiger, aber mit plötzlich zielsicher tastenden Fingern fand sie die Kleiderfalte, riß den ganzen Besatz ab und stürzte aus dem Zimmer.

Draußen in der Halle hörte sie eine einzelne beschwörende Stimme, aber als sie an den Treppenabsatz kam, verstummte sie und eine Haustür wurde heftig zugeschlagen.

Das Musikzimmer kam ins Blickfeld. Da waren nur Harold und Milton, und ersterer lehnte mit bleichem Gesicht an einem Sessel, mit offenem Hemdkragen und hängendem Mund.

»Was ist los?«

Milton blickte ängstlich zu ihr auf.

»Es hat eine kleine Auseinandersetzung gegeben –.«

Jetzt sah Harold sie, straffte sich mühsam und begann zu reden.

»Beleidigt mein' Vetter in mei'm eigenen Haus. So'n verdammter Neureicher. Beleidigt mein' eigenen Vetter–.«

»Tom hatte Schwierigkeiten mit Ahearn, und Harold hat sich eingemischt«, sagte Milton.

»Mein Gott, Milton«, rief Evelyn, »konntest du denn nichts tun?«

»Ich hab's versucht, ich –.«

»Julie ist krank«, unterbrach sie ihn, »sie hat eine Vergiftung. Schaff ihn ins Bett, wenn du kannst.«

Harold blickte auf.

»Julie krank?«

Ohne ihn zu beachten, eilte Evelyn durchs Speisezimmer und sah mit Schrecken die große Bowle auf dem Tisch, mit nichts als geschmolzenen Eiswürfeln auf dem Grund. Sie hörte Schritte auf der Vordertreppe – das war Milton, der Harold nach oben half – und dann ein gestammeltes »Wieso, Julie is in Ordnung«.

»Laß ihn nicht ins Kinderzimmer!« rief sie noch.

Die Stunden wurden zu einem Alptraum. Der Doktor kam kurz vor Mitternacht, und binnen einer halben Stunde hatte er die Wunde aufgeschnitten und gereinigt. Er ging um zwei, nachdem er ihr die Telefonadressen von zwei Krankenschwestern gegeben und versprochen hatte, um halb sieben wiederzukommen. Es war eine Blutvergiftung.

Um vier ließ sie Hilda bei dem Kind, ging in ihr Zimmer und wand sich fröstelnd aus ihrem Abendkleid, das sie mit einem Fußtritt in eine Ecke beförderte. Sie zog ein Hausgewand an und kehrte ins Kinderzimmer zurück, während Hilda ging, ihr einen Kaffee zu machen.

Nicht vor Mittag konnte sie sich dazu aufraffen, einen Blick in Harolds Zimmer zu tun, aber dann fand sie ihn hellwach, wie er unglücklich an die Decke starrte. Aus hohlen blutunterlaufenen Augen sah er sie an. Für eine Minute haßte sie ihn, war nicht imstande, ihn anzusprechen. Vom Bett kam eine rauhe Stimme.

»Wieviel Uhr ist es?«

»Mittag.«

»Ich habe mich verdammt dämlich be –.«

»Das ist nicht wichtig«, sagte sie in scharfem Ton. »Julie hat eine Blutvergiftung. Womöglich« – sie würgte an den Worten – »man meint, sie werde wohl die Hand verlieren.«

»Was?«

»Sie hat sich an dieser – dieser Bowle geschnitten.«

»Gestern abend?«

»Oh, kommt es darauf an?« schrie sie. »Eine Blutvergiftung. Hörst du denn nicht?«

Er sah sie verdutzt an – richtete sich halb im Bett auf.

»Ich werde mich anziehen«, sagte er.

Ihr Zorn gab nach und eine Welle von Kümmernis und Mitleid für ihn überkam sie. Schließlich war es auch sein Unglück.

»Ja«, antwortete sie halb abwesend, »das solltest du wohl.«

IV

Wenn Evelyns Schönheit in ihren frühen dreißiger Jahren noch gezögert hatte, so entschied sie sich doch bald danach ohne jeden Übergang und wich ganz und gar. Eine erste wie zur Probe sich ausbreitende Lage von Runzeln auf ihrem Gesicht vertiefte sich plötzlich, und Fleisch sammelte sich rasch auf ihren Beinen, Hüften und Armen. Ihr manieriertes Zusammenziehen der Augenbrauen gehörte nun zu ihrem Gesichtsausdruck – es war gewohnheitsmäßig, wenn sie las oder sprach und sogar wenn sie schlief. Sie war jetzt sechsundvierzig.

Wie in den meisten Familien, mit deren Vermögen es abwärts statt aufwärts gegangen ist, waren sie und Harold in eine graue Feindseligkeit abgerutscht. In ruhigen Momenten brachten sie füreinander die Nachsicht auf, die man mit alten gebrechlichen Sesseln hat; Evelyn sorgte sich ein wenig, wenn er krank war, und tat ihr Bestes, um bei dem deprimierenden Zusammenleben mit einem enttäuschten Mann ihre gute Laune zu bewahren.

Das Familien-Bridge war für diesen Abend vorbei, und sie seufzte erleichtert auf. Sie hatte heute abend mehr Fehler als sonst gemacht, aber das war ihr gleich. Irene hätte nicht diese Bemerkung machen sollen, daß man bei der Infanterie besonders gefährdet wäre. Es war jetzt seit drei Wochen kein Brief gekommen, und obwohl das nichts Ungewöhnliches war, machte es sie jedesmal ganz nervös; natürlich hatte sie nicht aufgepaßt, wieviel Trümpfe draußen waren.

Harold war nach oben gegangen, und so trat sie auf die Veranda hinaus, um etwas frische Luft zu atmen. Draußen waren die Wege und Rasenflächen von Mondschein überglänzt, und mit einem kleinen Gähnen und halben Lachen erinnerte sie sich an eine lange Mondscheinaffäre ihrer Jugend. Ein erstaunlicher Gedanke, daß das Leben einst lediglich die Summe ihrer laufenden Liebesaffären gewesen war. Jetzt war es die Summe ihrer laufenden Probleme.

Da war das Problem mit Julie – sie war dreizehn, und in letzter Zeit wurde sie sich ihrer körperlichen Mißgestalt immer mehr bewußt und zog es vor, die Tage lesend auf ihrem Zimmer zu verbringen. Vor ein paar Jahren hatte sie der Gedanke, zur Schule gehen zu müssen, erschreckt, und Evelyn hatte es nicht über sich gebracht, sie hinzuschicken, so wuchs sie denn im Schatten ihrer Mutter auf, ein erbarmungswürdiges Geschöpfchen mit der künstlichen Hand, die sie gar nicht erst zu gebrauchen versuchte, sondern hilflos in der Tasche hielt. Kürzlich hatte Evelyn sie Unterrichtsstunden im Gebrauch der Hand nehmen lassen, denn sie fürchtete, Julie würde den Arm nicht einmal mehr anheben, aber nach diesen Stunden pflegte der Arm, wenn sie ihn nicht gerade ihrer Mutter zu Gefallen bewegte, wieder in die Tasche ihres Kleides zu schlüpfen. Eine Zeitlang wurden ihre Kleider ohne Taschen angefertigt, aber Julie war einen Monat lang so trübselig im Haus herumgeschlichen, daß Evelyn weich wurde und das Experiment nie wieder versuchte.

Mit Donald war das Problem von Anfang an ein anderes gewesen. Sie hatte vergeblich versucht, ihn näher an sich zu binden, wie sie umgekehrt versucht hatte, Julie beizubringen, sich nicht so sehr an sie anzulehnen – aber seit kurzem war das Problem Donald ihren Händen entrissen; seine Division war für drei Monate nach Übersee verlegt worden.

Wieder mußte sie gähnen – Leben war etwas für Jugend. Was für eine glückliche Jugend mußte sie gehabt haben! Sie erinnerte sich an ihr Pony, Bijou, und an die Europareise mit ihrer Mutter, als sie selbst achtzehn war –.

»Alles sehr, sehr kompliziert«, sagte sie laut und ganz ernst zum Mond, und im Hineingehen wollte sie schon die Tür hinter sich schließen, als sie ein Geräusch in der Bibliothek hörte und erschrak.

Es war Martha, das Dienstmädchen mittleren Alters; sie hielten sich jetzt nur noch eins.

»Nun, Martha«, sagte sie überrascht.

Martha wandte sich rasch um.

»Oh, ich dachte, Sie wären oben. Ich wollte nur –«

»Ist irgendwas Besonderes?«

Martha zögerte.

»Nein, ich –«, sie fingerte herum. »Es war nur ein Brief, Mrs. Piper, den ich irgendwohin gelegt habe.«

»Einen Brief? An Sie?« fragte Evelyn und knipste das Licht an.

»Nein, er war an Sie. Kam heute nachmittag, Mrs. Piper, mit der letzten Post. Der Briefträger gab ihn mir und dann klingelte es an der Haustür. Ich hielt ihn in der Hand, also muß ich ihn irgendwo hingesteckt haben. Ich dachte nur, ich gehe mal rein und suche ihn.«

»Was für eine Art von Brief? Von Mr. Donald?«

»Nein, es war vielleicht eine Reklame oder ein Geschäftsbrief. Ein langer schmaler Umschlag, soviel ich mich erinnere.«

Sie begannen mit der Suche im Musikzimmer, auf Serviertischchen und Kaminsimsen, und dann in der Bibliothek, wo sie Bücherreihen abtasteten. Martha hielt verzweifelt inne.

»Ich kann mir nicht denken, wo. Ich ging direkt in die Küche. Im Speisezimmer, vielleicht.« Hoffnungsvoll wollte sie schon ins Speisezimmer, drehte sich aber plötzlich um, als sie hinter sich ein Aufstöhnen hörte. Evelyn hatte sich in einen Morris-Sessel fallen lassen, mit eng zusammengezogenen Brauen und irre flackerndem Blick.

»Ist Ihnen übel?«

Eine Minute lang kam keine Antwort. Evelyn saß ganz still da, und Martha konnte sehen, wie ihre Brust rasch auf- und niederging.

»Ist Ihnen übel?« wiederholte sie.

»Nein«, sagte Evelyn in müdem Ton, »aber ich weiß, wo der Brief ist. Gehen Sie, Martha. Ich weiß es jetzt.«

Verwundert zog Martha sich zurück, und Evelyn saß immer noch da, nur ihre Gesichtsmuskeln bewegten sich – zogen sich zusammen und entspannten sich und zogen sich wieder zusammen. Sie wußte jetzt, wo der Brief war – sie wußte es so gut, als wenn sie selbst ihn dorthin getan hätte. Und sie spürte instinktiv und mit untrüglicher Sicherheit, was für ein Brief das war. Lang und schmal wie eine Reklamesendung, aber oben in der linken Ecke stand in großen Lettern »War Department« und darunter, in kleinerem Druck »Amtliche Benachrichtigung«. Sie wußte, er lag dort in der großen Bowle und trug außen ihren Namen mit Tinte geschrieben und innen den Todesstoß für ihre Seele.

Sie erhob sich unsicher und schritt auf das Speisezimmer zu; dabei tastete sie sich an den Bücherwänden entlang und durch die Tür. Sie fand den Schalter und knipste das Licht an.

Da stand die Bowle, die das elektrische Licht in rubinroten Quadraten reflektierte, die von schwarzen und gelben Quadraten und die wieder von blauen eingefaßt waren, wuchtig und glitzernd, auf groteske Weise triumphal und unheildrohend. Sie tat einen Schritt vorwärts und zögerte wieder; noch ein Schritt, und sie würde über den Rand ins Innere blicken – wieder ein Schritt, und sie würde eine Ecke weißen Papiers sehen – ein letzter Schritt – und ihre Hände sanken auf die kalte, scharfkantige Oberfläche –.

Im Nu riß sie den Brief auf, hantierte ungeschickt mit der widerspenstigen Faltung, hielt den Brief vor sich, dessen Schreibmaschinenschrift ihr in die Augen stach und ihr den Schlag versetzte. Dann flatterte der Brief wie ein Vögelchen zu Boden. Das Haus, das eben noch zu schwirren und summen schien, war auf einmal ganz still; ein Luftzug kam durch die offene Vordertür und brachte Motorengeräusch mit; sie hörte gedämpfte Laute von oben und einen knarrenden Aufruhr in der Rohrleitung hinter den Bücherwänden – ihr Gatte, der oben einen Wasserhahn zudrehte –.

Und in jenem Augenblick war es nicht, als hätte hier Donalds Stunde geschlagen, sondern nur insoweit, als er eine Etappe in dem heimtückischen Ringen markierte, das in plötzlichen Wellen und langen Flauten zwischen Evelyn und diesem kalten, bösartigen Prunkstück vorgegangen war, einem Geschenk der Feindschaft von einem Mann, dessen Gesicht sie längst vergessen hatte. Mit seiner massigen, unheilbrütenden Passivität stand das Ding in der Mitte ihres Hauses, wie seit Jahren schon, und sandte eiskalte Strahlen aus tausend Augen aus, deren jeder mit jedem verschmolz, ein widernatürliches Geglitzer, alterslos und unwandelbar.

Evelyn setzte sich auf den Rand des Tisches und starrte das Ding fasziniert an. Es schien jetzt zu lächeln, ein sehr grausames Lächeln, als wollte es sagen:

»Siehst du, diesmal brauchte ich dich nicht unmittelbar zu verwunden. Ich habe mich nicht bemüht. Du weißt, daß ich es war, die dir deinen Sohn genommen hat. Du weißt, wie kalt ich bin und wie hart und wie schön, weil du einst ganz ebenso kalt und hart und schön warst.«

Plötzlich schien die Bowle ihr Oberstes nach unten zu kehren, und sie dehnte sich aus und schwoll an, bis sie zu einem großen Baldachin wurde, der glitzernd und zitternd über dem Raum, über dem Haus schwebte, und als die Mauern sich langsam in einem Dunst verloren, sah Evelyn, daß es sich immer noch fortbewegte, hinaus und weit von ihr fort, ferne Horizonte abschließend, und da hindurch blieben nur Sonnen, Monde und Sterne als kleine Tintenkleckse sichtbar. Und unter dem Baldachin erging sich eine Volksmenge, und das Licht, das auf sie herunterfiel, war gebrochen und gekrümmt, bis Schatten in Licht und Licht in Schatten verkehrt zu sein schien – bis dieses ganze Panorama der Welt unter dem glitzernden Bowlenhimmel verändert und entstellt war.

Dann kam eine ferne, dröhnende Stimme wie ein tiefer Glockenton. Sie kam aus der Mitte der Bowle und an ihren mächtigen Wänden herab und redete eindringlich zu ihr.

»Du siehst, ich bin Schicksal«, dröhnte es, »und stärker als deine armseligen Pläne; ich bin Was-hinter-den-Dingen-steckt und ganz anders als deine winzigen Träume, und ich bin die fliehende Zeit und das Ende von Schönheit und unverwirklichten Wünschen; all die Zwischenfälle und Unwägbarkeiten und die kurzen Minuten, die sich zu Stunden der Entscheidung runden, gehören mir. Ich bin die Ausnahme, die keine Regel bestätigt, die Grenze deiner Herrschaft, die Zukost auf dem Teller des Lebens.«

Das Dröhnen hörte auf; die Echos rollten fort über das weite Land zum Rand der Bowle, die die Welt eingrenzte, und an den hohen Seitenwänden hinauf und zurück in den Mittelpunkt, wo sie noch einen Moment weitersummten und erstarben. Und dann bewegten die mächtigen Wände sich langsam auf sie zu, wurden kleiner und kleiner, kamen näher und näher, wie um sie zu zermalmen, und als sie schon die Hände rang und darauf wartete, alsbald von dem kalten Glas zerquetscht zu werden, machte die Bowle einen plötzlichen Satz, kehrte sich wieder um – und da stand sie auf der Anrichte, strahlend und unergründlich, und reflektierte in hunderten von Prismen Myriaden vielfarbiger Strahlen, Überschneidungen und Mischungen von Licht.

Wieder blies der kalte Wind durch die Vordertür, und mit einer verzweifelten, wahnwitzigen Anstrengung legte Evelyn beide Arme fest um das Bowlengefäß. Sie durfte keine Zeit verlieren – sie mußte stark sein. Sie spannte die Arme an, bis sie schmerzten, straffte die Muskeln in ihrem weichen Fleisch und hob die Bowle mit aller Kraft hoch und hielt sie so. Sie spürte den kalten Wind in ihrem Rücken, wo ihr Kleid sich gespannt hatte und aufgesprungen war, und sie stemmte sich gegen den Wind und taumelte unter dem Gewicht durch die Bibliothek hinaus und weiter zur Vordertür. Sie durfte keine Zeit verlieren – sie mußte stark sein. Das Blut in ihren Armen pochte und die Knie drohten unter ihr nachzugeben, aber das kalte Glas fühlte sich gut an.

Sie stolperte zur Tür hinaus und über die Steinstufen, und da, jede Faser von Leib und Seele zu einem letzten Kraftakt anspannend, schwang sie sich halb herum – und in der Sekunde, als sie ihren Griff zu lockern versuchte, blieben ihre tauben Finger an der rauhen Oberfläche haften, sie glitt aus, verlor das Gleichgewicht und stürzte, die Bowle immer noch fest in den Armen, mit einem Schreckensschrei vornüber . . . und zu Boden . . .

Auf der anderen Straßenseite gingen die Lichter an; der Krach war bis weit die Straße hinunter zu hören, und Leute eilten verwundert herbei; oben wachte ein ermüdeter Mann aus erstem Schlummer auf und ein kleines Mädchen wimmerte traumverstört. Und überall auf dem mondbeschienenen Gehweg rund um die still daliegende dunkle Gestalt reflektierten Hunderte von Prismen, Kristallwürfeln und Splittern das Licht in kleinen Strahlen von Blau und Schwarz mit gelben Rändern und von Gelb und Rubin mit schwarzem Rand.

Bernices Bubikopf

I

An Samstagabenden nach Dunkelheit konnte man auf dem ersten Abschlag des Golfplatzes stehen und sah die Fenster des Landclubs als einen gelbleuchtenden Streifen über einem sehr dunklen, bewegten Meer. Die Wogen dieses Meeres bestanden sozusagen aus den Köpfen vieler neugieriger Caddies, einiger gewitzter Chauffeure und der tauben Schwester des Golftrainers – und dann gab es gewöhnlich mehrere schüchterne Brandungswellen, die ins Innere hätten dringen können, wenn sie gewollt hätten. Das war die Galerie.

Der erste Rang war drinnen. Er bestand aus den Korbsesseln, die rings an den Wänden dieser Kombination von Clubraum und Tanzsaal aufgereiht waren. Bei diesen Samstag-Tanzabenden war er überwiegend weiblich; ein buntes Gemisch mittelalterlicher Damen mit scharfen Augen und eisigen Herzen hinter Lorgnetten und gewaltigen Busen. Die Hauptfunktion dieses ersten Rangs war Kritik. Sie äußerte sich manchmal widerwillig bewundernd, aber niemals zustimmend, denn bei Damen über fünfunddreißig ist es sattsam bekannt, daß die jüngere Generation, wenn sie an Sommerabenden tanzt, dies nur mit den finstersten Absichten der Welt tut, und wenn sie nicht mit Blicken aus versteinerten Augen bombardiert werden, machen sich Paare selbständig und tanzen in dunklen Ecken barbarische Extratouren, und die beliebteren, gefährlicheren Mädchen lassen sich manchmal in den geparkten Limousinen nichts ahnender ehrbarer Witwen küssen.

Aber schließlich sitzt dieser Kreis von Kritikerinnen nicht nahe genug an der Bühne, um die Gesichter der Schauspieler zu sehen und das feinere Mienenspiel zu erfassen. Er kann nur stirnrunzeln und sich vorneigen, Fragen stellen und befriedigende Schlüsse aus dem Vorrat an Postulaten ziehen, wie etwa der Feststellung, daß jeder junge Mann mit einem großen Einkommen wie ein gejagtes Wild lebt. Und niemals begreifen sie wirklich das Drama dieser ständig sich wandelnden, versteckt grausamen Welt der Heranwachsenden. Nein: Logen, Proszenium, Hauptdarsteller und Chor sind lediglich repräsentiert durch ein wirres Gemisch von Gesichtern und Stimmen, das auf den schwermütigen afrikanischen Klängen von Dyers Tanzorchester dahintreibt.

Von dem sechzehnjährigen Otis Ormonde, der noch zwei Jahre auf der Hill School vor sich hat, bis zu G. Reece Stoddard, über dessen Schreibtisch zuhause ein Harvard-Diplom hängt; von der kleinen Madeleine Hogue, deren hochfrisiertes Haar sich oben auf ihrem Kopf noch nicht recht wohlfühlt, bis zu Bessie MacRae, die ein bißchen zu lange – seit über zehn Jahren – Mittelpunkt gewesen ist. Dieses Personengemisch bildet nicht nur das Zentrum der Bühne, sondern es besteht aus den Leuten, die allein imstande sind, das Geschehen ungeniert zu beobachten.

Mit einem Tusch und Knall hört die Musik auf. Die Paare lächeln einander gekonnt zu, wiederholen zum Spaß das »tam-tadamta-tamtam«, und dann erhebt sich das

Geplapper junger weiblicher Stimmen über dem Beifallklatschen.

Ein paar enttäuschte Einzelgänger, die gerade mitten auf dem Parkett waren, um sich eine Partnerin zu angeln, zogen sich mit gleichgültigen Mienen wieder zurück, denn hier ging es nicht wie bei den turbulenten Weihnachtsbällen zu – diese sommerlichen Tanzereien galten eben nur als ein herzerfreuendes Vergnügen, wobei sogar die Jungverheirateten sich erhoben und, nachsichtig belächelt von ihren jüngeren Brüdern und Schwestern, vorsintflutliche Walzer und gräßliche Foxtrotts tanzten.

Warren McIntyre, gelegentlich Student in Yale und einer der unglücklichen Herren ohne Dame, fingerte in seiner Smokingtasche nach einer Zigarette und schlenderte hinaus auf die große, halbdunkle Veranda, wo Paare verstreut unter Lampions an Tischen saßen und den Abend mit beiläufigem Gerede und verschwommenem Gelächter erfüllten. Hier und da nickte er den weniger Beteiligten zu, und bei jedem einzelnen Paar, an dem er vorbeikam, fiel ihm irgendeine halbvergessene Klatschgeschichte wieder ein; denn dies war keine große Stadt und jedermann war ein wandelndes Who's Who für jedermanns Vergangenheit. Da saßen zum Beispiel Jim Strain und Ethel Demorest, die seit drei Jahren heimlich verlobt waren. Jedermann wußte, daß Ethel, sobald Jim es fertigbrächte, mehr als zwei Monate einen Job zu behalten, ihn heiraten würde. Doch wie gelangweilt sahen sie beide aus und wie bekümmert blickte Ethel Jim manchmal an, als frage sie sich, warum sie sich mit den Ranken ihrer Zuneigung an solch einer windgeschüttelten Pappel emporgewunden hatte.

Warren war neunzehn und bemitleidete fast die seiner

Freunde, die nicht im Osten aufs College gegangen waren. Aber wie die meisten jungen Männer prahlte er gewaltig mit den Mädchen seiner Stadt, wenn er fern von ihr war. Da war Genevieve Ormonde, die regelmäßig bei Tanzereien, Hausparties und Footballspielen in Princeton, Yale, Williams und Cornell die Runde machte; da war die dunkeläugige Roberta Dillon, die in ihrer Generation ebenso berühmt war wie Hiram Johnson oder Ty Cobb; und natürlich Marjorie Harvey, die nicht nur ein feenhaftes Gesicht und ein fabelhaftes, verblüffendes Mundwerk hatte, sondern auch schon mit Recht gefeiert wurde, weil sie beim letzten Pump-and-Slipper-Ball in New Haven fünfmal hintereinander radgeschlagen hatte.

Warren, aufgewachsen in einem Haus gegenüber von Marjorie, war lange Zeit »verrückt nach ihr« gewesen. Manchmal schien sie seine Gefühle dankbar zu erwidern, aber dann hatte sie ihn ihrem unfehlbaren Test unterworfen und ihm feierlich mitgeteilt, daß sie ihn nicht liebe. Ihr Test bestand darin, daß sie ihn, wenn sie fern von ihm war, vergaß und sich mit anderen Jungen einließ. Das war enttäuschend für Warren, zumal Marjorie während des ganzen Sommers kleine Reisen unternommen hatte und er jedesmal nach ihrer Rückkehr in den ersten zwei oder drei Tagen auf dem Tisch in der Halle der Harveys ganze Stapel von Post liegen sah, jeweils in einer anderen männlichen Handschrift an sie adressiert. Damit nicht genug, hatte sie den ganzen August hindurch Besuch von ihrer Cousine Bernice aus Eau Claire, und es war so gut wie unmöglich, sie allein zu sprechen. Stets mußte er nach jemand herumjagen, der sich der Cousine annahm, und das wurde allmählich immer schwieriger.

Bei all seiner Verehrung für Marjorie mußte er sich doch

eingestehen, daß Cousine Bernice sozusagen ein hoffnungsloser Fall war. Sie war hübsch, mit dunklem Haar und frischen Farben, aber mit ihr auf einer Party – das war kein Spaß. Jeden Samstagabend tanzte er Marjorie zuliebe einen langen beschwerlichen Pflichttanz mit ihr, aber ihre Gesellschaft langweilte ihn im höchsten Grade.

»Warren« – eine weiche Stimme an seiner Seite riß ihn aus seinen Gedanken, und er erblickte Marjorie, lebhaft und strahlend wie immer. Sie legte eine Hand auf seine Schulter, und Warren erglühte fast unmerklich.

»Warren«, flüsterte sie, »tu mir einen Gefallen – tanz mit Bernice. Sie klebt schon fast eine Stunde an dem kleinen Otis Ormonde.«

Warren erglühte nicht mehr.

»Wie? Natürlich«, antwortete er nicht sehr überzeugt.

»Du hast doch nichts dagegen, nicht wahr? Ich sorge dafür, daß du nicht kleben bleibst.«

»Schon recht.«

Marjorie lächelte – jenes Lächeln, das Dank genug war.

»Du bist ein Engel. Ich bin dir ja so dankbar.«

Mit einem Seufzer sah der Engel sich auf der Veranda um, aber Bernice und Otis waren nirgends zu sehen. Er ging wieder ins Innere, und dort vor der Damengarderobe fand er Otis inmitten einer Gruppe junger Männer, die sich vor Lachen bogen. Otis schwang ein Holzscheit, das er irgendwo gefunden hatte, und war mächtig in Fahrt.

»Sie ist hinein, um ihre Frisur zu richten«, verkündete er übertrieben laut. »Ich warte hier, um eine weitere Stunde mit ihr zu tanzen.«

Neues Gelächter.

»Warum klatscht ihr uns nicht ab?« rief Otis ärgerlich. »Sie liebt Abwechslung.«

»Aber Otis«, meinte ein Freund, »du bist doch noch kaum mit ihr warmgeworden.«

»Wozu dieses Holzscheit, Otis«, fragte Warren lächelnd.

»Das Holzscheit? Das hier? Das ist eine Keule. Wenn sie rauskommt, hau ich ihr damit auf den Kopf und stoß sie wieder rein.«

Warren ließ sich maßlos erheitert auf ein Sofa sinken.

»Macht nichts«, brachte er schließlich heraus. »Diesmal erlöse ich dich.«

Otis simulierte einen Ohnmachtsanfall und händigte Warren das Holzscheit aus.

»Falls du es brauchst, Alter«, sagte er krächzend.

Ganz gleich, wie schön oder blendend ein Mädchen sein mag, der Ruf, nicht häufig von anderen Tänzern geholt worden zu sein, gereicht ihr zum Nachteil. Es kommt vor, daß manche Jungen sich in ihrer Gesellschaft wohler fühlen als mit den flatterhaften Geschöpfen, mit denen sie wohl ein dutzendmal an einem Abend tanzen, aber die Jugend dieser mit dem Jazz aufgewachsenen Generation ist von unruhiger Gemütsart, und der Gedanke, mehr als einen Foxtrott mit dem selben Mädchen zu tanzen, ist lästig, um nicht zu sagen widerlich. Wenn es zu mehreren Tänzen nebst den Musikpausen kommt, kann sie ganz sicher sein, daß ein junger Mann, der einmal von ihr losgekommen ist, ihr niemals wieder auf ihre eigenwilligen Füßchen treten wird.

Warren tanzte den ganzen nächsten Tanz mit Bernice und führte sie schließlich, dank einer Musikpause, an einen Tisch auf der Veranda. Es wurde einen Augenblick still, während sie nicht sehr eindrucksvoll mit ihrem Fächer hantierte.

»Hier ist's heißer als in Eau Claire«, sagte sie.

Warren unterdrückte einen Seufzer und nickte. Das mochte sein, soviel er wußte oder sich überhaupt dafür interessierte. Er fragte sich nebenbei, ob sie schlechte Konversation machte, weil sie keine Beachtung fand, oder ob sie keine Beachtung fand, weil sie schlechte Konversation machte.

»Werden Sie noch länger bleiben?« fragte er und errötete zugleich. Sie mochte wittern, warum er das fragte.

»Noch eine Woche«, antwortete sie und starrte ihn an, wie um sich an seine nächste Bemerkung zu klammern, sobald sie über seine Lippen käme.

Warren wurde unruhig. Dann beschloß er aus einer plötzlichen barmherzigen Anwandlung, es auf seine Art mit ihr zu versuchen. Er wandte sich ihr zu und sah ihr in die Augen.

»Sie haben einen Mund – zum Küssen«, sagte er in aller Ruhe.

Diese Bemerkung pflegte er manchmal bei College-Bällen an Mädchen zu richten, wenn man sich in einem Halbdunkel wie hier unterhielt. Bernice fuhr sichtlich zusammen. Sie errötete unvorteilhaft und kam mit ihrem Fächer nicht zurecht. Niemand hatte je so etwas zu ihr gesagt.

»Unverschämt!« – das war ihr entschlüpft, ehe sie es noch merkte, und sie biß sich auf die Lippen. Der Entschluß, sich amüsiert zu zeigen, kam zu spät, und sie versuchte es mit einem hastigen Lächeln.

Warren war verärgert. Wenn er auch nicht erwartete, mit dieser Bemerkung ernstgenommen zu werden, so provozierte sie doch meistens ein Lachen oder ein neckisches Wortgeplänkel. Und er haßte es, unverschämt genannt zu werden, außer im Scherz. Sein barmherziger Impuls war verflogen, und er wechselte das Thema.

»Jim Strain und Ethel Demorest lassen mal wieder einen Tanz aus, wie gewöhnlich«, bemerkte er.

Das lag mehr auf der Linie von Bernice, aber ein leises Bedauern mischte sich dennoch in ihre Erleichterung über den Themawechsel. Zu ihr sprachen Männer nicht über Münder zum Küssen, aber sie wußte, daß sie so oder ähnlich zu anderen Mädchen sprachen.

»Oh, ja«, sagte sie und lachte. »Ich höre, daß sie schon jahrelang so herumtändeln ohne einen roten Heller. Ist das nicht albern?«

Warrens Abneigung verstärkte sich. Jim Strain war ein guter Freund seines Bruders, und im übrigen fand er es ungezogen, über Leute zu spotten, weil sie kein Geld hatten. Aber Bernice hatte jeder Spott ferngelegen. Sie war lediglich überreizt.

II

Als Marjorie und Bernice gegen halb eins nachhause kamen, sagten sie einander oben an der Treppe Gutenacht. Zwar waren sie Cousinen, aber nicht intim miteinander. Tatsächlich hatte Marjorie keine intimen Freundinnen – sie hielt Mädchen für dumm. Bernice hingegen hatte sich während dieses ganzen verwandtschaftlich arrangierten Besuchs danach gesehnt, jene mit Kichern und Tränen gewürzten Geständnisse auszutauschen, die für sie der Inbegriff allen weiblichen Umgangs waren. Doch in diesem Punkt stieß sie bei Marjorie eher auf Kälte; im Gespräch mit ihr hatte sie die gleichen Schwierigkeiten, die sie mit Männern hatte. Marjorie kicherte nie, war niemals verängstigt, selten in Verlegenheit und hatte wirklich kaum jene Eigenschaften, die Bernice als typisches Merkmal und Segen der Weiblichkeit empfand.

Als Bernice an diesem Abend mit Zahnbürste und Zahnpasta beschäftigt war, fragte sie sich wohl zum hundertsten Mal, warum sie fern von zuhause niemals Beachtung fand. Daß ihre Familie die reichste in Eau Claire war, daß ihre Mutter ungeheuer gastfrei war, vor jedem Ball ein kleines Abendessen für ihre Tochter ausrichtete und ihr ein eigenes Auto kaufte, um damit umherzufahren – es wäre ihr nie eingefallen, daß diese Dinge bei ihrem gesellschaftlichen Erfolg daheim eine Rolle spielten. Gleich den meisten Mädchen war sie mit der warmen Milch der Annie Fellows Johnston aufgezogen worden und mit Romanen, in denen das Weib wegen gewisser mysteriöser fraulicher Qualitäten geliebt wurde, von denen ständig die Rede war, die aber niemals gezeigt wurden.

Es bekümmerte Bernice, daß es ihr zur Zeit an allgemeiner Beliebtheit mangelte. Sie wußte nicht, daß sie, hätte Marjorie sich nicht für sie eingesetzt, den ganzen Abend nur einen Tänzer gehabt haben würde; aber sie wußte, daß selbst in Eau Claire andere Mädchen von geringerem Stand und geringerer Schönheit sehr viel mehr Zulauf hatten. Sie schrieb dies irgendeiner subtilen Skrupellosigkeit bei diesen Mädchen zu. Es hatte sie nie bekümmert, andernfalls würde ihre Mutter ihr versichert haben, daß jene Mädchen sich nur gemein machten und daß Männer in Wahrheit nur Mädchen wie Bernice respektierten.

Sie knipste das Licht in ihrem Badezimmer aus, und dann fiel ihr ein, sie könnte noch ein wenig zu ihrer Tante

Josephine hineingehen, bei der noch Licht brannte, und mit ihr plaudern. Auf ihren weichen Pantoffeln ging sie lautlos durch die teppichbelegte Halle, aber als sie drinnen Stimmen hörte, blieb sie in der Nähe der halboffenen Tür stehen. Dann schnappte sie ihren Namen auf und zögerte, noch ohne die bestimmte Absicht zu lauschen, aber der Faden der Unterhaltung, die da vor sich ging, drang so scharf in ihr Bewußtsein, als würde er mit einer Nadel hindurchgezogen.

»Sie ist absolut hoffnungslos!« Das war Marjories Stimme. »Oh, ich weiß, was du sagen willst! So viele Leute haben dir gesagt, wie nett und lieb sie ist und wie gut sie kochen kann! Was ist das schon? Sie langweilt sich. Die Männer mögen sie nicht.«

»Was liegt an so einer kleinen billigen Popularität?«

Mrs. Harvey tönte ärgerlich.

»Sie bedeutet alles, wenn man achtzehn ist«, sagte Marjorie emphatisch. »Ich habe mein Bestes getan. Ich habe höflich Männer veranlaßt, mit ihr zu tanzen, aber sie wollen nun mal nicht angeödet werden. Wenn ich denke, wieviel Farbenpracht an so ein Mauerblümchen verschwendet ist und was Martha Carey daraus machen würde – oh!«

»Es gibt eben heutzutage keine Courtoisie mehr.«

Bei Mrs. Harvey klang durch, daß moderne Situationen einfach zu viel für sie waren. In ihrer Jugend hatten alle jungen Mädchen aus guten Familien glanzvolle Zeiten.

»Nun«, sagte Marjorie, »kein Mädchen kann ständig solch einem lahmen Huhn auf die Beine helfen, weil heutzutage jedes Mädchen für sich selbst einstehen muß. Ich habe ihr sogar Winke für ihre Kleidung gegeben, und sie ist wütend geworden und hat komisch geguckt. Sie ist sensibel genug, um zu wissen, daß sie nicht viel erreichen kann, aber ich wette, sie tröstet sich mit dem Gedanken, daß sie sehr tugendhaft ist und daß ich allzu leichtlebig und unbeständig bin und ein böses Ende nehmen werde. Alle Mädchen, die nicht beliebt sind, denken so. Saure Trauben! Sarah Hopkins spricht von Genevieve und Roberta und mir nur als von Orchideenmädchen! Ich wette, sie würde zehn Jahre ihres Lebens und ihre europäische Bildung hingeben, um ein Orchideenmädchen zu sein und drei oder vier Verehrer zu haben und beim Tanzen alle drei Schritte von einem anderen aufgefordert zu werden.«

»Jedenfalls scheint mir«, sagte Mrs. Harvey leicht erschöpft, »du solltest es über dich bringen, etwas für Bernice zu tun. Ich weiß, sie ist nicht besonders lebhaft.«

Marjorie stöhnte.

»Lebhaft! Großer Gott! Ich habe sie noch zu keinem Jungen etwas anderes sagen hören als, daß es heiß ist oder zu voll auf der Tanzfläche oder daß sie nächstes Jahr in New York aufs College geht. Manchmal fragt sie ihn auch, was für ein Auto er hat, und sagt ihm, was für eins sie hat. Aufregend!«

Es gab eine kurze Pause, dann nahm Mrs. Harvey ihren Refrain wieder auf:

»Ich weiß nur, daß andere Mädchen, die nicht halb so reizend und attraktiv sind, Partner bekommen. Martha Carey zum Beispiel ist dick und laut, und ihre Mutter ist entschieden ordinär. Roberta Dillon ist dieses Jahr so mager, daß sie aussieht, als müßte sie zur Kur nach Arizona. Die tanzt sich noch zu Tode.«

»Aber Mutter«, widersprach Marjorie heftig, »Martha ist lustig und fabelhaft geistreich und fabelhaft clever, und

Roberta kann wunderbar tanzen. Sie ist seit Urzeiten allgemein beliebt!«

Mrs. Harvey gähnte.

»Ich glaube, es ist dieses vertrackte indianische Erbe bei Bernice«, fuhr Marjorie fort. »Das ist vielleicht auf sie zurückgeschlagen. Indianische Frauen haben immer nur herumgesessen und nie ein Wort gesagt.«

»Geh zu Bett, du böses Kind«, lachte Mrs. Harvey. »Ich hätte dir das nie anvertraut, wenn ich hätte denken müssen, du würdest dich daran erinnern. Und ich glaube, die meisten deiner Vorstellungen sind einfach absurd«, endete sie in schläfrigem Ton.

Wieder eine Schweigepause, während der Marjorie überlegte, ob es der Mühe wert sei, ihre Mutter zu überzeugen oder nicht. Menschen über vierzig lassen sich selten auf Dauer von etwas überzeugen. Mit achtzehn sind unsere Überzeugungen Hügel, von denen wir herabblikken; mit fünfundvierzig sind es Höhlen, in denen wir uns verschanzen.

Zu dieser Erkenntnis gekommen, sagte Marjorie Gutenacht. Als sie aus dem Zimmer trat, war die Halle leer.

III

Während Marjorie spät am nächsten Tag frühstückte, kam Bernice mit einem eher förmlichen Gutenmorgen ins Zimmer, setzte sich ihr gegenüber, sah sie über den Tisch hinweg scharf an und befeuchtete ein wenig ihre Lippen.

»Was hast du auf dem Herzen?« fragte Marjorie einigermaßen verwirrt.

Bernice wartete noch, ehe sie ihre Handgranate warf.

»Ich habe gehört, was du gestern abend über mich zu deiner Mutter gesagt hast.«

Marjorie erschrak, aber sie errötete nur leicht und ihre Stimme klang ganz ruhig, als sie sprach.

»Wo warst du?«

»In der Halle. Ich hatte nicht die Absicht zu lauschen – zuerst jedenfalls.«

Nach einem unwillkürlich verachtungsvollen Blick senkte Marjorie die Augen und schien mächtig interessiert, ein verirrtes Cornflake auf dem Finger zu balancieren.

»Ich glaube, ich fahre besser zurück nach Eau Claire – wenn ich solch eine Plage bin.« Bernices Unterlippe zitterte heftig und sie fuhr mit bebender Stimme fort: »Ich habe versucht, nett zu sein, und – und zuerst hat man mich geringschätzig behandelt und dann gekränkt. Niemand, der je bei mir zu Besuch war, hat eine solche Behandlung erfahren.«

Marjorie schwieg.

»Aber ich bin im Wege, ich weiß. Ich bin dir ein Klotz am Bein. Deine Freunde mögen mich nicht.« Sie machte eine Pause, und dann fiel ihr einer ihrer anderen Beschwerdegründe ein. »Natürlich war ich wütend, als du vorige Woche anzudeuten versuchtest, jenes Kleid sei unvorteilhaft. Glaubst du, ich wüßte nicht selbst, mich anzuziehen?«

»Nein«, murmelte Marjorie kaum vernehmbar.

»Was?«

»Ich habe überhaupt nichts angedeutet«, sagte Marjorie scharf. »Soweit ich mich erinnere, sagte ich, es sei besser, ein vorteilhaftes Kleid dreimal hintereinander zu tragen als im Wechsel mit zwei unmöglichen Kleidern.«

»Findest du es denn besonders nett, so etwas zu sagen?«

»An Nettsein habe ich dabei nicht gedacht.« Dann nach einer Pause: »Wann willst du also abreisen?«

Bernice holte tief Luft.

»Oh!« Es war wie ein kleiner Aufschrei.

Marjorie blickte überrascht auf.

»Sagtest du nicht, du wolltest –?«

»Ja, aber –.«

»Oh, du hast nur geblufft!«

Einen Augenblick starrten sie einander über den Frühstückstisch hinweg an. Nebel wallten vor Bernices Augen, während Marjories Gesicht jenen etwas strengen Ausdruck annahm, den sie bei leicht beschwipsten Studenten, die ihr den Hof machen wollten, anzuwenden pflegte.

»Du wolltest also nur bluffen«, wiederholte sie, als hätte sie das erwarten können.

Bernice gab es zu, indem sie in Tränen ausbrach. Marjories Augen blickten gelangweilt.

»Du bist meine Cousine«, schluchzte Bernice. »Ich b-bin b-bei dir zu Besuch. Ich sollte einen Monat bleiben und w-wenn ich heimfahre, w-wird meine Mutter sich w-was denken –.«

Marjorie wartete, bis die gebrochene Redeflut in kleinen Schnaufern erstarb.

»Ich werde dir mein Taschengeld von diesem Monat geben«, sagte sie kühl, »und du kannst diese letzte Woche verbringen, wo du willst. Es gibt da ein sehr hübsches Hotel –.«

Bernices Schluchzer gingen in eine höhere Tonlage über, und plötzlich stand sie auf und floh aus dem Zimmer.

Als Marjorie eine Stunde später in der Bibliothek mit der Abfassung eines jener unverbindlichen, wunderbar nichtssagenden Briefe beschäftigt war, wie sie nur ein junges Mädchen zu schreiben versteht, erschien Bernice wieder, mit stark geröteten Augen, aber äußerlich ruhig. Sie sah nicht zu Marjorie hin, sondern nahm sich aufs Geratewohl ein Buch aus dem Regal und setzte sich wie zum Lesen hin. Marjorie schien ganz auf ihren Brief konzentriert und schrieb weiter. Als die Uhr auf Mittag zeigte, klappte Bernice ihr Buch zu.

»Ich denke, ich besorge jetzt besser meine Fahrkarte.«

Das war nicht die Eröffnung des Gesprächs, wie sie es sich oben zurechtgelegt hatte, aber da Marjorie ihr kein Stichwort brachte – sie nicht drängte, vernünftig zu sein, und alles sei ein Mißverständnis –, war dies der beste Anfang, der ihr einfiel.

»Warte noch, bis ich mit dem Brief fertig bin«, sagte Marjorie, ohne aufzublicken. »Ich möchte, daß er mit der nächsten Post mitgeht.«

Nach einer weiteren Minute, während der ihre Feder eifrig über das Papier kratzte, wandte Marjorie sich um und lehnte sich mit einem Ausdruck wie »zu deinen Diensten« zurück. Und wieder war es an Bernice, das Wort zu nehmen.

»Willst du wirklich, daß ich heimfahre?«

»Nun«, sagte Marjorie und überlegte, »ich finde, wenn es dir nicht mehr gefällt, solltest du besser abreisen. Wozu hier weiter unglücklich sein.«

»Glaubst du nicht, daß gewöhnliche Freundlichkeit –.«

»Oh, bitte, komm mir nicht mit Zitaten aus *Little Women*!« rief Marjorie ungehalten. »Das ist aus der Mode.«

»Meinst du?«

»Himmel, ja! Welches moderne Mädchen könnte noch leben wie jene faden weiblichen Geschöpfe?«

»Sie waren aber Vorbild für unsere Mütter.«

»Ja, das waren sie – oder auch nicht! Außerdem, unsere Mütter waren auf ihre Art ganz in Ordnung, aber sie wissen sehr wenig von den Problemen ihrer Töchter.«

Bernice richtete sich auf.

»Bitte, sprich nicht über meine Mutter.«

Marjorie lachte.

»Ich wüßte nicht, daß ich sie erwähnt hätte.«

Bernice spürte, daß sie von ihrem Thema abgebracht wurde.

»Glaubst du, daß du mich besonders nett behandelt hast?«

»Ich habe mein Bestes getan. Man hat es einigermaßen schwer mit dir.«

Bernices Augenlider röteten sich wieder.

»Ich finde, daß du hart und selbstsüchtig bist, und du empfindest überhaupt nicht weiblich.«

»Ach, mein Gott!« rief Marjorie verzweifelt aus. »Du Einfaltspinsel! Mädchen wie du sind für all die langweiligen, farblosen Ehen verantwortlich; all diese fatalen Hilflosigkeiten, die als weibliche Eigenschaften gelten. Was für ein Schlag für einen Mann von Fantasie muß es sein, wenn er das herrliche Kleiderbündel heiratet, um das er ein Gebäude von Idealen errichtet hat, und entdeckt, daß es nur ein jämmerlicher Haufen affektierter Gefühle ist!«

Bernice staunte mit halboffenem Mund.

»Die frauliche Frau!« fuhr Marjorie fort. »Ihr ganzes Vorleben ist damit ausgefüllt, jammernd an Mädchen wie mir herumzumäkeln, die sich wirklich amüsieren.«

Bernices Kinn sackte weiter abwärts, als sich Marjories Stimme hob.

»Man kann noch verstehen, daß sich ein häßliches Mädchen beklagt. Wenn ich hoffnungslos häßlich gewesen wäre, hätte ich meinen Eltern nie verziehen, mich in die Welt gesetzt zu haben. Aber du beginnst dein Leben ohne das geringste Handicap –.« Marjorie ballte ihre kleine Faust. »Wenn du erwartest, daß ich mit dir jammere, hast du dich geirrt. Geh oder bleibe, ganz wie du willst.« Damit nahm sie ihren Brief und verließ das Zimmer.

Bernice schützte Kopfschmerzen vor und erschien nicht zum Lunch. Sie waren zu einer Matinee am Nachmittag verabredet, aber da die Kopfschmerzen anhielten, erklärte Marjorie die Sache einem Jungen, der darüber nicht besonders traurig war. Als sie spät am Nachmittag zurückkehrte, fand sie in ihrem Schlafzimmer Bernice, die sie mit seltsam entschlossener Miene erwartete.

»Ich habe entschieden«, begann Bernice ohne Umschweife, »daß du vielleicht in manchem recht hast – vielleicht auch nicht. Aber wenn du mir sagst, warum deine Freunde sich nicht – nicht für mich interessieren, will ich sehen, ob ich tun kann, was du von mir verlangst.«

Marjorie saß vor dem Spiegel und schüttelte ihr langes Haar.

»Meinst du das wirklich?«

»Ja.«

»Ohne Vorbehalte? Willst du genau tun, was ich sage?«

»Nun, ich –.«

»Nichts da! Willst du genau tun, was ich sage?«

»Wenn es vernünftig ist.«

»Das ist es nicht! Mit Vernunft ist dir nicht beizukommen.«

»Willst du mir etwa Ratschläge – Empfehlungen –.«

»Ja, alles. Wenn ich dir rate, Boxunterricht zu nehmen, mußt du das tun. Schreib nachhause und sag deiner Mutter, du bliebest noch weitere zwei Wochen.«

»Wenn du mir sagen wolltest –.«

»Schön – ich nenne dir jetzt nur ein paar Beispiele. Erstens, du bewegst dich nicht ungezwungen. Warum? Weil du deiner Erscheinung nie ganz sicher bist. Wenn ein Mädchen das Gefühl hat, vollkommen gut angezogen zu sein, dann braucht es darüber nicht mehr nachzudenken. Das ist Charme. Je mehr du es fertigbringst, dies und jenes an dir zu vergessen, desto mehr Charme hast du.«

»Sehe ich denn nicht manierlich aus?«

»Nein; zum Beispiel kümmerst du dich nie um deine Augenbrauen. Sie sind schwarz und üppig, aber indem du sie wild wuchern läßt, sind sie ein Makel. Sie wären wunderschön, wenn du nur ein Zehntel der Zeit, die du mit Nichtstun vergeudest, auf sie verwenden würdest. Du wirst sie bürsten, damit sie in einer Richtung wachsen.«

Bernice hob die fraglichen Brauen.

»Willst du sagen, daß Männer auf Augenbrauen achten?«

»Ja – unbewußt. Und wenn du nachhause kommst, solltest du deine Zähne ein wenig richten lassen. Es fällt nicht sehr auf, dennoch –«

»Aber ich dachte«, unterbrach Bernice bestürzt, »du verachtest solche kleinen weiblichen Niedlichkeiten.«

»Ich hasse niedliche Gemüter«, erwiderte Marjorie. »Aber ein Mädchen muß in sich kostbar und erlesen sein. Wenn sie nach einer Million Dollar aussieht, kann sie über

Rußland reden, über Ping-Pong oder den Völkerbund, und kommt damit durch.«

»Was noch?«

»Oh, ich fange gerade erst an! Da wäre dein Tanzen.«

»Tanze ich nicht richtig?«

»Nein, du tanzt nicht richtig – du stützt dich auf den Mann; ja, das tust du – wenn auch nur leicht. Ich bemerkte es, als wir gestern nebeneinander tanzten. Und du tanzt in aufrechter Haltung, statt dich ein wenig vorzuneigen. Vielleicht hat irgendeine alte Dame vom Rand des Parketts dir einmal gesagt, auf die Art hättest du mehr Würde. Aber außer mit einer sehr kleinen Partnerin ist das für den Mann sehr viel beschwerlicher, und auf ihn kommt es schließlich an!«

»Nur weiter.« Bernice wirbelte der Kopf.

»Also, du mußt lernen, auch zu Männern von der Kategorie traurige Vögel nett zu sein. Immer wenn du mit einem zu tun hast, der nicht zu den begehrtesten Jungen gehört, siehst du wie beleidigt aus. Sieh mal, Bernice, ich werde alle paar Schritte von einem anderen aufgefordert – und welche sind das meistens? Eben jene traurigen Vögel. Kein Mädchen kann es sich leisten, sie zu vernachlässigen. Sie bilden den größten Teil jeder Gesellschaft. Bei Jungen, die zu schüchtern zum Reden sind, lernt man Konversation am besten. Ungeschickte Jungen sind das beste Training. Wenn du mit ihnen schritthalten kannst, dann auch mit einem Baby-Tank durch den größten Stacheldrahtverhau.«

Bernice seufzte tief auf, aber Marjorie war noch nicht fertig.

»Wenn du auf einen Ball gehst und, sagen wir, drei solche traurigen Vögel, die mit dir tanzen, wirklich gut unterhältst; wenn du sie durch deine gewandte Konversation vergessen machst, daß sie bei dir festkleben, dann hast du was erreicht. Sie kommen bei nächster Gelegenheit wieder, und nach und nach werden so viele traurige Vögel mit dir tanzen, daß die attraktiveren Jungen sich sagen, da ist keine Gefahr, kleben zu bleiben – und dann werden auch sie mit dir tanzen.«

»Ja«, pflichtete Bernice zaghaft bei. »Ich glaube ich begreife allmählich.«

»Und dann«, schloß Marjorie, »kommen Gelassenheit und Charme wie von selbst. Du wachst eines morgens auf und wirst wissen, daß du es geschafft hast, und die Männer werden es auch wissen.«

Bernice stand auf.

»Es war furchtbar nett von dir – aber niemand hat je so zu mir gesprochen, und darum bin ich ein bißchen verstört.«

Marjorie antwortete nicht, sondern betrachtete gedankenvoll ihr eigenes Bild im Spiegel.

»Du bist ein Schatz, daß du mir hilfst«, fuhr Bernice fort.

Marjorie antwortete immer noch nicht, und Bernice dachte, sie hätte wohl zu überschwenglich gedankt.

»Ich weiß, du magst keine übertriebenen Gefühle«, sagte sie zaghaft.

Marjorie wandte sich rasch zu ihr um.

»Oh, daran dachte ich nicht. Ich überlegte nur, ob wir dir nicht besser das Haar kurzschneiden lassen.«

Bernice fiel vor Schreck rücklings aufs Bett.

IV

Am folgenden Mittwochabend gab es einen Dinner-dance im Landclub. Als sie mit den Gästen hineingingen, fand Bernice ihre Tischkarte und war leicht erbittert. Wenn auch rechts von ihr G. Reece Stoddard saß, ein höchst begehrenswerter und vornehmer Junggeselle, so saß doch an der allein maßgebenden Linken nur Charley Paulson. Charley fehlte es an Größe, gutem Aussehen und gesellschaftlicher Gewandtheit, und Bernice kam mit ihrer neuen Aufgeklärtheit zu dem Schluß, er sei wohl nur dadurch als ihr Tischherr qualifiziert, weil er noch nie an ihr geklebt hatte. Aber ihre Verstimmung schwand mit dem letzten Löffel Suppe, und Marjories spezifische Unterweisung kam ihr in den Sinn. Indem sie ihren verletzten Stolz hinunterschluckte, wandte sie sich Charley Paulson zu und platzte heraus:

»Meinen Sie, ich sollte mir die Haare kurzschneiden lassen, Mr. Charley Paulson?«

Charley blickte überrascht auf.

»Wieso?«

»Weil ich es erwäge. Es ist so eine sichere und bequeme Art, auf sich aufmerksam zu machen.«

Charley lächelte liebenswürdig. Er konnte nicht wissen, daß das einstudiert war. Er erwiderte, daß er nicht viel von Bubiköpfen verstünde. Aber Bernice war imstande, es ihm zu sagen.

»Ich möchte ein Gesellschafts-Vamp sein«, verkündete sie kaltblütig und machte ihm weiter klar, daß kurze Haare dafür die notwendige Voraussetzung seien. Sie fügte noch hinzu, daß sie ihn um Rat fragen möchte, weil sie gehört habe, er sei in bezug auf Mädchen so kritisch.

Charley, der von weiblicher Psychologie ebenso viel Ahnung hatte wie von dem Geisteszustand buddhistischer Mönche, fühlte sich leicht geschmeichelt.

»Also habe ich mich entschlossen«, fuhr sie mit leicht erhobener Stimme fort, »Anfang nächster Woche zum Frisiersalon vom Sevier Hotel hinunterzugehen, mich in den ersten Sessel zu setzen und mir das Haar kurzschneiden zu lassen.« Sie verzagte ein wenig, als sie merkte, daß die Nächstsitzenden ihr Gespräch unterbrachen und zuhörten; aber nach einem Moment der Unschlüssigkeit wirkte Marjories Schulung wieder, und sie beendete ihren Satz hörbar für alle. »Natürlich nehme ich Eintritt, aber wenn ihr alle hinkommt und mir Mut macht, gebe ich Freiplätze im Parkett aus.«

Es gab ein beifälliges Gelächter, was G. Reece Stoddard dazu benutzte, sich zu ihr zu beugen und ihr ins Ohr zu flüstern: »Ich nehme schon jetzt eine Loge.«

Sie begegnete seinen Augen und lächelte, als hätte er etwas unübertrefflich Geistreiches gesagt.

»Glauben Sie an Bubiköpfe?« fragte G. Reece mit dem gleichen Unterton.

»Ich finde es unmoralisch«, versicherte Bernice ernsthaft. »Aber man muß nu mal die Leute amüsiern, ihnen was zu reden geben oder sie vorn Kopf stoßen.« Das hatte Marjorie bei Oscar Wilde aufgeschnappt. Es wurde von den Männern mit Gelächter und von den Mädchen mit etlichen raschen, gespannten Blicken quittiert. Und dann, als hätte sie nichts Witziges oder Bedeutendes gesagt, wandte sich Bernice wieder zu Charley und sagte ihm vertraulich ins Ohr:

»Ich möchte Ihre Meinung über verschiedene Leute wissen. Ich glaube, Sie kennen sich in Menschen aus.«

Charley war leicht verzückt und machte ihr das Kompliment, daß er ihr Wasserglas umstieß.

Zwei Stunden später, als Warren McIntyre müßig in der Reihe der damenlosen Nichttänzer stand, zerstreut auf die tanzenden Paare blickte und sich fragte, wohin und mit wem Marjorie verschwunden sei, beschlich ihn ohne jeden Zusammenhang das Gefühl, etwas wahrgenommen zu haben – nämlich, daß Bernice, die Cousine von Marjorie, in den letzten fünf Minuten mehrmals abgeklatscht worden war. Er schloß die Augen, machte sie dann wieder auf und sah hin. Noch vor ein paar Minuten hatte sie mit einem Jungen getanzt, der nur als Gast da war, eine Sache, die sich leicht erklären ließ; ein solcher Junge wußte es eben nicht besser. Aber jetzt tanzte sie mit einem anderen, und da war auch schon Charley Paulson, der mit freudiger Entschlossenheit im Blick auf sie zustrebte. Sonderbar – Charley forderte selten mehr als drei Mädchen an einem Abend auf.

Entschieden überrascht war Warren, als – nach vollzogenem Partnerwechsel – der Entlassene sich als niemand anders erwies als G. Reece Stoddard persönlich. Und G. Reece schien ganz und gar nicht erfreut darüber zu sein. Als Bernice das nächste Mal an ihm vorbeitanzte, betrachtete Warren sie aufmerksam. Ja, sie war hübsch, ausgesprochen hübsch; und heute abend lebte ihr Gesicht wirklich. Sie hatte jenen Blick, den keine Frau, auch mit noch so viel schauspielerischer Begabung, erfolgreich nachahmen kann – sie sah aus, als wäre sie wirklich in ihrem Element. Er mochte es, wie sie ihr Haar trug, und fragte sich, ob es Brillantine war, die es so schön glänzen ließ. Und das Kleid stand ihr gut – ein dunkelrotes, das ihre verschatteten Augen und ihren lebhaften Teint gut zur Geltung brachte. Er erinnerte sich, sie hübsch gefunden zu haben, als sie zuerst in die Stadt kam, ehe er noch entdeckt hatte, daß sie langweilig war. Zu schade, daß sie langweilig war – langweilige Mädchen waren unausstehlich – aber hübsch war sie dennoch.

Auf Umwegen kehrten seine Gedanken zu Marjorie zurück. Ihr Verschwinden würde so ausgehen wie in früheren Fällen. Wenn sie wieder erschien, würde er sie fragen, wo sie gewesen sei, und würde mit Nachdruck gesagt bekommen, daß ihn das nichts angehe. Wie schlimm, daß sie seiner so sicher war! Sie wiegte sich in dem sicheren Gefühl; daß kein anderes Mädchen in der Stadt ihn interessiere; sie forderte ihn geradezu auf, sich in Genevieve oder Roberta zu verlieben.

Warren seufzte. Die Wege zu Marjories Zuneigung waren wirklich labyrinthisch. Er sah auf. Wieder tanzte Bernice mit dem clubfremden Jungen. Halb unbewußt trat er aus der Reihe auf sie zu und zögerte. Dann sagte er sich, er wolle ihr nur etwas Gutes antun. Er ging weiter – und kollidierte plötzlich mit G. Reece Stoddard.

»Entschuldigen Sie«, sagte Warren.

Aber G. Reece hatte sich dadurch nicht aufhalten lassen. Denn schon hatte er Bernice wiederum aufgefordert.

An jenem Abend wandte sich Marjorie, mit einer Hand auf dem Lichtschalter in der Halle, zu Bernice um und tat einen letzten Blick auf ihre lebhaft glitzernden Augen.

»Es hat also geholfen?«

»Oh, Marjorie, ja!« rief Bernice.

»Ich habe gesehen, daß du dich gut amüsiert hast.«

»Das stimmt! Das einzige Unglück war, daß mir gegen

Mitternacht der Gesprächsstoff ausging. Ich war gezwungen, mich zu wiederholen – mit verschiedenen Männern natürlich. Hoffentlich vergleichen die nicht ihre Notizen miteinander.«

»Das tun Männer nicht«, sagte Marjorie gähnend, »und wenn schon – sie würden dich nur für um so raffinierter halten.«

Sie knipste das Licht aus, und als sie die Treppe hinaufgingen, hielt sich Bernice dankbar am Geländer fest. Zum ersten Mal in ihrem Leben hatte sie sich müdegetanzt.

»Du siehst«, sagte Marjorie oben an der Treppe, »ein Mann bemerkt, wie ein anderer dich mitten im Tanz auffordert, und schon denkt er, es muß etwas daran sein. Schön, morgen werden wir uns etwas Neues vornehmen. Gutenacht.«

»Gutenacht.«

Als Bernice ihr Haar herunterließ, ging sie den Abend noch einmal in der Erinnerung durch. Sie hatte sich genau an die Anweisungen gehalten. Sogar als Charley Paulson sie zum achten Mal abklatschte, hatte sie Entzücken geheuchelt und sich deutlich interessiert und geschmeichelt gezeigt. Sie hatte nicht über das Wetter oder über Eau Claire oder Autos oder ihre Schule geredet, sondern hatte ihre Konversation auf das Ich, das Du und das allgemeine Wir beschränkt.

Aber ein paar Minuten vor dem Einschlafen rebellierte ein Gedanke in ihrem schon verdämmernden Gehirn – schließlich war sie es, die das alles geschafft hatte. Gewiß, Marjorie hatte ihr die Gesprächsthemen geliefert, doch andererseits bestand Marjories Konversation weitgehend aus Dingen, die sie sich angelesen hatte. Bernice selbst hatte sich das rote Kleid gekauft, obwohl sie es nie besonders geschätzt hatte, bis Marjorie es aus ihrem Koffer hervorzog – und schließlich hatte sie mit *ihrer* Stimme gesprochen, *ihre* Lippen hatten gelächelt und *ihre* Füße hatten getanzt. Marjorie, gut und nett – wenn auch etwas eingebildet – netter Abend – nette Jungen – wie Warren – Warren – Warren – wie hieß er doch – Warren –.

Sie fiel in Schlaf.

V

Die folgende Woche war für Bernice eine einzige Offenbarung. Mit dem Gefühl, daß die Leute sie gern ansahen und ihr gern zuhörten, kam auch ihr Selbstvertrauen. Natürlich machte sie zuerst viele Fehler. Zum Beispiel wußte sie nicht, daß Draycott Deyo auf ein geistliches Amt hin studierte; sie ahnte nicht, daß er sie aufgefordert hatte, weil er sie für ein stilles, zurückhaltendes Mädchen hielt. Hätte sie das alles gewußt, hätte sie ihn nicht mit der Masche traktiert, die mit einem »Hallo, alter Kämpfer!« begann und dann in die Badewannen-Story überging –. »Es macht entsetzliche Mühe, im Sommer mein Haar zu frisieren – eine solche Fülle von Haar – also mache ich zuerst die Frisur und mein Make-up und setze meinen Hut auf; dann erst steige ich in die Badewanne und ziehe mich hinterher an. Finden Sie das nicht auch am besten?«

Obwohl Draycott Deyo gerade tief in Schwierigkeiten wegen der Baptistentaufe durch Eintauchen steckte und hierin womöglich eine Verbindung hätte sehen können, muß leider zugegeben werden, daß das nicht der Fall war. Er betrachtete weibliches Baden als ein unmoralisches Thema und entwickelte ihr stattdessen einige seiner Ideen über die Verderbtheit der modernen Gesellschaft.

Aber zum Ausgleich für diesen peinlichen Vorfall konnte Bernice mehrere bemerkenswerte Erfolge zu ihren Gunsten buchen. Der kleine Otis Ormonde trat von einer geplanten Reise in den Osten zurück und zog es vor, ihr ergeben wie ein Hündchen zu folgen, zur Belustigung seiner Freunde und zum Ärger von G. Reece Stoddard, dessen Nachmittagsbesuche Otis restlos zuschanden machte, indem er widerlich zärtliche Blicke auf Bernice heftete. Er erzählte ihr sogar die Geschichte mit dem Holzscheit vor der Garderobentür, um ihr zu beweisen, wie fürchterlich er und alle anderen sich in ihrem ersten Urteil über sie geirrt hatten. Bernice tat das lachend ab, doch war ihr dabei nicht ganz wohl.

Vielleicht am bekanntesten von Bernices Aussprüchen und am beifälligsten aufgenommen wurde die Sache mit dem Haarschneiden.

»Oh, Bernice, wann gehen Sie sich einen Bubikopf schneiden lassen?«

»Vielleicht übermorgen«, antwortete sie dann lachend. »Wollen Sie hinkommen und zusehen? Denn ich rechne auf Sie, müssen Sie wissen.«

»Wollen wir? Natürlich! Aber Sie beeilen sich besser damit.«

Und Bernice, deren Frisurpläne einfach entehrend waren, lachte wieder.

»Sehr bald. Sie werden überrascht sein.«

Aber das vielleicht bezeichnendste Symbol ihres Erfolges war der graue Wagen des überkritischen Warren

McIntyre, der täglich vor dem Haus der Harveys parkte. Zuerst erschrak das Dienstmädchen sichtlich, als er nach Bernice fragte statt nach Marjorie; doch eine Woche später erzählte sie schon der Köchin, Miss Bernice hätt der Miss Marjorie ihrn besten Verehrer weggeschnappt.

Und das hatte Miss Bernice tatsächlich. Vielleicht begann es nur mit Warrens Wunsch, bei Marjorie Eifersucht zu wecken; vielleicht war es auch der vertraute, wenn auch nicht erkannte Einschlag von Marjorie in Bernices Unterhaltung; vielleicht war es beides zusammen und noch etwas von echter Zuneigung dazu. Jedenfalls war es für das Kollektivbewußtsein der jüngeren Clique binnen einer Woche klar, daß Marjories verläßlichster Verehrer eine verblüffende Kehrtwendung vollzogen hatte und dabei war, Marjories Gast ganz offensichtlich den Hof zu machen. Im Augenblick war nur die Frage, wie Marjorie das aufnehmen würde. Warren rief Bernice zweimal täglich an, schickte ihr kleine Briefchen, und häufig sah man sie zusammen in seinem Roadster, offenbar in eine jener spannenden, bedeutungsvollen Unterhaltungen vertieft, ob er es aufrichtig meine oder nicht.

Wenn man Marjorie damit aufzog, lachte sie nur. Sie sagte, sie sei mächtig froh, daß Warren endlich eine gefunden hätte, die ihn zu schätzen wisse. Also lachte auch das jüngere Gefolge und kam zu der Ansicht, daß Marjorie sich nichts daraus mache und es dabei belassen würde.

Eines Nachmittags, nur noch drei Tage vor ihrer Abreise, wartete Bernice in der Halle auf Warren, mit dem sie zu einer Bridge-Party gehen wollte. Sie war in nahezu seliger Stimmung, und als Marjorie, die ebenfalls zu der Party wollte, neben ihr auftauchte und beiläufig vor dem

Spiegel ihren Hut zurechtrückte, war Bernice überhaupt nicht auf so etwas wie einen Zusammenstoß gefaßt. Marjorie erledigte die Sache eiskalt in drei knappen Sätzen.

»Du kannst dir Warren ruhig aus dem Kopf schlagen«, sagte sie kühl.

»Was?« Bernice war völlig entgeistert.

»Du kannst aufhören, dich wegen Warren McIntyre zum Narren zu machen. Er macht sich nicht soo viel aus dir.«

Einen spannungsvollen Moment lang sahen sie einander an – Marjorie spöttisch, überlegen; Bernice verblüfft, halb zornig, halb ängstlich. Dann fuhren zwei Autos vor dem Hause vor und es gab ein wildes Gehupe. Beide Mädchen holten tief Luft, wandten sich um und eilten Seite an Seite hinaus.

Während der ganzen Bridge-Party kämpfte Bernice vergebens gegen ein zunehmendes Unbehagen an. Sie hatte Marjorie, die Sphinx aller Sphinxe, verletzt. Mit den harmlosesten und unschuldigsten Absichten der Welt hatte sie Marjories Eigentum gestohlen. Sie kam sich mit einemmal fürchterlich schuldig vor. Als sie nach dem Bridge zwanglos im Kreise saßen und die Unterhaltung allgemein wurde, brach der Sturm allmählich los. Der kleine Otis Ormonde gab, nichts ahnend, den Anstoß dazu.

»Wann gehen Sie in den Kindergarten zurück, Otis?« hatte jemand gefragt.

»Ich? Sobald Bernice sich einen Bubikopf schneiden läßt.«

»Dann brauchen Sie nicht mehr hin«, sagte Marjorie schnell.

»Das ist nur ein Bluff von ihr. Ich dachte, Sie hätten es gemerkt.«

»Stimmt das?« fragte Otis mit einem vorwurfsvollen Blick zu Bernice.

Bernice brannten die Ohren, während sie auf eine wirkungsvolle Erwiderung sann. Angesichts dieses direkten Angriffs war ihr Geist wie gelähmt.

»Es gibt eine Menge Bluff in der Welt«, fuhr Marjorie in leichtem Plauderton fort. »Ich sollte denken, Sie wären jung genug, das zu wissen, Otis.«

»Nun«, sagte Otis, »mag sein. Aber, oho! Bei jemand so von Format wie Bernice –.«

»Wirklich«, gähnte Marjorie. »Was war denn ihr letztes Bonmot?«

Niemand schien eins zu kennen. Und tatsächlich hatte Bernice in letzter Zeit, als sie mit dem Verehrer ihrer Lehrmeisterin tändelte, nichts Bemerkenswertes von sich gegeben.

»Wo bleibt denn da das Format?« fragte Roberta vorwitzig.

Bernice zögerte. Sie spürte, daß jetzt irgendetwas Geistreiches von ihr erwartet wurde, aber unter dem plötzlich eisigen Blick ihrer Cousine war sie zu nichts imstande.

»Ich weiß nicht«, sagte sie ausweichend.

»Quatsch!« sagte Marjorie. »Gib's doch zu!«

Bernice sah, daß Warrens Augen von der Ukulele, auf der er geklimpert hatte, aufblickten und sich fragend auf sie richteten.

»Oh, ich weiß nicht«, wiederholte sie stur. Ihre Wangen glühten.

»Quatsch!« sagte Marjorie wieder.

»Also los«, drängte Otis. »Sagen Sie ihr, wann's genug ist.«

Bernice blickte sich wieder um. Sie schien außerstande, von Warrens Augen loszukommen.

»Ich mag kurzes Haar«, sagte sie hastig, als hätte er sie etwas gefragt, »und ich habe die Absicht, meins kurzschneiden zu lassen.«

»Wann?« fragte Marjorie.

»Jederzeit.«

»Die beste Zeit ist immer jetzt«, meinte Roberta.

Otis sprang auf.

»Großartig!« rief er. »Wir werden ein Sommer-Haarschneide-Fest erleben. Frisiersalon im Sevier Hotel, so sagten Sie doch.«

Im Nu waren alle auf den Füßen. Bernices Herz klopfte heftig.

»Was?« hauchte sie.

Aus der Gruppe tönte Marjories Stimme, schneidend und verächtlich.

»Bemüht euch nicht – sie wird doch kneifen!«

»Los, Bernice!« rief Otis und ging schon zur Tür.

Vier Augen – die von Warren und Marjorie – starrten sie an, forderten sie heraus, schüchterten sie ein. Noch eine Sekunde schwankte sie heftig.

»Also gut«, sagte sie schnell, »es macht mir nichts aus.«

Eine Ewigkeit später, während sie, neben Warren sitzend, durch den späten Nachmittag in die Stadt fuhr und die anderen in Robertas Auto dicht hinter ihnen folgten, empfand Bernice alles, was Marie Antoinette bei ihrer Fahrt auf einem Karren zur Guillotine empfunden hatte. Verschwommen fragte sie sich, warum sie nicht herausschrie, daß alles ein Mißverständnis sei. Nur so konnte sie sich davon abhalten, ihr Haar krampfhaft mit beiden Händen zu packen, um es vor der auf einmal so feindlich gesonnenen Welt zu schützen. Aber sie tat keins von beiden. Selbst der Gedanke an ihre Mutter konnte sie jetzt nicht abschrecken. Dies war der allerhöchste Test für ihren sportlichen Mut; ihr Recht, unangefochten in dem sternenbesäten Himmel der Mädchenprominenz zu wandeln.

Warren schwieg gedankenvoll, und als sie beim Hotel ankamen, hielt er am Bordstein und nickte Bernice zu, vor ihm auszusteigen. Robertas Wagen entleerte eine lachende Gruppe in den Friseurladen, der sich zur Straße hin mit zwei großen Spiegelglasscheiben präsentierte.

Bernice stand auf dem Bordstein und blickte zu dem Schild empor, Sevier Frisiersalon. Es war wirklich eine Guillotine, und der Henker war der erste Friseurgehilfe, der sich, mit einem weißen Mantel angetan, eine Zigarette rauchend, lässig an den ersten Sessel lehnte. Er mußte schon von ihr gehört haben; er mußte die ganze Woche, endlos Zigaretten rauchend, neben diesem gewichtigen, allzu oft erwähnten ersten Sessel auf sie gewartet haben. Würde man ihr die Augen verbinden? Nein, aber man würde ein weißes Tuch um ihren Hals schlingen, damit nichts von ihrem Blut – Unsinn – ihrem Haar auf ihr Kleid fiele.

»Nun denn, Bernice«, sagte Warren rasch.

Mit erhobenem Kinn überquerte sie den Bürgersteig, stieß die Schwingtür auf und ging, ohne die ausgelassen lärmende Gruppe, die sich auf der Wartebank niedergelassen hatte, eines Blickes zu würdigen, auf den ersten Friseurgehilfen zu.

»Ich möchte, daß Sie mir einen Bubikopf schneiden.«

Der Mund des ersten Gehilfen sank ein wenig herab. Seine Zigarette fiel auf den Fußboden.

»Huh?«

»Mein Haar – schneiden Sie's ab!«

Ohne weitere Präliminarien nahm Bernice ihren Sitz ein. Ein Mann im Nachbarsessel wandte sich seitlich zu ihr um und sah sie an, halb Seifenschaum, halb Verblüffung im Gesicht. Ein anderer Friseur zuckte zusammen und verdarb des kleinen Willy Schunemans monatlichen Haarschnitt. Mr. O'Reilly im letzten Sessel knurrte und fluchte melodisch in altem Gälisch, als ein Rasiermesser ihn in die Backe schnitt. Zwei Schuhputzer machten große Augen und wollten sich auf ihre Füße stürzen. Nein, Bernice wünschte keinen Schuhglanz.

Draußen blieb ein Passant stehen und glotzte; ein Pärchen kam dazu; die Nasen von einem halben Dutzend kleiner Jungen, platt gegen die Scheiben gedrückt, wurden sichtbar, und Gesprächsfetzen drangen mit der sommerlichen Brise durch die Schwingtür herein.

»Guck nur, langes Haar auf'm Jungskopf!«

»Wo hat'rn das her?« »Is ne bärtige Dame, die er eben rasiert hat.«

Aber Bernice sah nichts, hörte nichts. Ihre einzige Sinneswahrnehmung sagte ihr, daß dieser Mann in dem weißen Kittel einen Schildpattkamm und dann noch einen entfernt hatte; daß seine Finger plump an ungewohnten Haarnadeln herumfummelten; daß dieses Haar, ihr wundervolles Haar, gleich dahin wäre – nie wieder würde sie seine wollüstige Schwere spüren, wenn es – eine dunkelbraune Pracht – über ihren Rücken hing. Für einen Moment war sie nahe am Zusammenbrechen, und dann nahm sie gleichsam mechanisch und verschwommen wahr, was sich ihren Augen bot – Marjories Mund zu einem leicht ironischen Lächeln geschürzt, als wollte sie sagen:

»Gib es auf und komm herunter! Du hast versucht zu bluffen, und ich habe den Bluff platzen lassen. Du hast doch keine Chance.«

Ein letzter Rest von Energie durchströmte Bernice, denn sie ballte die Fäuste unter dem weißen Tuch, und ihre Augen verengten sich sonderbar, worüber Marjorie noch sehr viel später zu jemand eine Bemerkung machte.

Zwanzig Minuten danach schwang der Friseur sie mit ihrem Sessel herum, so daß sie in den Spiegel blicken konnte, und ihr schauderte bei dem ganzen Ausmaß des Schadens, der da angerichtet worden war. Ihr Haar war von Natur nicht lockig, und jetzt lag es in glatten leblosen Strähnen zu beiden Seiten ihres auf einmal ganz blassen Gesichts. Es war häßlich wie die Sünde – sie hatte gewußt, daß es häßlich wie die Sünde sein würde. Der Hauptreiz ihres Gesichts war eine madonnenhafte Einfachheit und Unschuld gewesen. Die war jetzt weg, und sie war – nun ja, entsetzlich mittelmäßig, überhaupt nicht effektvoll; nur lächerlich wie eine aus Greenwich Village, die ihre Brille zuhause vergessen hatte.

Als sie von ihrem Sessel herunterkletterte, versuchte sie zu lächeln, was ihr elend mißlang. Sie sah, wie zwei der Mädchen Blicke wechselten; bemerkte Marjories hämisch herabgezogene Mundwinkel – und daß Warrens Augen plötzlich ganz kalt blickten.

»Du siehst« – ihre Worte tropften in eine verlegene Stille – »ich hab's getan.«

»Ja, du hast – hast es getan«, gab Warren zu.

»Mögt ihr es?«

Darauf ein halbherziges »Gewiß« von zwei oder drei Stimmen und wieder eine verlegene Pause; dann wandte sich Marjorie flink und mit schlangenhafter Suggestion an Warren.

»Würde es dir etwas ausmachen, mich hinunter zur Reinigung zu fahren?« fragte sie. »Ich muß dort schnell vor dem Abendessen ein Kleid abholen. Roberta fährt direkt nachhause und kann die anderen mitnehmen.«

Warren starrte geistesabwesend auf irgendeinen fernen Punkt draußen vor dem Fenster. Dann ruhten seine Augen für einen Moment kühl auf Bernice, ehe sie sich Marjorie zuwandten.

»Wird mir ein Vergnügen sein«, sagte er langsam.

VI

Was für eine abscheuliche Falle man ihr gestellt hatte, wurde Bernice erst klar, als sie unmittelbar vor dem Dinner dem entsetzten Blick ihrer Tante begegnete.

»Nein, Bernice!«

»Ich hab's kurzschneiden lassen, Tante Josephine.«

»Aber, Kind, warum denn?«

»Magst du es so?«

»Aber Bernice!«

»Ich fürchte, ich habe dich erschreckt.«

»Nein, aber was wird Mrs. Deyo morgen abend denken? Bernice, du hättest bis nach dem Tanzabend bei den Deyos warten sollen – wenn du so etwas vorhattest, hättest du damit warten müssen.«

»Es kam ganz plötzlich, Tante Josephine. Und dann, warum soll es gerade Mrs. Deyo etwas ausmachen?«

»Aber, Kind«, rief Mrs. Harvey, »in ihrem Referat über ›Die Schwächen der jungen Generation‹, das sie uns beim letzten Treffen des Donnerstag-Clubs vorgetragen hat, sprach sie eine ganze Viertelstunde über Bubiköpfe. Darüber entrüstet sie sich am liebsten. Und der Tanzabend wird dir und Marjorie zu Ehren veranstaltet!«

»Das tut mir leid.«

»Oh, Bernice, was wird deine Mutter sagen? Sie wird denken, ich hätte das zugelassen.«

»Tut mir leid.«

Das Abendessen war eine einzige Qual. Sie hatte in aller Hast einen Versuch mit einer Brennschere gemacht und sich einen Finger und viel Haar verbrannt. Sie merkte ihrer Tante an, daß sie sowohl ärgerlich als auch tief bekümmert war, und ihr Onkel sagte in einemfort »Verflixt nochmal!« wieder und wieder in gekränktem, fast feindseligem Ton. Und Marjorie saß ganz ruhig da und verschanzte sich hinter einem leichten Lächeln, einem leicht spöttischen Lächeln.

Irgendwie ging der Abend herum. Drei Jungen sprachen vor; Marjorie verschwand mit einem von ihnen, und Bernice machte einen lahmen, erfolglosen Versuch, die beiden anderen zu unterhalten – seufzte erleichtert, als sie gegen halb elf die Treppe zu ihrem Zimmer hinaufging. Was für ein Tag!

Als sie sich zur Nacht ausgekleidet hatte, tat sich die Tür auf und Marjorie kam herein.

»Bernice«, sagte sie, »es tut mir schrecklich leid wegen des Tanzabends bei Deyos. Ich gebe dir mein Ehrenwort, daß ich das total vergessen hatte.«

»Ist schon recht«, sagte Bernice nur. Sie stand vor dem Spiegel und zog den Kamm langsam durch ihr kurzes Haar.

»Ich nehme dich morgen mit in die Stadt«, fuhr Marjorie fort, »und der Coiffeur wird es so richten, daß du flott aussiehst. Ich ahnte ja nicht, daß du ernstmachen würdest. Es tut mir wirklich furchtbar leid.«

»Oh, schon recht!«

»Es ist dein letzter Abend, und so macht's vielleicht nicht mehr viel aus.«

Dann zuckte Bernice doch zusammen, als Marjorie ihr Haar über die Schultern zurückwarf und dann anfing, es langsam zu zwei langen blonden Zöpfen zu flechten, bis sie in ihrem cremefarbenen Négligé dem zarten Abbild irgendeiner angelsächsischen Prinzessin glich. Fasziniert sah Bernice zu, wie die Zöpfe immer länger wurden. Sie waren schwer und üppig, bewegten sich unter den geschickten Fingern wie eigenwillige Schlangen – und für Bernice gab es nur noch diese Überbleibsel und die Brennschere und ein Morgen voll hämischer Blicke. Sie sah schon, wie G. Reece Stoddard, der sie gern mochte, seine Harvard-Miene aufsetzte und zu seinem Tischnachbarn sagen würde, man hätte Bernice nicht so oft ins Kino gehen lassen sollen; sie sah, wie Draycott Deyo mit seiner Mutter Blicke wechselte und sich ihr dann besonders liebevoll zuwandte. Aber vielleicht würde Mrs. Deyo bis morgen von der Sache gehört haben und würde eine eisige kurze Nachricht herüberschicken, sie möge besser nicht erscheinen – und alle würden hinter ihrem Rücken lachen und würden wissen, daß Marjorie sie zum Narren gemacht hatte, daß ihre Chance, gut auszusehen, der eifersüchtigen Laune einer Egoistin aufgeopfert worden war. Sie setzte sich plötzlich vor den Spiegel und biß sich auf die Lippen.

»Ich mag es so«, sagte sie mit einiger Anstrengung. »Ich glaube, es wird mir stehen.«

Marjorie lächelte.

»Es sieht gut aus. Mach dir um Himmels willen keine Gedanken darüber!«

»Tu ich auch nicht.«

»Gutenacht, Bernice.«

Aber als die Tür sich geschlossen hatte, brach irgendetwas in Bernice entzwei. Sie sprang wie elektrisiert auf die Füße, ballte die Fäuste, eilte dann flink und lautlos zu ihrem Bett hinüber und zog ihren Handkoffer darunter hervor. Dahinein stopfte sie ihre Toilettesachen und ein Kleid zum Wechseln. Dann ging sie an ihren Schrankkoffer und verstaute darin zwei Schubfächer Wäsche und Sommerkleider. Sie bewegte sich ruhig, aber mit tödlicher Zielstrebigkeit, und in einer Dreiviertelstunde war ihr Koffer geschlossen und verschnürt, und sie selbst war fertig angezogen und trug ein vorteilhaftes neues Reisekostüm, das Marjorie mit ihr ausgesucht hatte.

An ihrem Schreibtisch sitzend schrieb sie ein Briefchen für Mrs. Harvey, worin sie kurz ihr Fortgehen begründete. Sie siegelte den Umschlag, adressierte ihn und legte ihn auf ihr Kopfkissen. Sie sah auf ihre Uhr. Der Zug ging um eins, und sie wußte, wenn sie zwei Ecken weiter bis zum Marlborough Hotel ginge, würde sie dort leicht ein Taxi bekommen.

Plötzlich tat sie einen heftigen Atemzug, und in ihren Augen blitzte etwas auf, das ein erfahrener Psychologe ungefähr mit ihrem finster entschlossenen Blick in jenem Frisiersessel in Zusammenhang gebracht oder darin irgendwie eine Fortentwicklung gesehen hätte. Jedenfalls war das ganz neu an Bernice – und mußte Folgen haben.

Sie ging verstohlen zur Kommode, nahm einen Gegenstand, der dort lag, und stand, nachdem sie alle Lichter gelöscht hatte, ganz still, bis ihre Augen sich an die Dunkelheit gewöhnt hatten. Leise öffnete sie die Tür zu Marjories Zimmer. Sie hörte den ruhigen, gleichmäßigen Atem eines unbeschwerten Gewissens in tiefem Schlaf.

Jetzt war sie neben dem Bett, bedachtsam und ganz ruhig. Sie handelte schnell. Indem sie sich vorbeugte, fand sie einen der Zöpfe von Marjories Haar, verfolgte ihn mit der Hand bis in Kopfnähe und während sie ihn ein wenig locker hielt, damit die Schlafende keinen Ruck spüren sollte, langte sie mit der Schere hin und trennte ihn ab. Mit dem Zopf in der Hand hielt sie den Atem an. Marjorie hatte im Schlaf irgendetwas gemurmelt. Bernice amputierte geschickt den anderen Zopf, wartete noch einen Augenblick und eilte dann flink und lautlos in ihr Zimmer zurück.

Unten öffnete sie die Haustür, die sie sorgfältig hinter sich schloß, und trat sonderbar glücklich und beschwingt von der Veranda hinaus in den Mondschein, wobei sie ihren schweren Handkoffer wie eine Einkaufstasche schwenkte. Nachdem sie eine Minute forsch gegangen war, merkte sie, daß sie in der linken Hand immer noch die beiden blonden Zöpfe hielt. Sie lachte ganz unvermittelt – ja, sie mußte den Mund fest schließen, um nicht in lautes Gelächter auszubrechen. Sie kam jetzt an Warrens Haus vorbei, und aus einem Impuls setzte sie ihren Koffer nieder, schwang die beiden Zöpfe wie Tauenden und schleuderte sie gegen die hölzerne Veranda, wo sie mit einem dumpfen Aufprall landeten. Wieder lachte sie und bezwang sich nicht länger.

»Huh!« kicherte sie wie toll. »Skalpier das selbstische Ding!«

Dann nahm sie ihren Handkoffer wieder auf und machte sich halb laufend auf der mondbeschienenen Straße davon.

Der Eispalast

I

Das Sonnenlicht tröpfelte über das Haus wie Goldglasur über ein irdenes Kunstgefäß, und die sprenkelnden Schatten hier und da verstärkten nur noch den Eindruck, daß alles wie in Licht gebadet sei. Die Häuser der Butterworth und Larkin rechts und links waren hinter großen schweren Bäumen vergraben; nur das Happer-Haus stand freundlich in der prallen Sonne und blickte den ganzen Tag mit einer Art von Geduld auf den staubigen Fahrweg. Dies war das Städtchen Tarleton im südlichsten Georgia an einem Septembernachmittag.

Oben in ihrem Schlafzimmerfenster stützte Sally Carrol Happer ihr neunzehn Jahre altes Kinn auf ein zweiundfünfzig Jahre altes Fensterbrett und sah zu, wie Clark Darrows alter Ford zum Hause einbog. Das Auto war heiß – seine Metallteile absorbierten die ganze andringende oder selbsterzeugte Hitze – und Clark Darrow, steif aufrecht am Steuer sitzend, blickte so angestrengt und gequält, als hielte er sich für ein Autozubehör, das jeden Moment versagen konnte. Er überquerte mit Mühe zwei staubige Furchen, wobei die Räder zornig aufkreischten, und dann manövrierte er mit erschrecklich verzerrter Miene und mit einem letzten Ruck am Steuer sich und das Auto ungefähr bis vor die Stufen des Happer-Hauses. Man hörte ein klägliches Aufseufzen des Motors, ein

Todesrasseln, gefolgt von einer kurzen Stille. Und dann zerschnitt ein alarmierender Pfeifton die Luft.

Sally Carrol linste schläfrig nach unten. Sie machte Anstalten zu gähnen, merkte aber, daß dies nicht ging, ohne ihr Kinn vom Fensterbrett zu heben, und so entschloß sie sich anders und betrachtete weiter schweigend das Auto, dessen Eigentümer in strahlender, wenn auch gewohnheitsmäßiger Habachthaltung verharrte, denn er wartete auf eine Antwort auf sein Signal. Nach einem Augenblick zerriß der Sirenenton noch einmal die staubige Luft.

»Gu'n Mor'n.«

Mit einiger Schwierigkeit verrenkte Clark seinen langen Körper und bog den Kopf zu einem verdrehten Blick auf das Fenster.

»Is nich Morgn, Sally Carrol.«

»Is nich? Bistu sicher?«

»Was machstu?«

»Eß'n Apfel.«

»Kommit schwimmn – willstu?«

»Denk schon.«

»'n bißchen dalli, ja?«

»Wird gemacht.«

Sally Carrol seufzte ausgiebig und erhob sich ungeheuer träge vom Fußboden, wo sie damit beschäftigt gewesen war, abwechselnd einen grünen Apfel stückweise zu vertilgen und Papierpuppen für ihre jüngere Schwester anzumalen. Sie trat vor einen Spiegel, betrachtete ihr Gesicht mit angenehm lässigem Wohlgefallen, trug zwei Kleckse Rouge auf ihre Lippen und eine Spur Puder auf ihre Nase auf und bedeckte ihr kurzgeschnittenes weizenblondes Haar mit einem rosageblümten Sonnenhut. Dann stieß sie mit dem Fuß das Malwasser um, sagte »Au, verdammt!« – ließ es aber liegen – und ging aus dem Zimmer.

»Wie geht's, Clark?« erkundigte sie sich eine Minute später, als sie flink über die Seitenwand ins Auto schlüpfte.

»Ausgezeichnet, Sally Carrol.«

»Wo gehn wir schwimmen?«

»Draußen in Walleys Teich. Hab Marylyn gesagt, wir würden vorbeikommen und sie und Joe Ewing mitnehmen.«

Clark war dunkel und schlank und neigte, wenn er auf seinen Füßen stand, zu einer etwas gebückten Haltung. Seine Augen blickten unheilvoll und er sah immer etwas verdrossen aus, es sei denn, daß sein Gesicht unter einem Lächeln aufleuchtete, was häufig geschah. Clark hatte »Einkünfte« – gerade genug, um selbst bequem leben und sein Auto immer volltanken zu können – und er hatte die zwei Jahre seit seinem Examen am Technikum von Georgia damit verbracht, in den Straßen seines Heimatstädtchens herumzudösen und zu bereden, wie er sein Kapital am besten mit sofortigem Profit anlegen könnte.

Dieses Herumlungern fiel ihm überhaupt nicht schwer; eine Schar von Mädchen war in Schönheit herangewachsen, allen voran die wunderbare Sally Carrol; und die genossen es, zum Schwimmen und zum Tanzen mitgenommen zu werden, und die Liebeserklärungen an blumenduftenden Sommerabenden – und sie alle mochten Clark ungeheuer gern. Wenn weibliche Gesellschaft langweilig wurde, gab es immer ein halbes Dutzend junger Leute, die gerade etwas unternehmen wollten und mit ihm gern ein paar Löcher Golf oder eine Partie Billard spielten oder ein Viertel von dem starken gelben Schnaps tranken. Dann und wann machte einer dieser Altersgenossen eine Besuchsrunde, bevor er in Geschäften nach New York oder Philadelphia oder Pittsburg ging, aber meistens blieben sie diesem lauwarmen traumverlorenen Paradies von Glühwürmchenabenden und lärmenden Negerfestivitäten in den Straßen treu – und besonders blieben sie den reizvollen Mädchen mit den sanften Stimmen treu, die mit Erinnerungen und nicht mit Geld aufgewachsen waren.

Nachdem der Ford zu einer Art von mißlauniger Unrast angestachelt war, rollten und ratterten Clark und Sally Carrol die Valley Avenue hinunter zur Jefferson Street, wo der Fahrweg zu einer gepflasterten Straße wurde; dann vorbei an dem verschlafenen Millicent Place mit seinem halben Dutzend behäbiger herrschaftlicher Häuser und weiter in die Innenstadt. Das Fahren hier war nicht ungefährlich, denn es war Einkaufszeit; die Leute bummelten achtlos quer über die Straße und eine leise murrende Rinderherde wurde vor einer geduldigen Straßenbahn hergetrieben; selbst die Läden schienen mit ihren Türen nur zu gähnen und blinzelten mit ihren Schaufenstern in die Sonne, um alsbald in eine Art von begrenztem Todesschlaf zurückzusinken.

»Sally Carrol«, sagte Clark plötzlich, »stimmt's, daß du verlobt bist?«

Sie sah ihn rasch an.

»Wo hast du das gehört?«

»Also ja, du bist verlobt?«

»Nette Frage das!«

»'n Mädchen sagte mir, du wärst mit'm Yankee verlobt, den du vorigen Sommer oben in Ashville kennengelernt hast.«

Sally Carrol seufzte.

»So'n altes Klatschnest hab ich noch nicht erlebt.«

»Heirate keinen Yankee, Sally Carrol. Wir brauchen dich hier.« Sally Carrol schwieg einen Augenblick.

»Clark«, fragte sie dann, »wen in aller Welt soll ich denn heiraten?«

»Ich stehe zu Diensten.«

»Liebling, du könntest doch keine Frau ernähren«, erwiderte sie freundlich. »Überhaupt, ich kenn dich zu gut, um mich in dich zu verlieben.«

»Darum brauchst du aber noch keinen Yankee zu heiraten«, beharrte er.

»Wenn ich'n aber liebte?«

Er schüttelte den Kopf.

»Kannst du nicht. Er wäre zu sehr anders als wir, in allem.«

Er brach ab, als er das Auto vor einem weitläufigen baufälligen Haus zum Stehen brachte. Marylyn Wade und Joe Ewing erschienen in der Tür.

»Hallo, Sally Carrol.«

»'n Tag!«

»Na, ihr?«

»Sally Carrol«, fragte Marylyn, als der Wagen wieder anfuhr, »bist verlobt?«

»Herrje, wer hat das alles aufgebracht? Kann ich keinen Mann ansehen, ohne daß mich die ganze Stadt mit ihm verlobt?«

Clark blickte starr vor sich hin auf eine lockere Schraube an der klappernden Windschutzscheibe.

»Sally Carrol«, sagte er sonderbar eindringlich, »magst du uns nicht?«

»Was?«

»Uns hier.«

»Wieso, Clark, das weißt du doch. Ich bete euch Jungs alle an.«

»Warum verlobst du dich dann mit 'm Yankee?«

»Clark, ich weiß nicht. Ich bin mir nicht klar, aber – nun ja, ich möchte herumkommen und Leute kennenlernen. Meinen Gesichtskreis erweitern. Ich möchte da leben, wo wirklich was passiert.«

»Was meinst du damit?«

»Oh, Clark, ich liebe dich, und ich liebe Joe hier und Ben Arrot, und euch alle, aber ihr werdet – ihr werdet alle –.«

»Wir werden alle Versager sein?«

»Ja. Ich meine nicht nur in Gelddingen, sondern sozusagen – unwirksam und elend sein, und – oh, wie kann ich's dir sagen?«

»Du meinst, weil wir hier in Tarleton festsitzen?«

»Ja, Clark, und weil ihr es so haben wollt und niemals etwas verändern oder nachdenken oder weiterstreben.«

Er nickte und sie langte hinüber und drückte seine Hand.

»Clark«, sagte sie weich, »ich möchte dich um alles in der Welt nicht ändern. Du bist liebenswert so wie du bist. Die Umstände, die dich scheitern lassen, werde auch ich immer lieben – das In-der-Vergangenheit-leben, die müßigen Tage und Abende, die du hast, und deine ganze Sorglosigkeit und Großzügigkeit.«

»Aber du willst doch fort?«

»Ja – weil ich dich niemals heiraten könnte. Du hast einen Platz in meinem Herzen, den kein anderer je einnehmen könnte, aber hier angebunden, würde ich keine Ruhe finden. Mir wäre, als vergeudete ich mich. Es gibt zwei Seiten an mir, nicht wahr. Da ist die alte verschlafene Seite, die du an mir magst; und da ist so was wie Energie – das Gefühl, das mich verrückte Dinge tun läßt. Das ist der Teil von mir, der mir vielleicht irgendwo einmal nützen kann, der mir bleibt, wenn es mit dem Schönsein vorbei ist.«

Mit der für sie typischen Plötzlichkeit brach sie ab und seufzte, »Ach, und die süßen Pfannkuchen!«, als ihre Stimmung umschlug.

Indem sie halb die Augen schloß und den Kopf zurückbog, bis er auf der Rücklehne ruhte, ließ sie sich von der würzigen Brise fächeln und die lockeren Haare ihres Bubikopfs streicheln. Sie waren jetzt auf dem Land, sausten zwischen Wildwuchs aus leuchtend grünem Dikkicht und Gräsern hindurch und hohen Bäumen, deren dichtbelaubte Zweige als ein kühler Willkomm über dem Fahrweg hingen. Hin und wieder kamen sie an einer halbverfallenen Negerhütte vorbei, deren ältester weißhaariger Bewohner mit seiner Maiskolbenpfeife neben der Tür saß, und einem halben Dutzend notdürftig bekleideter Negerkinder, die ihre zerlumpten Puppen auf dem wildgewachsenen Rasen paradieren ließen. Weiter draußen dehnten sich Baumwollfelder, auf denen selbst die Arbeiter nur ungreifbar und schattenhaft vorhanden waren – Schatten, die die Sonne der Erde geliehen hatte nicht zu schwerer Arbeit, sondern um irgendeiner uralten Tradition auf den herbstgoldenen Feldern nachzuhängen. Und um dieses malerisch verschlafene Idyll, über den Bäumen und Hütten und trüben Flüssen, schwebte die Hitze, niemals feindlich, nur erquickend, wie ein großer warmer nährender Busen für die kindhafte Erde.

»Sally Carrol, wir sind da!«

»Das arme Kind schläft selig.«

»Darling, bist wohl vor lauter Trägheit gestorben?«

»Wasser, Sally Carrol! Kühles Wasser wartet auf dich!«

Schläfrig machte sie die Augen auf.

»Hm«, murmelte sie und lächelte.

II

Im November kam Harry Bellamy, groß, hochgemut und forsch, für vier Tage aus seiner Stadt im Norden herunter. Er kam in der Absicht, eine Angelegenheit zu regeln, die sich seit dem Mittsommer hinschleppte, als er und Sally Carrol einander in Ashville, Nord-Carolina, kennengelernt hatten. Dazu bedurfte es nur eines ruhigen Nachmittags und eines Abends vor einem Kaminfeuer, denn Harry Bellamy hatte alles zu bieten, was sie sich nur wünschen konnte; und zudem liebte sie ihn – liebte ihn mit jener Seite ihres Wesens, die sie für die Liebe reserviert hatte. Sally Carrol hatte mehrere klar voneinander geschiedene Seiten.

Am letzten Nachmittag seines Besuchs machten sie einen Spaziergang, und sie fand, daß ihre Schritte sich halb unbewußt zu einem ihrer Lieblingsplätze hinlenkten, zum Friedhof. Als er in Sicht kam, grauweiß und goldgrün in der freundlichen Abendsonne, zögerte sie unschlüssig vor dem eisernen Tor.

»Bist du schwermütig von Natur, Harry?« fragte sie ein wenig lächelnd.

»Schwermütig? Ich nicht.«

»Dann laß uns hineingehen. Manche Leute deprimiert es, aber ich bin gern hier.«

Sie gingen durch das Tor und folgten einem Weg, der

durch ein gewelltes Tal von Gräbern führte – staubgrau und moderig für die fünfziger Jahre; altertümlich verziert mit Blumen und Vasen für die siebziger Jahre; überladen und gräßlich für die neunziger Jahre, mit dicken marmornen Cherubim, die in tiefem Schlaf auf steinernen Kissen ruhten, und unmöglich großen, undefinierbaren Blumen aus Granit. Hier und da erblickten sie eine kniende Gestalt mit einer Blumenspende in der Hand, aber über den meisten Gräbern lag Stille, und welke Blätter strömten nur den Duft aus, der in lebenden Gemütern die eigenen schattenhaften Erinnerungen weckt.

Sie gelangten auf eine Anhöhe, wo sie sich einer hohen runden Grabsäule gegenübersahen mit dunklen Flecken von Nässe und halb überwachsen von Weinlaub.

»Margery Lee«, las sie; »1844–1873. War sie nicht reizend? Sie starb, als sie neunundzwanzig war. Liebe Margery Lee«, fügte sie leise hinzu. »Siehst du sie nicht vor dir, Harry?«

»Ja, Sally Carrol.«

Und er fühlte eine kleine Hand sich in seine schmiegen.

»Sie war dunkel, meine ich; und sie trug immer ein Band im Haar und prächtige Reifröcke in Hellblau und Altrosa.«

»Ja.«

»Oh, sie war süß, Harry! Und sie war der Typ von Mädchen, dazu geboren, auf einer geräumigen Veranda unter dem Säulendach zu stehen und die Gäste zu begrüßen. Ich denke mir, vielleicht zogen viele Männer in den Krieg im Glauben, zu ihr zurückzukehren; aber das war wohl keinem von ihnen vergönnt.«

Er beugte sich dicht zu dem Stein und suchte nach irgendeinem Anhaltspunkt für eine Heirat.

»Hier steht nichts weiter zu lesen.«

»Natürlich nicht. Was könnte denn irgend besser sein als einfach ›Margery Lee‹, und dazu die beredten Jahreszahlen?«

Sie trat nahe an ihn heran, und zu seiner Überraschung würgte ihn etwas in der Kehle, als ihr strohblondes Haar seine Wange streifte.

»Du siehst, wie sie gewesen sein muß, nicht wahr, Harry?«

»Ja, ich sehe«, pflichtete er höflich bei. »Ich sehe es durch deine teuren Augen. Du bist schön jetzt, und so – das weiß ich – muß auch sie gewesen sein.«

Sie standen schweigend und eng, und er konnte fühlen, wie ihre Schultern ein wenig zitterten. Eine kleine Brise kam den Hügel herauf und bewegte den weichen breiten Rand ihres Hutes.

»Laß uns da hinunter gehen!«

Sie zeigte auf ein flaches Stück auf der anderen Seite des Hügels, wo am grünen Rasen entlang tausend grauweiße Kreuze sich in endlosen wohlgeordneten Reihen erstreckten gleich den aufgestellten Gewehren eines Bataillons.

»Das sind die Gefallenen der Konföderierten«, sagte Sally Carrol schlicht.

Sie gingen daran entlang und lasen die Inschriften, jeweils nur ein Name und ein Datum, manchmal kaum zu entziffern.

»Die letzte Reihe ist die traurigste – sieh, da drüben. Jedes Kreuz hat nur ein Datum und darunter das Wort ›Unbekannt‹.«

Sie blickte zu ihm auf, die Augen voller Tränen.

»Ich kann dir nicht sagen, wie wirklich das alles für mich ist, Liebling – wenn du es nicht spürst.«

»Was du dabei fühlst, ist wunderbar für mich.«

»Nein, nein, das bin nicht ich, das sind sie – jene alte Zeit, die ich in mir lebendig zu halten versuche. Dies hier waren einfach Männer, unbedeutende offenbar, sonst wären sie nicht ›unbekannt‹ gewesen; aber sie starben für die herrlichste Sache in der Welt – für den toten Süden. Weißt du«, fuhr sie mit immer noch heiserer Stimme und Tränen in den Augen fort, »die Menschen hier haben Träume, die sie den Dingen anhängen, und ich bin von frühauf mit diesem Traum großgeworden. Das war so leicht, weil das alles tot und vergangen war und keine Enttäuschungen mehr für mich enthielt. Ich habe in gewisser Weise versucht, mich jenes vergangenen ›noblesse oblige‹ würdig zu zeigen – davon sind nur noch die letzten Überreste vorhanden, weißt du, wie die sterbenden Rosen in einem alten Garten – ein Anflug von seltsamer Höflichkeit und Ritterlichkeit bei einigen dieser jungen Männer, und Erzählungen, die ich von einem konföderierten Soldaten im Nachbarhaus hörte, und dazu ein paar alte Neger. Oh, Harry, es war etwas daran, es war etwas daran! Ich könnte es dir wohl nie begreiflich machen, aber so war es.«

»Ich verstehe«, beruhigte er sie wiederum leise.

Sally Carrol lächelte und trocknete ihre Augen mit dem Zipfel eines Ziertuchs, das aus seiner Brusttasche ragte.

»Du bist doch nicht traurig, nicht wahr, Lieber? Selbst wenn ich weine, bin ich hier glücklich, und das gibt mir eine Art von Kraft.«

Hand in Hand wandten sie sich langsam zum Gehen. Als sie eine Stelle mit weichem Gras fand, zog sie ihn neben sich nieder auf einen Sitzplatz, mit dem Rücken angelehnt an die Überreste eines brüchigen Mäuerchens.

»Wenn sich nur diese drei alten Frauen entfernen wollten«, beklagte er sich. »Ich möchte dich küssen, Sally Carrol.«

»Ich auch.«

Sie warteten ungeduldig, daß die drei gebeugten Gestalten davongingen, und dann küßte sie ihn, bis der Himmel zu verblassen schien und all ihr Lächeln und ihre Tränen in der Ekstase sekundenlanger Ewigkeit aufgingen.

Später gingen sie langsam zurück, während das Dämmerlicht des endenden Tages die winkligen Straßen mit einem schwarzweißen Muster überzog.

»Um Mitte Januar wirst du bei uns oben sein«, sagte er, »und du wirst mindestens einen Monat bleiben müssen. Es wird Spaß machen. Ein winterlicher Karneval ist im Gange, und wenn du nie richtigen Schnee erlebt hast, wirst du dir wie im Märchenland vorkommen. Da gibt es Eislauf und Ski und Rodeln und Schlittenfahrten und alle Arten von Fackelzügen auf Schneeschuhen. Das hat es seit Jahren nicht gegeben, und so wird es da hoch hergehen.«

»Wird es sehr kalt sein, Harry?« fragte sie plötzlich.

»Dir jedenfalls nicht. Du magst dir die Nase erfrieren, aber du wirst nicht vor Kälte zittern. Alles hart und trocken, weißt du.«

»Ich glaube, ich bin ein Sommerkind. Ich mag überhaupt keine Kälte, soweit ich denken kann.«

Sie brach ab und beide schwiegen eine Weile.

»Sally Carrol«, sagte er dann zögernd, »was würdest du sagen zu – zum Beispiel zu März?«

»Ich sage: ich liebe dich.«

»Also März?«

»März, Harry.«

III

In dem Pullmanwagen war es die ganze Nacht hindurch sehr kalt. Sie klingelte nach dem Steward, um eine zweite Decke zu verlangen, und als er keine übrig hatte, versuchte sie vergebens, indem sie sich in der Koje zusammenkauerte und die Bettdecke doppelt nahm, ein paar Stunden Schlaf zu finden. Sie wollte am Morgen möglichst gut aussehen.

Sie stand um sechs auf, schlüpfte ungeschickt in ihre Kleider und stolperte nach vorn zum Speisewagen, um eine Tasse Kaffee zu trinken. Der Schnee war bis in den Gang gerieselt und bedeckte den Boden mit einem glitschigen Überzug. Diese Kälte hatte etwas Unheimliches, sie nistete sich überall ein. Sallys Atem war deutlich zu sehen, und sie pustete mit kindlichem Entzücken in die Luft. Im Speisewagen sitzend, blickte sie zum Fenster hinaus auf weiße Hügel und Täler und vereinzelte Fichten, deren Zweige grüne Holzteller bildeten für eine kalte Platte aus lauter Schnee. Manchmal flog ein einsam stehendes Farmhaus vorbei, kahl und freudlos und wie verloren in dieser weißen Ödnis, und jedesmal fröstelte es sie einen Augenblick beim Gedanken an die armen Seelen, die dort eingeschlossen auf den Frühling warteten.

Als sie aus dem Speisewagen durch den schwankenden Zug zurück zu ihrem Abteil ging, empfand sie einen plötzlichen Aufschwung von Energie, und sie fragte sich, ob das die kräftigende Wirkung der Luft sei, von der Harry gesprochen hatte. Dies war der Norden, der Norden – jetzt ihr Land!

»Then blow, ye winds, heigho!
A-roving I will go«,

sang sie jubelnd vor sich hin.

»Was's das?« fragte der Steward höflich.

»Ich sagte: ›Bürsten Sie mich ab‹.«

Die langen Drähte zwischen den Telegrafenstangen verdoppelten sich; zwei Gleise liefen neben dem Zug her – drei – vier; dann eine Reihe von Häusern mit weißen Dächern, eine elektrische Trambahn mit befrorenen Scheiben tauchte kurz auf, und Straßen – noch mehr Straßen – die Stadt.

Sie stand einen Augenblick verwirrt auf dem eisigen Bahnsteig, ehe sie drei pelzvermummte Gestalten auf sich zukommen sah.

»Da ist sie!«

»Oh, Sally Carrol!«

Sally Carrol ließ ihre Reisetasche fallen.

»Hier!«

Ein nur noch annähernd vertrautes eiskaltes Gesicht drückte ihr einen Kuß auf, und dann waren noch mehr Gesichter um sie, die alle offenbar dicke Dampfwolken ausstießen; sie mußte Hände schütteln. Da war Gordon, ein kleiner lebhafter Mann von dreißig, der wie ein nicht gelungenes, leicht ramponiertes Modell für Harry aussah, und seine Frau, Myra, eine fade Dame mit flachsgelbem Haar unter einer pelzgefütterten Autokappe. Fast sogleich stufte Sally Carrol sie als irgendwie skandinavisch ein. Ein freundlicher Chauffeur nahm sich ihres Gepäcks an, und unter einem lebhaften Austausch von Phrasen, Ausrufen und von Myras Seite entsprechend teilnahmslosen »Meine Lieben« schoben sie sich gegenseitig vom Bahnsteig.

Dann saßen sie in einem Sedan und fuhren durch winklige verschneite Straßen, wo Dutzende kleiner Jungen sich mit ihren Schlitten an Lieferwagen und Autos anhingen.

»Oh«, rief Sally Carrol aus, »das möchte ich auch! Geht das, Harry?«

»Das ist etwas für Kinder. Aber wir könnten –.«

»Es sieht nach einem Mordsvergnügen aus!« sagte sie bedauernd.

Das Heim war ein unregelmäßiges Fachwerkhaus auf einem weißen Schneekissen, und dort lernte sie einen großen grauhaarigen Mann kennen, der ihr gefiel, und eine alte Dame, die wie ein Ei aussah, und die sie küßte – das waren Harrys Eltern. Dann folgte eine atemlose unbeschreibliche Stunde, vollgestopft mit lauter halbvollendeten Sätzen, heißem Wasser, Schinkeneiern und allgemeiner Verwirrung; und danach war sie mit Harry allein in der Bibliothek und fragte ihn, ob sie rauchen dürfe.

Es war ein großer Raum mit einer Madonna über dem Kamin und reihenweise Büchern in lichtgoldenen, sattgoldenen und rotglänzenden Einbänden. Alle Sessel hatten kleine Spitzendeckchen, wo man den Kopf anlehnen sollte, die Couch war gerade noch bequem und die Bücher sahen aus, als wären sie gelesen worden – einige davon –, und Sally Carrol sah für einen Augenblick im Geiste die abgenutzte alte Bibliothek zuhause vor sich, mit den gewaltigen medizinischen Büchern ihres Vaters, den Ölporträts ihrer drei Großonkel und der alten Couch, die in fünfundvierzig Jahren immer wieder geflickt worden war, auf der es sich aber immer noch schwelgerisch träumen ließ. Dieser Raum hier erschien ihr weder anheimelnd noch sonst irgendwie besonders. Es war einfach ein Raum mit einer Menge ziemlich teurer Einrichtungsgegenstände darin, die alle etwa vor fünfzehn Jahren gekauft sein mochten.

»Was hältst du denn von allem hier oben?« fragte Harry eifrig. »Bist du überrascht? Ich meine, ist es das, was du erwartet hast?«

»Du bist es, Harry«, sagte sie ruhig und streckte die Arme nach ihm aus.

Aber nach einem kurzen Kuß schien er wieder ein Wort der Begeisterung von ihr hören zu wollen.

»Die Stadt, meine ich. Magst du sie? Spürst du, wie würzig die Luft ist?«

»Oh, Harry!« Sie lachte. »Du mußt mir Zeit lassen. Du kannst mich nicht so mit Fragen bestürmen.«

Mit einem Seufzer der Erleichterung paffte sie an ihrer Zigarette.

»Eins möchte ich dich noch fragen«, begann er fast entschuldigend. »Ihr Südstaatler legt großen Wert auf Familie und alles das – nicht, daß das nicht ganz in Ordnung wäre, aber es wird dir hier ein bißchen anders vorkommen. Ich meine – du wirst allerlei Dinge bemerken, die dir zunächst vulgär und protzig erscheinen, Sally Carrol; doch bedenke, daß dies eine Stadt von nur drei Generationen ist. Jeder hat einen Vater, und etwa die Hälfte von uns hat Großväter. Weiter zurück gehen wir nicht.«

»Natürlich«, murmelte sie.

»Unsere Großväter, weißt du, haben den Ort gegründet, und viele von ihnen mußten während dieser Gründerzeit allerlei komische Berufe ausüben. Da gibt es zum Beispiel eine Frau, die jetzt so etwas wie gesellschaftlich tonangebend in der Stadt ist; nun, ihr Vater war der erste städtische Müllfahrer – so ist das hier.«

»Na und«, sagte Sally Carrol verdutzt, »hast du angenommen, ich würde ein Gerede über die Leute anfangen?«

»Nicht im geringsten«, unterbrach Harry sie, »und ich will auch für niemand um Nachsicht bitten. Es ist nur, daß – nun ja, ein Mädchen aus dem Süden letzten Sommer hier herauf kam und ein paar ungeschickte Äußerungen machte, und – oh, ich dachte nur, ich sollte dir das sagen.«

Sally Carrol war plötzlich entrüstet – als wäre sie unverdient gezüchtigt worden –, aber Harry betrachtete die Sache offenbar als erledigt, denn er ließ sich von einer Woge der Begeisterung forttragen.

»Wir haben jetzt Karneval, weißt du. Den ersten in zehn Jahren. Und sie bauen einen Eispalast, zum erstenmal seit 85. Aufgebaut aus den klarsten Eisblöcken, die man finden konnte – eine gewaltige Sache.«

Sie stand auf, ging zum Fenster, schob die schweren türkischen Portieren beiseite und blickte hinaus.

»Oh«, rief sie plötzlich. »Da sind zwei kleine Jungen, die einen Schneemann bauen! Harry, meinst du, ich könnte hinaus gehen und ihnen dabei helfen?«

»Du träumst wohl. Komm her und küß mich.«

Mit einigem Widerstreben verließ sie das Fenster.

»Ich finde, das Klima hier ist nicht besonders kußanregend, oder? Ich meine, es macht einen so, daß man keine Lust hat, herumzuhocken, nicht wahr?«

»Werden wir auch nicht. Ich habe für die erste Woche, die du hier bist, frei bekommen, und heute gehen wir zu einem Tanzabend.«

»Oh, Harry«, gestand sie, zu einem Häufchen zusammensinkend, halb auf seinem Schoß, halb in den Kissen,

»mir ist wirklich sehr wirr im Kopf. Ich bin mir noch nicht klar geworden, ob es mir hier gefallen wird oder nicht, und ich weiß nicht, was die Leute von mir erwarten und ob überhaupt. Du mußt es mir sagen, Liebling.«

»Das werde ich«, sagte er weich, »wenn du mir nur sagst, daß du froh bist, hier zu sein.«

»Froh – riesig froh!« wisperte sie, dabei kuschelte sie sich auf die ihr eigentümliche Art in seine Arme. »Wo du bist, da ist für mich Heimat, Harry.«

Und als sie dies sagte, hatte sie fast zum erstenmal in ihrem Leben das Gefühl, eine Rolle spielen zu müssen.

An diesem Abend aber, im Kerzenflimmern der Dinnerparty, bei der die Männer fast ausschließlich zu reden schienen, während die Mädchen eine hochmütig angestrengte Gleichgültigkeit zur Schau trugen, brachte auch Harrys Anwesenheit zu ihrer Linken es nicht fertig, ihr ein heimatliches Gefühl zu geben.

»Lauter gutaussehende Burschen, findest du nicht?« fragte er. »Blick mal in die Runde. Da ist Spud Hubbard, Halbstürmer in Princeton voriges Jahr, und Junie Morton – er und der Rothaarige neben ihm waren beide Hockeymannschaftsführer in Yale; Junie war mit mir in einer Klasse. Nun ja, die besten Sportler der Welt kommen aus den umliegenden Staaten. Dies ist ein Männerland, glaub mir. Sieh dir nur John J. Fishburn an!«

»Wer ist er?« fragte Sally Carrol unschuldig.

»Das weißt du nicht?«

»Hab den Namen schon gehört.«

»Der größte Weizenproduzent im Nordwesten und einer der größten Finanziers im Lande.«

Plötzlich wandte sie sich zu einer Stimme an ihrer Rechten um.

»Ich glaube, man vergaß, uns einander vorzustellen. Ich heiße Roger Patton.«

»Und ich heiße Sally Carrol Happer«, sagte sie freundlich.

»Ja, ich weiß. Harry sagte mir, daß Sie kommen würden.«

»Sind Sie mit ihm verwandt?«

»Nein, ich bin ein Professor.«

»Oh«, sie lachte.

»An der Universität. Sie kommen aus dem Süden, nicht wahr?«

»Ja; Tarleton in Georgia.«

Sie mochte ihn auf den ersten Blick – ein rötlichbrauner Schnurrbart unter wasserblauen Augen, die etwas hatten, was den anderen Augen abging, etwas von Einverständnis. Während des Essens tauschten sie vage Bemerkungen aus, und sie beschloß bei sich, ihn wiederzusehen.

Nach dem Kaffee wurde sie mit vielen gutaussehenden jungen Männern bekanntgemacht, die mit beflissener Korrektheit tanzten und es anscheinend für selbstverständlich hielten, daß sie über nichts außer über Harry zu reden wünsche.

»Himmel«, dachte sie, »die reden, als wenn mein Verlobtsein mich älter machte als sie selbst – als würde ich ihren Müttern über sie berichten!«

Im Süden durfte ein Mädchen, das verlobt war, sogar noch eine jungverheiratete Frau, auf die gleiche Menge halbverliebter Neckerei und Schmeichelei rechnen, die man auch einer Debütantin zugebilligt hätte, aber hier schien das alles tabu zu sein. Ein junger Mann, der mit dem Thema von Sally Carrols Augen und wie sie ihn schon bei ihrem Eintritt in den Saal bezaubert hätten, gut vorangekommen war, geriet in heftigste Verwirrung, als er entdeckte, daß sie bei den Bellamys zu Besuch, daß sie Harrys Verlobte war. Das kam ihm wohl so vor, als hätte er einen gewagten und unentschuldbaren Fauxpas begangen, und er wurde sogleich förmlich und empfahl sich bei der erstbesten Gelegenheit.

Sie war geradezu erleichtert, als Roger Patton zu ihr trat und ihr vorschlug, eine Weile draußen zu sitzen.

»Nun?« forschte er, freundlich zwinkernd, »wie fühlt sich Carmen aus dem Süden?«

»Prima. Und wie fühlt sich – der gefährliche Riese Dan McGrew? Entschuldigen Sie, aber das ist der einzige Nordstaatler, über den ich Bescheid weiß.«

Das schien ihn zu amüsieren.

»Von einem Literaturprofessor«, gestand er, »erwartet man natürlich nicht, daß er Den Gefährlichen Dan McGrew gelesen hat.«

»Sind Sie von hier?«

»Nein, ich bin aus Philadelphia. Aus Harvard importiert, um Französisch zu lehren. Aber ich bin schon zehn Jahre hier.«

»Neun Jahre und dreihundertvierundsechzig Tage länger als ich.«

»Gefällt's Ihnen hier?«

»Uh, ist doch klar!«

»Wirklich?«

»Nun, warum nicht? Seh ich nicht aus, als amüsierte ich mich?«

»Ich sah vorhin, wie Sie aus dem Fenster blickten – und fröstelten.«

»Nur meine Einbildung«, lachte Sally Carrol. »Ich bin

es gewöhnt, daß draußen alles still ist, und manchmal sehe ich hinaus und erblicke eine Schneeflocke, und das ist dann genau so, als bewege sich etwas Totes.«

Er nickte verständnisvoll.

»Je zuvor im Norden gewesen?«

»Zweimal im Juli in Ashville, Nord-Carolina.«

»Gutaussehende Leute, nicht wahr?« Patton wies auf das wirbelnde Parkett.

Sally Carrol erschrak. Das war genau Harrys Bemerkung.

»Ja, gewiß! Lauter – Hundewesen.«

»Was?«

Sie errötete.

»Entschuldigen Sie; das klingt schlimmer, als ich's meine. Wissen Sie, ich sehe die Menschen immer entweder als Hunde oder als Katzen, ohne Rücksicht auf das Geschlecht.«

»Und was von beidem sind Sie?«

»Ich bin Katze. Sie auch. Und das sind die meisten Männer im Süden, und die meisten der Mädchen hier.«

»Was ist Harry?«

»Harry ist entschieden Hund. Alle Männer, die ich heute abend kennengelernt habe, sind Hund, so kommt es mir vor.«

»Was bedeutet denn ›Hund‹? Eine gewisse zur Schau getragene Männlichkeit, als Gegensatz zu Zartsinn und Feingefühl?«

»Vermutlich. Ich hab's nie analysiert – ich seh mir die Menschen nur an und sag sofort ›Hund‹ oder ›Katze‹. Ganz schön absurd, ich weiß.«

»Keineswegs. Das interessiert mich. Ich hatte auch eine

Theorie über diese Menschen. Ich denke mir: sie frieren zu.«

»Was?«

»Ich meine, sie werden nach und nach zu Schweden – Ibsensch, wissen Sie. Ganz allmählich werden sie düster und melancholisch. Das machen diese langen Winter. Je etwas von Ibsen gelesen?«

Sie schüttelte den Kopf.

»Nun, in seinen Charakteren finden Sie eine gewisse brütende Starrheit. Sie sind rechthaberisch, engstirnig und uncharmant, ohne die unbegrenzte Fähigkeit zu Trauer oder Freude.«

»Ohne Lächeln oder Tränen?«

»Ja. Das ist meine Theorie. Sehen Sie, es gibt tausende von Schweden hier oben. Sie kommen her, glaube ich, weil das Klima ihrem eigenen sehr ähnlich ist, und im Laufe der Zeit entstand eine Mischbevölkerung. Heute abend mag kaum ein halbes Dutzend Schweden hier sein, aber – wir hatten immerhin vier schwedische Gouverneure. Langweile ich Sie?«

»Ich finde das hochinteressant.«

»Ihre zukünftige Schwägerin ist halb schwedisch. Persönlich mag ich sie gern, aber nach meiner Theorie sind die Schweden eher schlecht für uns. Die Skandinavier, wissen Sie, haben die größte Selbstmordquote in der Welt.«

»Warum leben Sie hier, wenn das doch so bedrückend ist?«

»Oh, das kommt an mich nicht heran. Ich bin ganz gut abgeschirmt, und überhaupt, glaube ich, daß Bücher mir mehr bedeuten als Menschen.«

»Aber alle Schriftsteller reden immer davon, wie tragisch der Süden sei. Sie wissen – spanische Señoritas, schwarzes Haar und Dolchstechereien und enervierende Musik.«

Er schüttelte den Kopf.

»Nein, die nordischen sind die tragischen Rassen – sie gönnen sich die befreiende Wohltat der Tränen nicht.«

Sally Carrol mußte an ihren Friedhof denken. Vermutlich hatte sie ungefähr das gemeint, als sie sagte, es deprimiere sie nicht.

»Die Italiener sind vielleicht das unbeschwerteste Volk in der Welt – aber das ist kein erfreuliches Thema«, er brach ab. »Jedenfalls möchte ich Ihnen sagen, daß Sie einen wirklich sehr netten Mann heiraten werden.«

Sally Carrol spürte impulsiv den Wunsch, sich anzuvertrauen.

»Ich weiß. Ich bin jemand, der von einem gewissen Punkt ab versorgt sein möchte, und ich bin sicher, das werde ich.«

»Wollen wir tanzen? Wissen Sie«, fuhr er fort, während sie sich erhoben, »es ist so ermutigend, ein Mädchen zu finden, das genau weiß, weshalb es heiratet. Neun Zehntel aller Mädchen denken daran etwa so, als lustwandelten sie in einen gefilmten Sonnenuntergang.«

Sie lachte und fand ihn ungeheuer sympathisch.

Zwei Stunden später auf der Heimfahrt schmiegte sie sich auf dem Rücksitz eng an Harry.

»Oh, Harry«, wisperte sie, »es ist soo kalt!«

»Aber hier drinnen ist's warm, Liebes.«

»Aber da draußen ist's kalt; und oh, wie der Wind heult!«

Sie grub ihr Gesicht tief in seinen Pelzmantel und zitterte unwillkürlich, als seine kalten Lippen ihr Ohrläppchen küßten.

IV

Die erste Woche ihres Besuchs verging in einem einzigen Wirbel. Sie bekam die versprochene Schlittenpartie hinter einem Auto her im Zwielicht eines frostigen Januarmorgens. Eingehüllt in Pelze rodelte sie einen Morgen lang auf dem Hügel des Country Clubs; sie versuchte sich sogar auf Skiern, um für einen herrlichen Moment durch die Luft zu segeln und dann in einem lachenden Menschenknäuel auf einer weichen Schneewehe zu landen. Sie liebte alle diese Wintersportarten, nur als sie einen Nachmittag lang auf Schneeschuhen im blaßgelben Sonnenschein über eine glitzernde Fläche sauste, wurde ihr alsbald klar, daß das nur etwas für Kinder war – daß man ihr lediglich ihren Willen ließ, und daß das Vergnügen rund um sie nur ihr eigenes widerspiegelte.

Anfangs irritierte sie die Familie Bellamy. Die Männer wirkten verläßlich und sie mochte sie; besonders zu Mr. Bellamy mit seinem eisgrauen Haar und seiner kraftvollen Würde faßte sie eine spontane Zuneigung, nachdem sie entdeckt hatte, daß er in Kentucky geboren war; das machte ihn zu einem Bindeglied zwischen dem alten und dem neuen Leben. Aber den Frauen stand sie entschieden feindlich gegenüber. Myra, ihre zukünftige Schwägerin, schien der Inbegriff öder Konvention zu sein. Ihre Unterhaltung ließ so gänzlich jedes Persönliche vermissen, daß Sally Carrol, die aus einem Land kam, wo man bei den Frauen ein gewisses Maß an Charme und Selbstvertrauen voraussetzen konnte, eher geneigt war, sie zu verabscheuen.

»Wenn diese Frauen nicht schön sind«, dachte sie, »sind sie gar nichts. Sie bleichen aus, wenn man sie nur ansieht.

Sie sind glorifizierte Hausangestellte. In jeder gemischten Gesellschaft dreht sich alles nur um die Männer.«

Schließlich war da noch Mrs. Bellamy, die Sally Carrol verabscheute. Der erste Eindruck eines Eies hatte sich bestätigt – ein Ei mit einem brüchigen, ädrigen Klang und einer so ungraziösen Plumpheit in ihrer Haltung, daß Sally Carrol das Gefühl hatte, wenn sie erst einmal fiele, würde sie gewiß zu krabbeln anfangen. Obendrein schien Mrs. Bellamy mit ihrer tief eingewurzelten Fremdenfeindlichkeit typisch für den Geist dieser Stadt zu sein. Sie nannte Sally Carrol »Sally« und war durch nichts zu überzeugen, daß der Doppelname im geringsten mehr sei als ein alberner lächerlicher Spitzname. Für Sally Carrol war diese Verkürzung ihres Namens so, als hätte man sie der Öffentlichkeit halb bekleidet präsentiert. Sie liebte »Sally Carrol«; sie haßte »Sally«. Sie wußte auch, daß Harrys Mutter ihren Bubikopf mißbilligte, und sie hatte nie wieder gewagt, in den unteren Räumen zu rauchen, seit jenem ersten Tag, als Mrs. Bellamy mit schnüffelnd erhobener Nase in die Bibliothek gekommen war.

Von allen Männern, die sie kennenlernte, war ihr Roger Patton, der ein häufiger Gast im Hause war, am liebsten. Er spielte nie wieder auf den Ibsenschen Einschlag in der Bevölkerung an, aber als er eines Tages kam und sie auf dem Sofa zusammengerollt mit dem »Peer Gynt« antraf, lachte er und sagte, sie solle seine Worte vergessen – das sei alles dummes Zeug.

Und dann, eines Nachmittags in ihrer zweiten Woche, gerieten sie und Harry an den Rand eines gefährlichen Kriegszustands. Sie war der Meinung, Harry habe ihn regelrecht heraufbeschworen, obwohl das Serbien in diesem Fall durch einen unbekannten Mann mit ungebügelten Hosen repräsentiert wurde.

Sie waren auf dem Heimweg zwischen hochgetürmten Schneewällen und unter einer Sonne, die Sally Carrol kaum noch wahrnehmen konnte. Sie kamen an einem kleinen Mädchen vorbei, das so in graue Wolle eingemummt war, daß es einem kleinen Teddybären glich, und Sally Carrol konnte einen beifälligen mütterlichen Seufzer nicht unterdrücken.

»Sieh doch, Harry!«

»Was?«

»Das kleine Mädchen – hast du sein Gesicht gesehen?«

»Ja, warum?«

»Es war rot wie eine Erdbeere. Oh, so niedlich!«

»Wieso, dein Gesicht ist schon fast ebenso rot wie ihrs! Hier ist jedermann gesund. Wir bewegen uns draußen in der Kälte, sobald wir auch nur laufen können. Ein herrliches Klima!«

Sie sah ihn an und mußte ihm zustimmen. Er sah mächtig gesund aus; sein Bruder auch. Und erst heute morgen hatte sie das neue Rot ihrer Wangen bemerkt.

Plötzlich wurden ihre Blicke von etwas gefangen genommen, und sie starrte einen Moment lang auf die Straßenecke vor ihnen. Da stand ein Mann mit gebogenen Knien und sah so angestrengt nach oben, als wäre er drauf und dran, einen Sprung in den frostigen Himmel zu tun. Und dann brachen sie beide in lautes Gelächter aus, denn im Näherkommen entdeckten sie, daß es eine drollige Augenblickstäuschung gewesen war, hervorgerufen durch die extrem ausgebeulten Hosenbeine des Mannes.

»Wenn das einer von uns wäre«, lachte sie.

»Nach diesen Hosen zu urteilen, muß es einer aus dem Süden sein«, meinte Harry boshaft.

»Aber, Harry!«

Ihr erstaunter Blick mußte ihn irritiert haben.

»Diese verdammten Südstaatler!«

Sally Carrols Augen blitzten.

»Nenn sie nicht so!«

»Entschuldige, Liebling«, sagte er in tückischer Abbitte, »aber du weißt ja, wie ich über sie denke. Sie sind heruntergekommen – sozusagen degeneriert – überhaupt nicht mehr wie die alten Südstaatler. Sie haben so lange da unten mit all den Farbigen gelebt, daß sie selbst träge geworden sind und keinen Schwung mehr haben.«

»Schweig, Harry!«rief sie zornig. »So sind sie nicht! Sie mögen etwas faul sein – in dem Klima würde jeder so werden –, aber es sind meine besten Freunde, und ich will nicht, daß sie so in Bausch und Bogen heruntergemacht werden. Einige von ihnen sind die fabelhaftesten Männer der Welt!«

»Oh ja, ich weiß. Sie sind alle in Ordnung, wenn sie in den Norden aufs College kommen, aber von allen, die sich da schlecht gekleidet und unerzogen herumdrücken, ist eine Horde von provinziellen Südstaatlern das Schlimmste!«

Sally Carrol ballte die Fäuste in den Handschuhen und biß sich wütend auf die Lippe.

»Nun«, fuhr Harry fort, »da gab es einen in meinem Jahrgang in New Haven, und wir dachten alle, daß wir endlich den wahren Typ eines Aristokraten aus dem Süden gefunden hätten, aber es stellte sich heraus, daß er gar kein Aristokrat war – nur der Sohn eines Gschaftlhubers aus dem Norden, dem jetzt die ganze Baumwolle rund um Mobile gehörte.«

»Einer aus dem Süden würde nie so reden wie du jetzt«, sagte sie ruhig.

»Sie haben keinen Schwung!«

»Oder nicht das gewisse Etwas.«

»Entschuldige, Sally Carrol, aber ich habe dich selbst sagen hören, daß du niemals einen –.«

»Das ist ganz etwas anderes. Ich habe dir gesagt, ich möchte mein Leben nicht an einen jener jungen Männer aus der Gegend von Tarleton binden, aber ich habe nie so grob verallgemeinert.«

Sie gingen schweigend weiter.

»Ich habe wohl etwas zu dick aufgetragen, Sally Carrol. Tut mir leid.«

Sie nickte, gab aber keine Antwort. Fünf Minuten später, als sie auf dem Vorplatz standen, legte sie plötzlich die Arme um ihn.

»Oh, Harry«, schluchzte sie mit Tränen in den Augen, »laß uns schon nächste Woche heiraten. Ich habe Angst vor solchen Streitereien. Ich habe Angst, Harry. Es würde anders sein, wenn wir verheiratet wären.«

Aber Harry, im Unrecht, war immer noch verärgert.

»Das wäre idiotisch. Wir haben uns für März entschieden.«

Die Tränen in Sally Carrols Augen versiegten; ihr Ausdruck verhärtete sich ein wenig.

»Nun gut – ich hätte das wohl nicht sagen sollen.«

Harry schmolz dahin.

»Liebes kleines Dummchen!« rief er. »Komm und küß mich, und vergessen wir das.«

Am gleichen Abend am Schluß einer Vaudeville-

Vorstellung spielte das Orchester »Dixie«, und Sally Carrol fühlte, wie etwas Stärkeres und Beständigeres in ihr aufwallte als die Tränen vom Nachmittag. Sie beugte sich vor und umklammerte die Armlehnen ihres Sessels, bis sie ganz rot im Gesicht wurde.

»Hast du etwas, Liebling?« flüsterte Harry.

Aber sie hörte ihn nicht. Bei dem gefühlvollen Beben der Geigen und dem mitreißenden Rhythmus der Kesselpauken marschierten ihre angestammten Geister vorbei und weiter in die Dunkelheit, und als die Querflöten leise klagend die Melodie wiederholten, schienen die Geister schon fast so weit außer Sicht, daß sie ihnen nur noch ein Lebewohl nachwinken konnte.

»Away, away,
  Away down South in Dixie!
Away, away,
  Away down South in Dixie!«

V

Es war ein besonders kalter Abend. Am Tag zuvor hatte ein plötzliches Tauwetter die Straßen nahezu gesäubert, aber jetzt waren sie wieder gespenstisch belebt von einem lockeren Pulverschnee, der in Wellenlinien vor den Füßen des Windes dahintrieb und die unteren Luftschichten mit einem feinen Nebel erfüllte. Einen Himmel gab es nicht – nur ein dunkles, bedrohlich auf die Straßenfronten herabhängendes Zeltdach, das in Wahrheit ein riesiges, sich näherndes Heer von Schneeflocken war, während über alledem der Nordwind tobte, der den tröstlichen, gelb und grünen Lichtschein aus den Fenstern gefrieren und den stetigen Trott des Pferdes vor ihrem Schlitten fast unhörbar werden ließ. Eben doch eine trostlose Stadt, dachte sie – einfach trostlos.

Manchmal des Nachts war es ihr vorgekommen, als lebte hier überhaupt niemand – sie waren alle vor langer Zeit gegangen und hatten erleuchtete Häuser zurückgelassen, damit sie alsbald von haufenweis fallendem Schnee und Hagelschloßen zugedeckt würden. Oh, zu denken, daß Schnee auf ihrem Grab läge! Unter Schneemassen begraben den ganzen Winter hindurch, wo selbst ihr Grabstein nur als leichter Umriß sich von anderen abheben würde. Ihr Grab – ein Grab, das mit Blumen übersät sein sollte und reingewaschen von Sonne und Regen.

Wieder dachte sie an jene einzeln stehenden Landhäuser, an denen sie im Zug vorbeigefahren war, und an das Leben dort den langen Winter hindurch – immer das blendende Weiß vor den Fenstern, die Kruste, die sich auf den weichen Schneewehen bildete, und endlich das allmähliche freudlose Schmelzen und der rauhe Frühling, von dem Roger Patton ihr erzählt hatte. Ihr Frühling – auf immer für sie verloren – mit seinem Flieder und seinem trägen Liebreiz regte sich wieder in ihrem Herzen. Sie war dabei, diesen Frühling von sich abzutun – und später würde sie auch jenen Liebreiz verlieren.

Allmählich stärker werdend, brach das Schneegestöber los. Sally Carrol spürte, wie eine feine Schicht von Schneeflocken an ihren Wimpern schmolz, und Harry langte mit einem bepelzten Arm herüber und zog ihr die komplizierte Flanellkappe übers Gesicht. Dann kamen die Flokken in Schlachtordnung an, und das Pferd beugte geduldig den Nacken, als sich vorübergehend auf seinem Fell ein weißer Film bildete.

»Oh, ihm ist kalt, Harry«, sagte sie rasch.

»Wem? Dem Pferd? Oh, nein, dem ist nicht kalt. Es hat's gern so!«

Nach weiteren zehn Minuten bogen sie um eine Ecke und hatten das Ziel ihrer Fahrt vor Augen. Auf einer Anhöhe stand, in gleißendem Grün gegen den winterlichen Himmel, der Eispalast. Er war drei Stockwerke hoch, mit Brustwehr, Schießscharten und schmalen, mit Eiszapfen behangenen Fensterlöchern, und die zahllosen Glühbirnen im Innern ließen die zentrale Haupthalle in großartiger Transparenz aufschimmern. Sally Carrol umklammerte Harrys Hand unter dem Pelzmantel.

»Es ist herrlich!« rief er entzückt aus. »Mein Gott, ist der herrlich, findest du nicht! Seit dem Jahr fünfundachtzig hat's das nicht mehr gegeben!«

Irgendwie bedrückte sie der Gedanke, daß es das seit dem Jahr fünfundachtzig nicht mehr gegeben hatte. Eis war etwas Gespenstisches, und dieser Prachtbau aus Eis war gewiß von jenen Schemen der achtziger Jahre bewohnt, mit bleichen Gesichtern und wirrem verschneitem Haar.

»Komm, Liebling«, sagte Harry.

Sie stieg ebenfalls aus dem Schlitten und wartete, während er das Pferd anband. Eine Vierergruppe – Gordon, Myra, Roger Patton und noch ein Mädchen – fuhr neben ihnen mit lautem Gebimmel der Glöckchen vor. Jetzt waren sie schon eine ganze Menge von Leuten, die sich, in Pelze oder Schafsfelle eingehüllt, unter allseitigen Zurufen durch den Schnee bewegten, der jetzt so dick fiel, daß man

Menschen auf ein paar Meter Entfernung kaum noch wahrnehmen konnte.

»Er ist fast fünfzig Meter hoch«, sagte Harry zu einer vermummten Gestalt neben ihm, während sie auf den Eingang zu stapften, »sechstausend Quadratmeter Fläche.«

Sie fing ein paar Fetzen der Unterhaltung auf: »Eine Haupthalle « – »Mauer fünfzig bis neunzig Zentimeter dick« – »und die Eishöhle darunter hat fast zwei Kilometer von –« – »dieser Kanadier, der das gebaut hat –.«

Sie fanden ihren Weg ins Innere, und Sally Carrol, geblendet von dem Wunder der hohen kristallenen Wände, ertappte sich dabei, wie sie wieder und wieder zwei Verszeilen aus »Kubla Khan« vor sich hin sagte:

»Ein seltenes Wunderding, blendend weiß,
Ein sonniges Lustschloß mit Höhlen aus Eis!«

In dem hohen glitzernden, taghell erleuchteten Gewölbe fand sie einen Sitzplatz auf einer hölzernen Bank, und die Bedrückung des Abends wich von ihr. Harry hatte recht – es war wundervoll, und ihr Blick schweifte über die glatten Flächen der Wände, für die man Eisblöcke nach ihrer Reinheit und Klarheit ausgesucht hatte, um diesen durchscheinenden, opalisierenden Effekt zu erreichen.

»Paß auf! Es geht los – Junge, Junge!« rief Harry.

Eine Band in einer entfernten Ecke stimmte »Hail, Hail, the Gang's All Here!« an, das als wilder akustischer Mischmasch zu ihnen herüber echote, und dann gingen plötzlich die Lichter aus; Stille schien an den eisigen Wänden herab und über sie hin zu streichen. Sally Carrol konnte in der Dunkelheit noch ihren weißen Atem sehen und drüben auf der anderen Seite eine verschwommene Reihe blasser Gesichter.

Die Musik erstarb mit einem leisen Wimmern, und von draußen erschallte mächtig der Gesang der einmarschierenden Clubs. Er wurde allmählich lauter wie das Kampflied eines über ödes Land dahinziehenden Wikingerstammes; er schwoll an – sie waren schon näher; dann erschien eine Reihe von Pechfackeln und noch eine und noch eine, und im Gleichschritt ihrer mit Mokassins beschuhten Füße marschierte eine lange Kolonne graugewandeter Gestalten herein, mit geschulterten Schneeschuhen, während ihre Fackeln hoch aufflammten und ihre Stimmen zu den hohen Wänden empor schallten.

Die graue Marschsäule endete und eine andere folgte, und diesmal flutete das Licht grell über rote Rodelkappen und über kurze Plaidjacken in flammendem Karmesinrot; bei ihrem Einmarsch nahmen sie den Refrain auf. Dann kam ein langer Zug in Blau und Weiß, in Grün, in Weiß, in Braun und Gelb.

»Die Weißen da sind der Wacouta-Club«, flüsterte Harry eifrig. »Das sind die Männer, die du schon an Tanzabenden kennengelernt hast.«

Die Stimmen schwollen noch mehr an; die große Höhle war eine einzige Phantasmagorie aus Fackeln, die in Feuersäulen dahinwogten, aus Farben und dem Marschrhythmus weicher Lederschuhe. Die führende Kolonne schwenkte ein und machte halt, ein Zug nahm in Reih und Glied vor dem anderen Aufstellung, bis die ganze Prozession ein flammendes Banner bildete, und dann erschallte aus mehr als tausend Kehlen ein mächtiger Ruf wie ein Donnerschlag, der die Fackeln unruhig aufflackern ließ. Es war überaus herrlich, es war ungeheuerlich! Für Sally

Carrol war es der Norden, der auf einem mächtigen Altar dem grauen heidnischen Gott des Schnees ein Opfer darbrachte. Während der Ruf verhallte, nahm die Band ihr Spiel wieder auf, und es folgte noch mehr Gesang und dann die langgezogenen hallenden Hochrufe der einzelnen Clubs. Sie saß ganz still und lauschte, während das Staccato der Rufe die Stille durchbrach; und dann schrak sie auf, denn es folgte eine Salve von Explosionen und große Rauchschwaden, die hier und dort in der Höhle emporwallten – die Blitzlichter der Photographen – und dann war die Versammlung zu Ende. Mit der Band an der Spitze formierten sich die Clubs wieder zu Kolonnen, nahmen ihren Gesang wieder auf und marschierten hinaus.

»Komm schnell!« rief Harry. »Wir wollen uns noch das Labyrinth unten ansehen, ehe sie die Lichter ausschalten!«

Alle standen auf und drängten zu dem abwärtsführenden Gang – Harry und Sally Carrol voran, die ihren kleinen Fäustling in seinem dicken Pelzhandschuh vergrub. Am Ende des Ganges war eine lange leere Kammer aus Eis mit einer so niedrigen Decke, daß sie sich bücken mußten – und ihre Hände wurden getrennt. Ehe sie merkte, was er vorhatte, war Harry in eine der halbdutzend glitzernden Passagen getaucht, die von dem Raum ausgingen, und sie sah ihn nur noch undeutlich als einen immer kleiner werdenden Punkt vor den grün schimmernden Eiswänden.

»Harry!« rief sie.

»Los, komm weiter!« rief er zurück.

Sie blickte sich in der leeren Kammer um; die übrige Gesellschaft hatte sich offenbar auf den Heimweg gemacht und war schon draußen irgendwo in dem Schneegestöber. Sie zögerte noch, und dann stürzte sie Harry nach.

»Harry!« rief sie.

Zehn Meter weiter erreichte sie einen Wendepunkt; zur Linken hörte sie von ferne einen dumpfen Antwortruf, und in einem Anfall von Panik flog sie darauf zu. Sie kam an einem anderen Wendepunkt vorbei, wieder taten sich zwei Wege vor ihr auf.

»Harry!«

Keine Antwort. Sie wollte schon weiter geradeaus rennen, doch dann machte sie blitzartig kehrt und rannte in einem plötzlichen Anfall eisigen Schreckens den Weg zurück, den sie gekommen war.

Sie kam an eine Gabelung – war es hier? – nahm den linken Weg und kam an eine Stelle, von der aus man eigentlich wieder in den langen niedrigen Vorraum hätte gelangen müssen, aber es war nur ein anderer glitzernder Durchgang, der sich im Dunkel verlor. Wieder rief sie, aber die Wände warfen nur ein flaches, lebloses, vielfach nachhallendes Echo zurück. Den gleichen Weg zurückgehend, kam sie wieder an eine Biegung und gelangte diesmal in einen breiten Durchgang. Er war wie die grüne Allee zwischen den Wassern des Roten Meeres hindurch, wie ein feuchtes Gewölbe mit leeren Grabnischen.

Im Weitergehen glitt sie ein wenig aus, denn auf der Sohle ihrer Überschuhe hatte sich Eis gebildet; um ihre Balance zu halten, mußte sie sich an den halb glitschigen, halb stumpfen Wänden entlang tasten.

»Harry!«

Wieder keine Antwort. Wie zum Hohn pflanzte sich ihr Ruf hüpfend bis zum Ende des Ganges fort.

Dann ging mit einemmal das Licht aus, und sie war in

völliger Finsternis. Mit einem kleinen verängstigten Aufschrei sank sie auf dem Eis zu einem kalten Häufchen zusammen. Sie spürte im Fallen, wie mit ihrem linken Knie etwas geschah, aber sie achtete kaum darauf, denn ein tiefes Entsetzen, mächtiger als jede Angst des Verlorenseins, nahm von ihr Besitz. Sie war allein mit diesem Gespenst, das aus dem hohen Norden kam, der trostlosen Einsamkeit der vom Eis eingeschlossenen Walfänger in der Arktis, der rauchlosen, weglosen Ödnis, in der nur die bleichen Gebeine von Abenteurern verstreut waren. Es war der eisige Atem des Todes; er wälzte sich über das Land auf sie hernieder, um sie zu packen.

Mit einer wütenden verzweifelten Kraftanstrengung raffte sie sich wieder empor und strebte blind im Dunkeln weiter. Sie mußte hier heraus. Sie könnte sonst auf Tage hinaus hier verloren sein, sich zu Tode frieren und hier im Eis eingebettet liegen wie die Leichen, von denen sie gelesen hatte, vollkommen konserviert bis zum Schmelzen des Gletschers. Harry dachte wahrscheinlich, sie wäre mit den anderen gegangen, und war mittlerweile auch fort; niemand würde vor morgen etwas erfahren. Sie streckte jämmerlich die Hand nach der Mauer aus. Vierzig Zoll dick, hatten sie gesagt – vierzig Zoll dick!

»Oh!«

Auf beiden Seiten, so meinte sie, kroch es an den Wänden entlang: modrige Seelen, die in diesem Palast herumgeisterten, in dieser Stadt, diesem ganzen Norden.

»Oh, schickt mir jemand – schickt mir jemand!« schrie sie laut.

Clark Darrow – er würde sie verstehen; oder Joe Ewing; man konnte sie doch nicht hier lassen, wandernd für immer, um an Herz, Leib und Seele einzufrieren. Dieses

Wesen – Sally Carrol! Sie war doch ein glückliches junges Ding. Sie war ein glückliches junges Mädchen. Sie liebte Wärme und Sommer und Dixie. Das hier war ihr fremd – ganz fremd.

»Du darfst nicht weinen«, sagte etwas in ihr laut. »Du wirst nicht mehr weinen. Deine Tränen würden nur gefrieren; alle Tränen gefrieren hier!«

Sie sank in voller Länge auf das Eis.

»Oh, Gott!« stammelte sie.

In langer Reihe zogen die Minuten vorbei, und mit unendlicher Mattigkeit fühlte sie, wie ihre Augen sich schlossen. Dann war ihr, als hockte sich jemand neben ihr nieder und nahm ihr Gesicht in warme, weiche Hände. Dankerfüllt blickte sie auf.

»Ach, es ist Margery Lee«, sang sie leise vor sich hin. »Ich wußte, daß du kommen würdest.« Es war wirklich Margery Lee und sie war ganz so, wie Sally Carrol sie sich vorgestellt hatte, mit einer jungen weißen Stirn und großen freundlichen Augen und einem Reifrock aus irgendeinem weichen Stoff, auf dem es sich gut ruhen ließ.

»Margery Lee.«

Es wurde jetzt dunkler und dunkler – alle diese Grabsteine sollten neu gestrichen werden, ja doch, nur daß sie das nicht vertrügen, natürlich nicht. Aber man sollte sie doch noch sehen können.

Dann, nach einer Folge von Augenblicken, die erst schnell und dann langsam vergingen, aber sich dann in eine Vielzahl von verschwommenen, auf eine blaßgelbe Sonne zulaufenden Strahlen verwandelten, hörte sie einen starken Knall, der ihre neu geschaffene Stille durchbrach.

Es war die Sonne, es war ein Licht; eine Fackel und noch eine dahinter und noch eine und Stimmen; ein Gesicht tauchte hinter der Fackel auf, kräftige Arme hoben sie, und sie spürte etwas an ihrer Wange – es fühlte sich feucht an. Jemand hielt sie und rieb ihr Gesicht mit Schnee. Wie lächerlich – mit Schnee!

»Sally Carrol! Sally Carrol!«

Es war der Gefährliche Dan McGrew und noch zwei andere Gesichter, die sie nicht kannte.

»Kind, Kind! Wir haben zwei Stunden nach Ihnen gesucht! Harry ist halb von Sinnen!«

Die Dinge rückten rasch wieder an ihren Platz – der Gesang, die Fackeln, die brausenden Rufe der marschierenden Clubs. Sie wand sich in Pattons Armen und wehklagte in langgezogenen Tönen.

»Oh, ich will hier heraus! Ich werde wieder heimfahren. Bringt mich nachhause« – ihre Stimme war jetzt ein Aufschrei, der dem durch einen anderen Gang herbeieilenden Harry einen Kälteschauer einjagte – »gleich morgen!« schrie sie mit wahnsinniger unbeherrschter Leidenschaft – »Morgen! Morgen! Morgen!«

VI

Der Reichtum goldenen Sonnenscheins goß seine schier unerträgliche, doch seltsam besänftigende Hitze über das Haus, das den lieben langen Tag auf das staubige Stück Straße blickte. Zwei Vögel machten einen großen Wirbel auf einem kühlen Fleckchen, das sie zwischen den Ästen eines benachbarten Baumes gefunden hatten, und weiter unten auf der Straße pries eine farbige Frau melodiös ihren Handel mit Erdbeeren an. Es war ein Nachmittag im April.

Sally Carrol Happer, ihr Kinn auf den Arm gelegt und den Arm auf ein altes Fensterbrett gestützt, linste schläfrig hinunter in den gesprenkelten Staub, von dem zum erstenmal in diesem Frühling die Hitze in Wellen aufstieg. Sie beobachtete einen überalterten Ford, der eine gefährliche Kurve nahm und dann rasselnd und ächzend am Ende des Gehweges mit einem Ruck zum Stillstand kam. Sie gab keinen Laut von sich, und nach einer Minute zerriß ein schriller altvertrauter Pfiff die Luft. Sally Carrol lächelte und blinzelte.

»Gu'n Morn.«

Ein Kopf quälte sich unter dem Autoverdeck hervor.

»Is nich Morgn, Sally Carrol.«

»Ach so!« sagte sie mit gespielter Überraschung. »Dacht ich's mir doch.«

»Was machstu?«

»Eß'n grünen Pfirsich. Erwarte jeden Augenblick zu sterben.«

Clark machte noch eine letzte unmögliche Verrenkung, um ihr Gesicht sehen zu können.

»Wasser is warm wie'n dampfender Teekessel, Sally Carrol. Kommstu mit schwimmn?«

»Kann mich nich rühren«, seufzte Sally Carrol träge, »aber ich denk schon.«

Jelly-Bean

I

Jim Powell war ein Jelly-bean*. So gern ich ihm einen angenehmen Charakter mitgegeben hätte, so wäre es doch unverantwortlich, meine Leser über diesen Punkt zu täuschen. Er war ein eingefleischter, waschechter neunundneunzigdreiviertelprozentiger Jelly-bean vom Scheitel bis zur Sohle, und er entwickelte sich träge während der Jelly-bean-Saison, und die ist das ganze Jahr hindurch, unten im Land der Jelly-beans, weit unterhalb der Mason-Dixon-Linie.

Wenn du einen Mann aus Memphis einen Jelly-bean nennst, zieht er wahrscheinlich ein langes kräftiges Seil aus seiner Hüfttasche und hängt dich an einem passenden Telegraphenmast auf. Wenn du einen aus New Orleans einen Jelly-bean nennst, grinst er vielleicht nur und fragt dich, wer dein Mädchen am Fastnachtsdienstag zum Ball führen wird. Das besondere Jelly-bean-Nest, das den Helden dieser Geschichte hervorbrachte, liegt irgendwo dazwischen – eine kleine verschlafene Stadt von vierzigtausend, die vierzigtausend Jahre im südlichen Georgia dahingedämmert hat und manchmal, in ihrem Schlummer aufgestört, etwas von einem Krieg murmelt, der irgend-

* *Jelly-bean* eigentlich ein kleines mit geleeartiger Masse gefülltes Zuckerwerk in Bohnenform.

wann irgendwo stattgefunden und den jedermann sonst längst vergessen hat.

Jim war ein Jelly-bean. Ich schreibe das noch einmal hin, weil es so hübsch klingt – fast wie der Anfang eines Märchens –, als wäre Jim ein netter Kerl. Ich stelle ihn mir dann irgendwie mit einem runden freundlichen Gesicht vor, und aus seiner Mütze sprießt Gemüse und Grünzeug aller Art. Aber Jim war lang und dünn und in der Hüfte eingeknickt vom vielen Bücken über Billardtische, und er war das, was man in dem nicht so feinfühligen Norden vielleicht einen Eckensteher genannt hätte. »Jelly-bean« ist überall in der noch intakten Konföderation der Name für jemand, der sein Leben damit hinbringt, das Verb faulenzen in der ersten Person Singular zu konjugieren – ich faulenze, ich habe gefaulenzt, ich werde faulenzen.

Jim war in einem weißen Haus in einem grünen Stadtviertel geboren. Es hatte vier verwitterte Säulen an der Front und auf der Rückseite eine Menge Gitterwerk, das mit seinem Kreuz-und-quer einen gefälligen Hintergrund für einen blumenübersäten, sonnentrockenen Rasen bildete. Ursprünglich hatte den Bewohnern des weißen Hauses das Grundstück nebenan und das daran angrenzende und das wiederum daran angrenzende Grundstück gehört, aber das war so lange her, daß sich sogar Jims Vater kaum noch daran erinnern konnte. Er hatte das tatsächlich für so unwichtig gehalten, daß er, als er an einer Schußwunde, die er sich in einem Streit zugezogen hatte, im Sterben lag, sogar versäumte, es Jim mitzuteilen, der damals fünf Jahre alt und ganz verängstigt war. Das weiße Haus wurde zu einer Fremdenpension unter der Leitung einer gestrengen Dame aus Macon, die Jim Tante Mamie nannte und aus ganzem Herzen verabscheute.

Er wurde fünfzehn, ging auf die Oberschule, trug sein Haar in schwarzen Zotteln und hatte Angst vor Mädchen. Er haßte sein Zuhause, wo vier Frauen und ein alter Mann von Sommer zu Sommer endlos darüber schwatzten, welche Grundstücke ursprünglich zum Besitz der Powells gehört hätten und welche Blumensorte als nächste zum Vorschein käme. Manchmal luden die Eltern junger Mädchen in der Stadt, die sich an Jims Mutter erinnerten und in seinen Augen und Haaren eine Ähnlichkeit zu sehen glaubten, ihn zu Parties ein, aber Parties schüchterten ihn ein, und er saß viel lieber auf einer ausrangierten Deichsel in Tillys Garage und drehte Daumen oder stocherte endlos mit einem Strohhalm in seinem Mund herum. Um zu Taschengeld zu kommen, nahm er Gelegenheitsarbeiten an, und aus diesem Grund hörte er auf, zu Parties zu gehen. Auf seiner dritten Party hatte die kleine Marjorie Haight indiskret und in Hörweite geflüstert, er sei der Junge, der manchmal die Lebensmittel an die Tür bringe. So hatte denn Jim, anstelle von Twostep und Polka, gelernt, jede Zahl zu würfeln, die er wollte, und hatte gepfefferten Erzählungen von allen Meisterwürfen gelauscht, die in den letzten fünfzig Jahren in der Gegend vorgekommen waren.

Er wurde achtzehn. Der Krieg brach aus, und er schrieb sich als Matrose ein und polierte ein Jahr lang Messing auf der Flottenwerft von Charleston. Dann kam er in den Norden und polierte zur Abwechslung ein Jahr lang Messing auf der Flottenwerft von Brooklyn.

Als der Krieg aus war, kam er nachhause. Er war einundzwanzig, seine Hosen waren zu kurz und zu eng. Seine Knöpfstiefel waren lang und eng. Seine Krawatte war eine beunruhigende Mischung aus Purpur und Rosa mit phantastischen Schnörkeln, und darüber waren zwei blaue Augen, ausgebleicht wie ein Stück guten alten Tuchs, das lange der Sonne ausgesetzt war.

In der Dämmerung eines Aprilabends, als sich ein weiches Grau von den Baumwollfeldern her über die schwüle Stadt legte, stand er müßig an einen Straßenzaun gelehnt, pfiff vor sich hin und sah zu der Mondsichel über den Lichtern der Jackson Street hinauf. Seine Gedanken arbeiteten unablässig an einem Problem, das ihn schon seit einer Stunde beschäftigte. Jelly-bean war zu einer Party eingeladen.

In jenen vergangenen Tagen, als noch alle Jungen alle Mädchen gräßlich fanden, hatten Clark Darrow und Jim nebeneinander auf der Schulbank gesessen. Aber während Jims gesellschaftliche Aspirationen in dem Benzindunst der Garage erstickt waren, hatte Clark sich abwechselnd verliebt und war wieder abgesprungen, war aufs College gegangen, hatte zu trinken angefangen, es wieder aufgegeben und war kurzum einer der begehrtesten Jünglinge der Stadt geworden. Nichtsdestoweniger hatten Clark und Jim eine Freundschaft aufrechterhalten, die zwar rein beiläufig, aber entschieden dauerhaft war. An jenem Nachmittag hatte Clarks uralter Ford neben Jim, der auf dem Bürgersteig ging, angehalten, und Clark hatte ihn aus heiterem Himmel zu einer Party im Landclub eingeladen. Das geschah aus einem Impuls, der nicht sonderbarer war als Jims Impuls, die Einladung anzunehmen. Vielleicht spielte bei ihm unbewußt ein Gefühl der Langeweile und eine halb ängstliche Abenteuerlust mit. Und nun war Jim dabei, die Sache nüchtern zu erwägen.

Er begann zu singen, wobei er mit seinem langen Fuß

lässig auf einen Bordstein tippte, bis er im Takt mit dem leisen kehligen Gesang auf und nieder wippte.

»Bei Jelly-bean Town, eine Meile davon,
Wohnt Jeanne, die Jelly-bean Queen.
Sie würfelt gern und viel, das ist ihr Spiel,
Und die Würfel lohnen ihr Müh'n.«

Er brach ab und eilte in stampfendem Galopp über den Bürgersteig.

»Verdammich!« murmelte er halblaut.

Alle würden sie da sein – der alte Haufen, zu dem Jim aufgrund des weißen Hauses, das übrigens längst verkauft war, und aufgrund des Porträts von dem Offizier in Grau über dem Kamin eigentlich gehört hätte. Aber dieser Haufen hatte sich inzwischen zu einem festen kleinen Kreis zusammengeschlossen, ebenso allmählich, wie die Kleider der Mädchen Zentimeter um Zentimeter länger geworden, und ebenso entschieden, wie die Hosen der Jungen plötzlich bis auf die Füße gerutscht waren. Und für diesen Kreis, der sich beim Vornamen nannte und verblichenen Kinderliebschaften nachhing, war Jim ein Außenseiter – ein Mitläufer, der von armen Weißen abstammte. Die meisten der jungen Männer ließen sich dazu herab, mit ihm bekannt zu sein; vor drei oder vier Mädchen tippte er an den Hut. Das war alles.

Als sich die Dämmerung zu einer blauen Szenerie für den Mond verdichtet hatte, ging er durch die heiße, angenehm prickelnde Stadt zur Jackson Street. Die Läden schlossen gerade und die letzten Kauflustigen strebten heimwärts, als schwebten sie mit der träumerischen Umdrehung eines langsamen Karussells dahin. Ein Straßenjahrmarkt weiter unten bildete eine strahlende Gasse verschiedenfarbiger Buden und lieferte zu der Abendstimmung eine gemischte Musik – einen orientalischen Tanz auf einer mechanischen Orgel, ein melancholisches Jagdhorn vor einer Abnormitätenschau, eine lustige Version von »Wieder daheim in Tennessee« auf einer Drehorgel.

Der Jelly-bean machte bei einem Laden halt und kaufte einen Kragen. Dann schlenderte er weiter auf Soda Sam's zu, wo er die an Sommerabenden üblichen drei oder vier Wagen geparkt vorfand und dazu die kleinen Negerjungen, die mit Eiscreme und Limonade hin und her rannten.

»Hallo, Jim.«

Es war eine Stimme an seiner Seite – Joe Ewing, der mit Marylyn Wade in einem Auto saß. Nancy Lamar und ein fremder Mann waren auf den Rücksitzen.

Der Jelly-bean lüpfte rasch den Hut.

»Tag, Joe –«, dann, nach einer unmerklichen Pause – »wie geht's euch so?«

Er ging vorbei und weiter zu der Garage, wo er im Obergeschoß ein Zimmer hatte. Sein »Wie geht's euch« war an Nancy Lamar gerichtet, die er seit fünfzehn Jahren nicht mehr gesprochen hatte.

Nancy hatte einen Mund wie ein erinnerter Kuß, umschattete Augen und blauschwarzes Haar, das sie von ihrer Mutter geerbt hatte, die in Budapest geboren war. Jim begegnete ihr oft auf der Straße, wenn sie auf burschikose Art mit den Händen in den Taschen daherkam, und er wußte, daß sie zusammen mit ihrer unzertrennlichen Sally Carrol Happer von Atlanta bis New Orleans einen ganzen Schwanz gebrochener Herzen hinter sich gelassen hatte.

Für ein paar kurze Augenblicke hätte Jim gewünscht,

tanzen zu können. Dann lachte er, und als er bei seiner Tür ankam, sang er leise für sich:

»Ihr Jelly Roll ist einfach toll,
Ihre Augen sind groß und braun.
Sie ist die Queen der Queens von den Jelly-beans,
meine Jeanne aus Jelly-bean Town.«

II

Um neun Uhr dreißig trafen sich Jim und Clark vor Soda Sam's und starteten in Clarks Ford zum Country Club.

»Jim«, fragte Clark beiläufig, während sie durch den jasminduftenden Abend ratterten, »wovon lebst du denn so?«

Der Jelly-bean schwieg, überlegte.

»Nun«, sagte er schließlich, »ich habe ein Zimmer über Tillys Garage. Nachmittags helfe ich ihm ein bißchen mit den Autos, und so läßt er es mir umsonst. Manchmal fahre ich eins seiner Taxis und verdiene auf die Art etwas. Aber ich habe keine Lust, das regelmäßig zu machen.«

»Ist das alles?«

»Nun, wenn besonders viel zu tun ist, helfe ich ihm auch tagsüber – meist samstags – und dann gibt es noch eine Haupteinnahmequelle, von der ich im allgemeinen nicht rede. Vielleicht erinnerst du dich nicht, daß ich ungefähr der Champion dieser Stadt im Würfeln bin. Sie lassen mich jetzt nur noch aus dem Becher würfeln, denn wenn ich erst ein paar Würfel in der Hand fühle, dann rollen sie auch für mich!«

Clark grinste beifällig.

»Ich habe es nie fertiggebracht, sie so zu halten, daß sie nach meinen Wünschen fielen. Ich möchte, du würfeltest irgendwann einmal mit Nancy Lamar und nähmst ihr all ihr Geld ab. Sie würfelt immer mit den Jungs und verliert mehr, als ihr Daddy für sie aufbringen kann. Ich weiß zufällig, daß sie letzten Monat einen guten Ring verkauft hat, um eine Schuld zu bezahlen.«

Jelly-bean blieb unverbindlich.

»Das weiße Haus in der Elm Street, gehört das noch dir?«

Jim schüttelte den Kopf.

»Verkauft. Ich bekam einen recht guten Preis dafür, wenn man bedenkt, daß es doch nicht mehr in einer guten Gegend der Stadt lag. Der Rechtsanwalt riet mir, es in Liberty-Obligationen anzulegen. Aber mit Tante Mamie kam es dahin, daß sie nicht mehr bei Verstand war, und so gehen die ganzen Zinsen für ihren Unterhalt im Great Farms Sanatorium drauf.«

»Hm.«

»Ich habe da oben noch einen alten Onkel und glaube, da kann ich hin, wenn ich je arm genug werden sollte. Hübsche Farm, aber nicht genügend Nigger da, um sie zu bearbeiten. Er hat mich gebeten zu kommen und ihm zu helfen, aber ich glaube, es würde mir nicht besonders gefallen. Zu verdammt einsam –.« Er brach plötzlich ab.

»Clark, ich möchte dir sagen, daß ich dir sehr dankbar bin, daß du mich eingeladen hast, aber ich wär noch viel glücklicher, wenn du gleich hier anhältst und mich in die Stadt zurückgehen läßt.«

»Unsinn!« knurrte Clark. »Tut dir gut, mal rauszukommen. Du brauchst nicht zu tanzen – nur einfach raus aufs Parkett und ein bißchen herumwackeln.«

»Hör auf«, rief Jim ängstlich, »du willst mich nur irgendwelchen Mädchen aufhalsen und mich dann im Stich lassen, so daß ich mit ihnen tanzen muß.«

Clark lachte.

»Weil«, fuhr Jim verzweifelt fort, »wenn du nicht schwörst, daß du das nicht tust, steig ich hier auf der Stelle aus und geh auf meinen eigenen guten Beinen zurück zur Jackson Street.«

Nach einigem Hin und Her kamen sie überein, daß Jim, unbehelligt von Weiblichkeiten, sich die Sache von einem etwas abseitsstehenden Sofa ansehen sollte, wo Clark, immer wenn er nicht tanzte, zu ihm kommen würde.

So saß denn um zehn Uhr Jelly-bean mit übereinandergeschlagenen Beinen und wohlerzogen verschränkten Armen da, möglichst lässig wie zuhause und höflich uninteressiert an den Tanzenden. Doch im Grunde war er hin- und hergerissen zwischen einer unüberwindlichen Befangenheit und einer gespannten Neugier für alles, was um ihn herum vorging. Er sah die Mädchen, eins nach dem anderen, aus dem Garderobenraum kommen, wobei sie sich spreizten und aufplusterten wie Paradiesvögel, über ihre gepuderten Schultern den Anstandsdamen zulächelten und mit einem raschen Rundblick den Raum und die Art, wie er auf ihr Erscheinen reagierte, in sich aufnahmen – um dann, wiederum vogelgleich, höchst ehrbar in den Armen ihrer wartenden Begleiter zu landen. Sally Carrol Happer, blond und träumerisch, erschien in ihrem rosa Lieblingskleid und schimmerte wie eine eben erblühte Rose. Marjorie Haight, Marylyn Wade, Harriet Cary, all die Mädchen, die er noch mittags die Jackson Street hinunter hatte bummeln sehen und die jetzt gelockt und pomadisiert waren, mit fein auf die Deckenbeleuchtung abgestimmtem Make-up – sie wirkten wie wunderbar fremdartige Porzellanfiguren aus Rosa und Blau und Rot und Gold, frisch aus dem Laden und mit noch nicht ganz getrockneter Farbe.

Er hatte wohl eine halbe Stunde dort gesessen, ohne im geringsten von Clarks jovialen Besuchen aufgemuntert zu sein, deren jeder von einem »Halloh, alter Junge, wie fühlst du dich?« und einem Klaps auf sein Knie begleitet war. Etliche junge Männer hatten ihn angesprochen oder waren einen Moment bei ihm stehengeblieben, aber er wußte, daß jeder überrascht war, ihn dort zu treffen, und er bildete sich ein, daß einer oder zwei ihm das sogar leicht übelnahmen. Aber um halb elf fielen seine Hemmungen plötzlich von ihm ab, und mit einem Ruck atemberaubenden Interesses geriet er ganz außer sich – Nancy Lamar, aus dem Garderobenraum kommend, war erschienen.

Sie trug ein Kleid aus gelbem Organdy, ein Gewand mit Volants in drei Reihen übereinander und einer großen schwarzen Schleife, so daß sie wie eine Art Lüster abwechselnd in Schwarz und in Gelb phosphoreszierte. Jellybean riß die Augen weit auf und es würgte ihn in der Kehle. Eine Minute stand sie neben der Tür, bis ihr Partner herbeieilte. Jim erkannte in ihm den Fremdling, der am Nachmittag neben ihr in Joe Ewings Auto gesessen hatte. Er sah, wie sie die Arme in die Seiten stützte, leise etwas sagte und dabei lachte. Auch der Mann lachte, und Jim empfand plötzlich einen eigenartigen, für ihn ganz neuen, stechenden Schmerz. Irgendetwas hatte zwischen dem Paar aufgeleuchtet, ein Strahl von Schönheit, der von jener Sonne ausging, die ihn einen Moment zuvor erwärmt hatte.

Jelly-bean kam sich plötzlich vor wie ein Pflänzchen, das im Schatten steht.

Eine Minute später kam Clark wieder, mit glänzenden Augen und leicht gerötet.

»He, Alter«, rief er nicht besonders originell. »Wie fühlst du dich?«

Jim erwiderte, er fühle sich so, wie es von ihm erwartet werden konnte.

»Du kommst jetzt mit mir«, befahl Clark. »Ich habe da etwas, das dem Abend auf die Beine hilft.«

Jim folgte ihm linkisch durch den Saal und die Treppe hinauf in eine Anrichte, wo Clark eine Flasche mit einer namenlosen gelben Flüssigkeit hervorzog.

»Guter alter Korn.«

Ginger-Ale wurde auf einem Tablett gebracht. So ein hochprozentiger Nektar wie »Guter alter Korn« mußte mit etwas Besserem als nur mit Selterswasser getarnt werden.

»Sag selbst«, rief Clark atemlos, »sieht Nancy Lamar nicht wundervoll aus?«

Jim nickte.

»Mächtig wundervoll«, sagte er zustimmend.

»Sie hat sich heute wie für einen Abschiedsabend herausgeputzt«, fuhr Clark fort. »Hast du den Burschen, mit dem sie da ist, gesehen?«

»So ein Großer? Weiße Hosen?«

»Ja. Das ist Ogden Merritt aus Savannah. Der alte Merritt fabriziert die Merritt-Rasierklingen. Dieser Bursche ist verrückt nach ihr. War das ganze Jahr hinter ihr her!«

»Sie ist eine verrückte Person«, sagte Clark weiter, »doch ich mag sie gern. So wie jeder hier. Aber sie leistet sich tolle Touren. Meistens übersteht sie's, aber ihr guter Ruf hat von diesem oder jenem schon was abbekommen.«

»So so?« Jim reichte sein Glas hinüber. »Das'n guter Korn.«

»Nicht übel. Oh, sie ist eine ganz Wilde. Die hat's mit den Würfeln, Junge! Und ihren Whisky Soda liebt sie auch. Hab versprochen, ihr nachher einen zu bringen.«

»Und sie liebt diesen – Merritt?«

»Verdammt, wenn ich das wüßte. Scheint, als ob die besten Mädchen hier herum lauter solche Burschen heiraten und irgendwohin entschwinden.«

Er goß sich noch einen ein und verkorkte sorgfältig die Flasche.

»Hör zu, Jim, ich muß wieder runter zum Tanzen und ich wäre dir sehr dankbar, wenn du diesen Korn einfach an deiner Hüfte verborgen hältst, solange du nicht tanzt. Wenn ein Mann merkt, daß ich einen getrunken habe, kommt er gleich zu mir und bittet mich, und ehe ich mich's versehe, ist der Korn alle und jemand anders amüsiert sich an meiner Stelle.«

Nancy Lamar würde also heiraten. Diese gefeierte Schönheit einer Stadt würde zum Privateigentum irgendeines Individuums in weißen Hosen – und alles nur, weil Weißhosenmanns Vater bessere Rasierklingen machte als sein Nachbar. Während sie die Treppe hinunterschritten, fand Jim die Vorstellung unsagbar deprimierend. Zum ersten Mal in seinem Leben verspürte er ein undeutliches romantisches Sehnen. Ein Bild von ihr nahm in seiner Phantasie Gestalt an – Nancy, wie sie burschikos und frohgemut die Straße entlangging, eine Orange als Zoll von einem ehrerbietigen Obsthändler annahm, einem Trottel eine sagenhafte Rechnung bei Soda Sam's aufbürdete und einen ganzen Konvoi von Verehrern versammelte, um dann triumphal und unter Gesang zu einer nachmittäglichen Spritztour abzubrausen.

Jelly-bean ging hinaus auf die Veranda in einen dunklen Winkel zwischen dem Mondschein auf dem Rasen und der einzigen erleuchteten Tür zum Ballsaal. Dort fand er einen Sessel, zündete sich eine Zigarette an und trieb auf jener sorglosen Verträumtheit dahin, die sein normaler Gemütszustand war. Aber diesmal war es eine sinnlichere Verträumtheit wegen dieses Abends und der stark duftenden Puderquasten, die vorne in ausgeschnittenen Kleidern verborgen waren und tausend reiche Düfte durch die offene Tür hinaus sandten. Und sogar die Musik, von einer lauten Posaune übertönt, wurde hitzig und verschwommen, eine sehnsüchtige Oberstimme zu dem Schleifen so vieler Schuhe und Sandaletten.

Plötzlich wurde das Rechteck von gelbem Licht, das durch die Tür fiel, von einer dunklen Gestalt verdeckt. Ein Mädchen war aus dem Garderobenraum gekommen und stand jetzt auf der Veranda, keine drei Meter entfernt. Jim hörte ein halb unterdrücktes »Verdammt«, und dann wandte sie sich um und erblickte ihn.

Jim stand auf.

»Gu'n Abend.«

»Hallo –«, sie stutzte, zögerte und kam dann näher. »Oh, es ist – Jim Powell.«

Er verbeugte sich leicht, suchte nach irgendeiner beiläufigen Phrase.

»Glauben Sie«, sagte sie rasch, »ich meine, verstehen Sie etwas von Gummi?«

»Wie bitte?«

»Ich habe Kaugummi an meinem Schuh. Irgend so ein

Idiot hat seinen oder ihren Kaugummi auf dem Fußboden liegenlassen, und ausgerechnet ich mußte da hineintreten.«

Jim errötete, ganz unnötigerweise.

»Wissen Sie, wie man das abkriegt?« fragte sie ungeduldig. »Ich habe es mit einem Messer versucht. Ich habe es mit jedem verdammten Gegenstand in der Garderobe probiert. Ich habe Wasser und Seife genommen – und sogar Parfüm, und ich habe meine Puderquaste verdorben, weil ich dachte, daran würde es haften.«

Jim überlegte einigermaßen aufgeregt.

»Tja – ich glaube, vielleicht mit Benzin –.«

Das Wort war kaum von seinen Lippen, als sie ihn bei der Hand nahm und ihn im Flug von der ebenerdigen Veranda zog, über ein Blumenbeet hinweg und im Galopp auf eine Reihe von Autos zu, die im Mondschein beim ersten Loch des Golfplatzes geparkt waren.

»Drehen Sie das Benzin auf«, befahl sie atemlos.

»Was?«

»Für den Gummi natürlich. Ich muß ihn loswerden. Mit dem Gummi am Schuh kann ich nicht tanzen.«

Gehorsam wandte Jim sich den Autos zu und begann, sie im Hinblick auf die Erlangung des begehrten Lösemittels zu untersuchen. Hätte sie einen Zylinder verlangt, so würde er alles darangesetzt haben, einen herauszuschrauben.

»Hier«, sagte er, nachdem er eine kurze Weile gesucht hatte. »Hier ist eins, bei dem es leicht geht. Haben Sie ein Taschentuch?«

»Es ist oben und naß. Ich hab's für die Seife und das Wasser benutzt.«

Jim suchte umständlich in seinen Taschen.

»Ich glaube, ich habe auch keins.«

»Hol's der Teufel! Aber wir können doch einfach aufdrehen und es auf den Boden laufen lassen.«

Er drehte den Hahn auf, und es begann zu tröpfeln.

»Mehr!« Er drehte weiter auf. Das Tröpfeln wurde zu einem Fließen und bildete eine ölig glänzende Pfütze, in deren bewegter Oberfläche sich wohl ein Dutzend zitternder Monde spiegelten.

»Ah«, seufzte sie befriedigt, »lassen Sie alles raus. Da hilft nur eins: darin waten.«

Verzweifelt drehte er den Hahn ganz auf, und die Pfütze breitete sich aus und schickte kleine Flüsse und Rinnsale in alle Richtungen.

»Großartig. Jetzt wird's richtig.«

Leicht die Röcke schürzend, trat sie graziös hinein.

»Ich weiß, damit geht's ab«, murmelte sie.

Jim lächelte.

»Es sind noch ne Menge Autos da.«

Mit einem zierlichen Schritt war sie wieder aus dem Benzin heraus und begann ihre Sandaletten, seitlich und unterwärts, am Trittbrett des Autos zu reiben. Jelly-bean konnte nicht länger an sich halten. Er krümmte sich vor Lachen, und im nächsten Augenblick lachte sie mit.

»Sie sind mit Clark Darrow hier, nicht wahr?« fragte sie, während sie zurück zur Veranda gingen.

»Ja.«

»Wissen Sie, wo er jetzt steckt?«

»Oben beim Tanzen, nehme ich an.«

»Verflixt. Er hat mir einen Whisky versprochen.«

»Nun«, sagte Jim, »ich denke, das geht in Ordnung. Ich habe seine Flasche hier bei mir.«

Sie lächelte ihn strahlend an.

»Aber vielleicht werden Sie ein Ginger-Ale dazu haben wollen«, fügte er hinzu.

»Ich nicht. Nur die Flasche.«

»Sind Sie sicher?«

Sie lachte verächtlich.

»Prüfen Sie mich. Ich kann alles trinken, was ein Mann trinkt. Setzen wir uns.«

Sie setzte sich auf eine Tischkante und er ließ sich neben ihr in einen Korbsessel sinken. Sie nahm den Korken ab, setzte die Flasche an den Mund und tat einen langen Zug. Er sah ihr fasziniert zu.

»Mögen Sie's?«

Sie schüttelte heftig den Kopf.

»Nein, aber ich mag es, wie man sich danach fühlt. So geht es wohl den meisten Leuten.«

Jim nickte zustimmend.

»Mein Papa mochte es zu sehr. Es hat ihn geschafft.«

»Amerikanische Männer«, sagte Nancy feierlich, »verstehen nicht zu trinken.«

»Was?« Jim war verblüfft.

»Tatsache«, fuhr sie unbekümmert fort, »die wissen überhaupt nicht, wie man etwas richtig gut macht. Das einzige, was ich in meinem Leben bedauere, ist, nicht in England geboren zu sein.«

»In England?«

»Ja. Das ist der einzige wunde Punkt in meinem Leben.«

»Finden Sie es da drüben so schön?«

»Ja. Ganz enorm. Ich war selbst nie dort, aber ich habe eine Menge Engländer kennengelernt, die hier in der Armee waren – Oxford- und Cambridge-Leute – wissen Sie, das ist wie Sewanee und Universität von Georgia hier bei uns – und natürlich habe ich eine Menge englischer Romane gelesen.«

Jim war gefesselt, überwältigt.

»Haben Sie je von Lady Diana Manners gehört?« fragte sie in allem Ernst.

Nein, hatte Jim nicht.

»Also sie ist das, was ich gern sein möchte. Dunkel, wissen Sie, wie ich und verrucht wie die Sünde. Sie ist das Mädchen, das mit seinem Pferd die Stufen zu irgendeiner Kathedrale oder Kirche oder so hinaufritt, und danach ließen alle Romanschreiber ihre Heldinnen das Gleiche tun.«

Jim nickte höflich. Das ging über seinen Verstand.

»Reichen Sie mir die Flasche«, meinte Nancy. »Ich werd noch'n kleinen nehmen. So'n kleiner Schluck würde auch nem Baby nichts tun.«

»Wissen Sie«, fuhr sie, nach Luft schnappend, fort, nachdem sie einen Zug getan hatte, »die Leute da drüben haben Stil. Hier hat niemand Stil. Ich meine, die Jungs hier sind es einfach nicht wert, daß man sich für sie schön macht oder aufregende Dinge für sie tut. Finden Sie nicht?«

»Ich meine schon – ich meine, vielleicht auch nicht«, murmelte Jim.

»Und ich möchte so gern so etwas tun und so. Ich bin tatsächlich das einzige Mädchen in der Stadt, das Stil hat.« Sie reckte die Arme und gähnte reizend.

»Netter Abend.«

»Bestimmt«, pflichtete Jim bei.

»Möcht'n Boot haben«, meinte sie träumerisch. »Möcht auf einen silbernen See hinausfahren, die Themse zum Beispiel. Mit Champagner und Kaviar-Sandwiches an Bord. So etwa acht Leute. Und einer der Männer würde über Bord springen, um die Gesellschaft zu amüsieren, und dabei ertrinken, wie es einmal ein Mann für Lady Manners tat.«

»Tat er das, um ihr zu gefallen?«

»Er wollte sich nicht ertränken, um ihr zu gefallen. Er sprang einfach nur über Bord, um alle zum Lachen zu bringen.«

»Die sind wohl vor Lachen gestorben, als er ertrank.«

»Oh, ich nehme an, die lachten ein bißchen«, gab sie zu. »Jedenfalls sie, stelle ich mir vor. Sie ist ganz schön hart, glaube ich – so wie ich bin.«

»Sie hart?«

»Wie Stahl.« Sie gähnte wieder und sagte dann: »Geben Sie mir noch etwas aus der Flasche da.«

Jim zögerte, aber sie streckte gebieterisch die Hand aus.

»Behandeln Sie mich nicht wie ein kleines Mädchen«, warnte sie. »Ich bin nicht wie irgendeine, die Sie je gekannt haben.« Sie überlegte. »Dennoch, vielleicht haben Sie recht. Sie haben – haben nen weisen Kopf auf jungen Schultern.«

Sie sprang auf die Füße und bewegte sich zur Tür. Auch Jelly-bean stand auf.

»Lebewohl«, sagte sie freundlich, »lebewohl. Und Dank, Jelly-bean.«

Dann ging sie hinein und ließ ihn mit großen Augen auf der Veranda zurück.

III

Um zwölf Uhr kam eine Prozession von Mänteln im Gänsemarsch aus dem weiblichen Garderobenraum und bewegte sich, nachdem eine jede sich mit einem manteltragenden Kavalier wie beim Kotillon zu einem Paar vereinigt hatte, unter selig erschöpftem Gelächter durch die Tür – hinaus in das Dunkel, wo Autos unter Gebrumm zurücksetzten und einzelne Gruppen einander riefen und um die Kühler herumstanden.

Jim in seiner Ecke erhob sich, um nach Clark zu suchen. Sie hatten sich zuletzt um elf getroffen; dann war Clark zum Tanzen hineingegangen. So wanderte denn Jim auf seiner Suche in den Limonadenausschank, der ehemals eine Bar gewesen war. Der Raum war verlassen bis auf einen schläfrigen Neger, der hinter der Theke döste, und zwei Boys, die an einem der Tische lässig mit einem Paar Würfel spielten. Jim wollte schon wieder gehen, als er Clark hereinkommen sah. Im gleichen Moment blickte Clark auf.

»Hallo, Jim!« befahl er. »Komm rüber und hilf uns bei dieser Flasche. Ich glaub, es ist nicht mehr viel darin, aber dann ist immer noch ne andere da.«

Nancy, der Mann aus Savannah, Marylyn Wade und Joe Ewing standen lungernd und lachend in der Tür. Nancy fing Jims Blick auf und zwinkerte ihm gutgelaunt zu.

Sie gingen zu einem Tisch hinüber, ließen sich dort nieder und warteten, daß der Kellner Ginger-Ale brächte. Jim, dem etwas unbehaglich war, blickte auf Nancy, die sich darauf eingelassen hatte, am Nebentisch mit den beiden Boys um fünf Cents zu würfeln.

»Bringt sie hier rüber«, schlug Clark vor.

Joe sah sich um.

»Wir wollen hier keine Menschenansammlung. Das ist gegen die Club-Regeln.«

»Ist ja niemand da«, beharrte Clark, »außer Mr. Taylor. Er rennt wie wild auf und ab und versucht herauszufinden, wer das ganze Benzin aus seinem Wagen gelassen hat.« Alles lachte.

»Ich wette eine Million, daß Nancy wieder etwas am Schuh kleben hat. Man kann eben nicht parken, wo sie in der Nähe ist.«

»O Nancy, Mr. Taylor sucht nach dir!«

Nancys Wangen glühten vor Entzücken über den Spaß. »Ich hab seine elende Karre seit zwei Wochen nicht gesehen.«

Jim merkte, wie es plötzlich still wurde. Er wandte sich um und erblickte jemand von unbestimmbarem Alter im Türrahmen.

Clarks Stimme unterbrach die Verlegenheitspause.

»Wollen Sie sich nicht zu uns setzen, Mr. Taylor?«

»Vielen Dank.«

Mr. Taylor breitete sich mit seiner unerwünschten Anwesenheit in einem Sessel aus. »Ich muß wohl. Ich warte darauf, daß die mir etwas Benzin beschaffen. Irgendwer hat sich einen Spaß mit meinem Wagen erlaubt.«

Seine Augen verengten sich und er blickte rasch von einem zum anderen. Jim fragte sich, was er wohl von der Tür her gehört haben könnte – versuchte sich zu erinnern, was gesagt worden war.

»Ich bin heute richtig in Fahrt«, rief Nancy, »und meine vier Groschen sind im Pott.«

»Angenommen!« sagte Taylor plötzlich.

»Nein, Mr. Taylor, ich wußte ja gar nicht, daß Sie würfeln!« Nancy war überglücklich, daß er sich hingesetzt hatte und sogleich ihr Gebot erwiderte. Seit jenem Abend, an dem sie ihm auf eine Reihe ziemlich deutlicher Annäherungsversuche hin eine endgültige Abfuhr erteilt hatte, hatten sie aus ihrer gegenseitigen Abneigung kein Hehl gemacht.

»Also, Babies, tut's eurer Mama zuliebe. Nur eine kleine Sieben.« Nancy schmuste geradezu mit den Würfeln. Sie schüttelte sie unterderhand mit einem gekonnten Schwung und rollte sie dann auf den Tisch.

»Ah–h! Dacht ich's doch. Und jetzt einen Dollar rauf.«

Fünf Partien zu ihren Gunsten sahen Taylor als elenden Verlierer. Sie nahm die Sache persönlich, und Jim sah, wie nach jedem Erfolg Triumph in ihrem Gesicht aufblitzte. Sie verdoppelte bei jedem Wurf – solches Glück konnte kaum von Dauer sein.

»Besser nicht so forsch«, warnte er sie schüchtern.

»Ah, aber sehen Sie noch den«, flüsterte sie. Es waren acht Augen, und sie forderte ihn damit heraus.

»Kleine Ada, diesmal fahren wir in den Süden.«

Ada aus Decatur rollte über den Tisch. Nancy war hochrot und halb hysterisch, aber ihr Glück hielt an. Sie trieb den Pott höher und höher, zu keinem Rückzieher bereit. Taylor trommelte mit den Fingern auf den Tisch, aber er mußte weitermachen.

Nancy versuchte, eine Zehn zu werfen, aber die Würfel entglitten ihr. Taylor griff begierig danach. Er würfelte schweigend, und in der angespannten Stille war das Klappern eines Wurfs nach dem anderen auf dem Tisch der einzige Laut.

Jetzt hatte Nancy die Würfel wieder, aber ihre Glückssträhne war aus. So verging eine Stunde. Es ging hin und her, Taylor hatte es wieder geschafft – und wieder und wieder. Schließlich standen sie gleich – Nancy verlor ihre letzten fünf Dollar.

»Wollen Sie einen Scheck von mir nehmen«, sagte sie rasch, »über fünfzig, und wir würfeln um alles?« Ihre Stimme war etwas unsicher und ihre Hand zitterte, als sie nach dem Geld langte.

Clark wechselte einen fragenden, aber beunruhigten Blick mit Joe Ewing. Taylor würfelte wieder. Er hatte Nancys Scheck.

»Wie wär's mit noch einem?« sagte sie wie von Sinnen. »Herrje – jede Bank ist gut dafür – überall ist Geld da, Ehrenwort.«

Jim begriff – der »gute alte Korn«, den er ihr gegeben hatte – der »gute alte Korn«, den sie seitdem getrunken hatte. Er wünschte, er hätte den Mut einzugreifen – ein Mädchen ihres Alters und in ihrer Lage würde wohl kaum über zwei Bankkonten verfügen. Als die Uhr zwei schlug, hielt er nicht länger an sich.

»Darf ich – könnten Sie nicht mich für Sie würfeln lassen?« schlug er vor, wobei seine leise träge Stimme etwas gepreßt klang.

Plötzlich schläfrig und gleichgültig geworden, warf Nancy die Würfel vor ihn hin.

»Einverstanden – alter Junge! Wie Lady Diana Manners sagt, ›Gib's ihnen, Jelly-bean‹– Mit meinem Glück ist's aus.«

»Mr. Taylor«, sagte Jim lässig, »wir würfeln um einen von diesen Schecks gegen bar.«

Eine halbe Stunde später neigte Nancy sich vor und klopfte ihm auf die Schulter.

»Mein Glück gestohlen, das haben Sie.« Dazu nickte sie bedächtig mit dem Kopf.

Jim nahm den letzten Scheck vom Tisch auf, steckte ihn zu dem anderen und zerriß sie beide zu Konfetti, das er auf den Fußboden streute. Irgendjemand stimmte ein Lied an, und Nancy erhob sich aus ihrem Sessel, den sie mit dem Fuß zurückstieß.

»Meine Damen und Herren«, tönte sie. »Damen – das bist du, Marylyn. Ich wünsche der Welt zu verkünden, daß Mr. Jim Powell, ein allseits bekannter Jelly-bean in dieser Stadt, zu einer berühmten Regel die Ausnahme bildet – ›Glück im Spiel – Unglück in der Liebe‹. Er hat Glück beim Würfeln, und ich, Tatsache – ich *liebe* ihn. Damen und Herren, Nancy Lamar, berühmte dunkelhaarige Schönheit und oft im *Herald* als eine der beliebtesten Vertreterinnen der jüngeren Generation herausgestellt, wie auch andere Mädchen ebenso in solch einem Fall, wünscht anzukündigen – wünscht anzukündigen, jedenfalls, meine Herren –.« Sie kippte plötzlich vornüber. Clark fing sie auf und brachte sie wieder ins Gleichgewicht.

»Mein Fehler«, sie lachte, »jedenfalls, sie läßt sich herab – läßt sich herab – wie dem auch sei – trinken wir auf Jelly-bean . . . Mr. Jim Powell, König der Jelly-beans.«

Und ein paar Minuten später, als Jim, Hut in der Hand, auf Clark wartete, in jenem gleichen dunklen Winkel der Veranda, wo sie ihn um Benzin angegangen hatte, tauchte sie plötzlich an seiner Seite auf.

»Jelly-bean«, sagte sie, »sind Sie hier, Jelly-bean? Ich glaube –« und ihr leichtes Hin- und Herschwanken schien Teil einer traumhaften Verzauberung – »ich glaube, dafür verdienen Sie einen meiner süßesten Küsse, Jelly-bean.«

Für einen Augenblick waren ihre Arme um seinen Hals und ihre Lippen auf seine gepreßt.

»Ich gehöre zum unzivilisierten Teil der Welt, Jelly-bean, aber du hast mir einen Anstoß zum Guten gegeben.«

Dann war sie fort, über die Veranda hinunter und über den Rasen mit seinem lauten Grillengezirp. Jim sah, wie Merritt aus dem Vordereingang trat und ärgerlich etwas zu ihr sagte – sah, wie sie lachte, sich abwandte und zu seinem Wagen ging. Marylyn und Joe folgten. Dabei sangen sie irgendein Schlummerliedchen über ein Jazz-Baby.

Clark kam heraus und traf Jim auf den Stufen. »Alle ganz schön beschwipst«, sagte er gähnend. »Merritt ist übel gelaunt. Er hat gewiß bei Nancy verspielt.«

Von Osten her, am Golfplatz entlang, legte sich eine leichte graue Decke über die Füße der Nacht. Die Gesellschaft im Wagen stimmte einen Rundgesang an, während der Motor sich warmlief.

»Gute Nacht allseits –«, rief Clark.

»Gutenacht, Clark.«

»Gutenacht.«

Eine kleine Pause, und dann fügte eine weiche beseligte Stimme hinzu:

»Gutenacht, Jelly-bean.«

Unter lautem Gesang fuhr der Wagen ab. Ein einzelner Hahn auf einer Farm jenseits der Straße hub schaurig zu krähen an, und hinter ihnen knipste ein letzter Negerkellner auf der Veranda das Licht aus. Jim und Clark schlenderten zu seinem Ford hinüber, wobei ihre Schuhe rauh auf dem Kiesweg knirschten.

»Junge, Junge!« seufzte Clark leise, »wie du diese Würfel hinkriegst!«

Es war noch zu dunkel, als daß er die Röte auf Jims hohlen Wangen hätte sehen oder feststellen können, daß es eine bei ihm ganz ungewohnte Schamröte war.

IV

Ein kahles Zimmer über Tillys Garage echote den ganzen Tag zu dem Rumpeln und Brummen da unten und dem Singsang der Negerwäscher, wenn sie den Wasserstrahl auf die Autos draußen richteten. Es war ein trostloser rechteckiger Raum mit nichts als einem Bett und einem wackligen Tisch, auf dem ein halbes Dutzend Bücher lagen – Joe Millers »Im Bummelzug durch Arkansas«, »Lucille« in einer alten Ausgabe mit vielen Randbemerkungen in einer altmodischen Handschrift; »Die Augen der Welt« von Harold Bell Wright und ein altertümliches Gebetbuch der anglikanischen Kirche mit dem Namen Alice Powell und der Jahreszahl 1831 auf dem Vorsatzblatt.

Der Osten, noch grau, als Jelly-bean die Garage betrat, wandelte sich zu einem intensiven lebhaften Blau, als er oben seine einzige elektrische Birne einschaltete. Er knipste sie wieder aus und ging zum Fenster, wo er mit aufgestützten Ellenbogen hinaus in den werdenden Morgen starrte. Mit dem Erwachen seiner Gefühle nahm er als erstes eine gewisse Leere wahr, einen seltsamen Schmerz über das eintönige Grau seines Lebens. Eine Mauer hatte sich plötzlich um ihn aufgerichtet und schloß ihn ein, so kompakt und undurchdringlich wie die weiße Wand seines kahlen Zimmers. Und mit dieser Wahrnehmung schwand alles, was an seiner Existenz romantisch gewesen war, dahin: die Zufälligkeit, das leichtherzig Unvorhergesehene, die wunderbare Großmut des Lebens. Der Jellybean, der, irgendein Liedchen summend, über die Jackson Street schlenderte, in jedem Laden und bei jedem Straßenhändler bekannt, randvoll mit launigen Zurufen und Mutterwitz, traurig manchmal nur um der Traurigkeit willen und weil die Zeit so schnell verging – dieser Jellybean war mit einemmal nicht mehr da. Sein bloßer Spitzname gleichsam ein Vorwurf, eine Banalität. In einem Anfall von Scharfblick erkannte er, daß Merritt ihn verächtlich finden mußte, daß sogar Nancys Kuß in der Morgendämmerung in ihm keine Eifersucht erweckt haben würde, sondern lediglich Verachtung für Nancy, weil sie sich so weit herabließ. Und was ihn betraf, Jellybean, so hatte er, um ihr zu helfen, einen schäbigen Trick angewandt, den er in der Garage gelernt hatte. Er war ihre moralische Wäscherei gewesen; die Flecken waren jetzt an ihm.

Als das Grau sich in Blau wandelte, heller wurde und das Zimmer füllte, ging er hinüber zum Bett und warf sich, die Ränder leidenschaftlich umklammernd, darauf nieder.

»Ich liebe sie«, rief er laut. »Mein Gott!«

Indem er dies sagte, gab etwas in ihm nach, als schmölze ein Kloß in seiner Kehle. Mit der heraufziehenden Dämmerung klarte es draußen auf und wurde strahlend hell, und er drehte sich aufs Gesicht und schluchzte elend in sein Kopfkissen.

Als Clark Darrow in der Drei-Uhr-Nachmittagssonne mühsam die Jackson Street entlang tuckerte, wurde er von

Jelly-bean angerufen, der mit den Fingern in den Westentaschen am Bordstein stand.

»Hallo!« rief Clark und brachte seinen Ford zu einem wunderbaren Halt längsseits. »Eben aufgestanden?«

Jelly-bean schüttelte den Kopf.

»Bin gar nicht mehr zu Bett gegangen. Fand keine Ruhe, und so machte ich heute morgen einen weiten Gang hinaus aufs Land. Bin eben erst wieder in der Stadt zurück.«

»Dacht ich mir, daß du keine Ruhe finden würdest. Mir geht es schon den ganzen Tag so –.«

»Hab vor, aus der Stadt wegzugehen«, fuhr Jelly-bean, ganz mit seinen Gedanken beschäftigt, fort. »Denk, ich geh rauf auf die Farm und nehm Onkel Dun ein bißchen Arbeit ab. Hab wohl zu lange rumgebummelt.«

Clark schwieg und Jelly-bean sprach weiter:

»Denk mir, wenn Tante Mamie gestorben ist, könnt ich dies Geld, das ich hab, in die Farm stecken und was draus machen. All meine Leute stammen aus der Gegend da oben. Hatten 'n großes Haus.«

Clark blickte ihn sonderbar an.

»Das 's komisch«, sagte er. »Mir – mir ging es damit ganz ebenso.«

Jelly-bean zögerte.

»Ich weiß nicht«, begann er langsam, »etwas mit diesem Mädchen gestern nacht, das von einer Lady namens Diana Manners erzählte – ne englische Lady, das hat mich nachdenklich gemacht.« Er richtete sich auf und sah Clark seltsam an. »Ich hatte auch mal Familie«, sagte er trotzig.

Clark nickte.

»Ich weiß.«

»Und ich bin der letzte davon«, fuhr Jelly-bean fort,

wobei er ein wenig die Stimme hob, »und ich bin keinen Dreck wert. Der Name, mit dem sie mich rufen, meint Jelly – also weich und wabbelig. Leute, die nichts waren, als meine Leute schon Land besaßen, gehen hochnäsig auf der Straße an mir vorbei.«

Clark schwieg wieder.

»Also Schluß damit. Ich geh noch heute. Und wenn ich in diese Stadt zurückkomme – dann als ein Gentleman.«

Clark zog sein Taschentuch und wischte sich die feuchte Stirn.

»Du bist wohl nicht der einzige, dem es einen Stoß versetzt hat«, gab er düster zu bedenken. »Dieser ganze Umtrieb von Mädchen, die sich so benehmen, muß schnellstens aufhören. Zu schlimm, wirklich, aber jeder wird die Sache so ansehen.«

»Willst du sagen«, fragte Jim überrascht, »daß das alles durchgesickert ist?«

»Durchgesickert? Wie in aller Welt konnten sie das geheimhalten. Heute abend steht's in allen Zeitungen. Doktor Lamar muß zusehen, wie er seinen guten Namen rettet.«

Jim legte seine Hände auf den Wagenschlag und umklammerte mit seinen langen Fingern das Metall.

»Willst du sagen, Taylor hat diesen Schecks nachgeforscht?«

Jetzt war es an Clark, überrascht zu sein.

»Hast du denn nicht gehört, was passiert ist?«

Jims erstaunte Augen waren Antwort genug.

»Nun also«, begann Clark dramatisch, »diese vier beschafften sich noch eine Flasche Kornschnaps, wurden betrunken und faßten den Entschluß, die ganze Stadt zu schockieren – und so wurden Nancy und dieser Bursche Merritt heute früh um sieben Uhr in Rockeville verheiratet.«

In dem Metall wurde eine kleine Kerbe unter Jelly-beans Fingernägeln sichtbar.

»Verheiratet?«

»Ganz gewiß. Nancy wurde wieder nüchtern und sauste zurück in die Stadt, in Tränen und in Todesangst – bestand darauf, es sei alles ein Irrtum. Zuerst wurde Dr. Lamar wütend und wollte Merritt umbringen, aber schließlich haben sie die Sache irgendwie bereinigt, und Nancy und Merritt fuhren mit dem Zwei-Uhr-dreißig-Zug nach Savannah.«

Jim schloß die Augen und überwand nur mit Anstrengung einen plötzlichen Anfall von Übelkeit.

»Es ist zu arg«, sagte Clark philosophisch. »Ich meine nicht das Heiraten – ich denke, das ist in Ordnung, obwohl ich nicht glaube, daß Nancy sich im geringsten etwas aus ihm macht. Aber ein Verbrechen ist es für ein so nettes Mädchen, wenn es seine Familie in dieser Weise beleidigt.«

Jelly-bean ließ den Wagenschlag los und wandte sich ab. Wieder ging etwas in ihm vor, eine unerklärliche, nahezu chemische Verwandlung.

»Wo willst du hin?« fragte Clark.

Jelly-bean wandte sich um und blickte müde über die Schulter zurück.

»Muß gehen«, murmelte er. »War zu lange auf; mir ist richtig schlecht.«

»Oh.«

Die Straße war heiß um drei und noch heißer um vier; es war, als überzöge der April die Sonne mit einem Dunstschleier und gäbe sie erst dann wieder her als einen urweltlichen Schabernack, der mit einer endlosen Folge von Nachmittagen getrieben wurde. Aber um halb fünf senkte sich eine erste Schicht der Ruhe herab, und die Schatten unter den Markisen und dem Blätterdach der Bäume wurden länger. In dieser Hitze zählte nichts mehr. Alles Leben war eine Frage des Wetters, ein Durchstehen der Hitze, in der alles, was sich ereignete, unwichtig war, und ein Warten auf die Kühle, die weich und zärtlich war wie eine Frauenhand auf einer müden Stirn. Dort unten in Georgia haben die Leute – vielleicht unausgesprochen – das Gefühl, daß darin die große Weisheit des Südens liegt. Und so lenkte Jelly-bean nach einer Weile seine Schritte zu einem Billard-Salon in der Jackson Street, wo er sicher sein konnte, eine Horde Gleichgesinnter zu treffen, und sie würden ihm all die alten Scherze auftischen – Scherze, die ihm längst vertraut waren.

Der Rest von Glück

I

Solltet ihr einmal die Jahrgänge alter Magazine vom Anfang dieses Jahrhunderts durchblättern, so fändet ihr zwischen den Erzählungen von Richard Harding Davis und Frank Norris und anderen, die längst gestorben sind, das Werk eines gewissen Jeffrey Curtain: einen oder zwei Romane und vielleicht drei oder vier Dutzend Kurzgeschichten. Und wenn es euch interessierte, könntet ihr sie bis etwa 1908 verfolgen, dem Jahr, in dem plötzlich keine mehr erschienen.

Wenn ihr sie dann alle gelesen hättet, würdet ihr ziemlich sicher sein, daß hier nicht Meisterwerke vorlagen, sondern leidlich unterhaltsame Geschichten, mittlerweile etwas veraltet, aber zweifellos von der Art, sich eine öde halbe Stunde Wartezeit beim Zahnarzt zu vertreiben. Der Mann, der sie verfaßt hat, war intelligent, begabt, ausdrucksgewandt und wahrscheinlich noch jung. In diesen Proben seines Werks fandet ihr nichts, was zu mehr als einem schwachen Interesse für die Wechselfälle des Lebens angeregt hätte – nichts, worüber man innerlich hätte lachen müssen, keinen Sinn für die Nichtigkeit des Lebens, keine Andeutung von Tragik.

Nach der Lektüre der Geschichten würdet ihr wohl gähnen und die Nummern der Zeitschrift in den Sammelband zurücklegen, und wenn ihr euch zufällig im Lesesaal einer Bibliothek befändet, euch vielleicht der Abwechslung halber zu einem Blick in eine Tageszeitung aus dem Jahr entschließen, um nachzusehen, ob die Japse da schon Port Arthur eingenommen hatten. Wenn aber die Zeitung, die ihr gegriffen hättet, aus purem Zufall die richtige wäre und sich obendrein raschelnd auf der Feuilletonseite geöffnet hätte, wären eure Augen dort gebannt hängengeblieben, und für eine Weile hättet ihr Port Arthur ebenso vergessen wie Château Thierry. Denn durch diesen glücklichen Zufall hättet ihr das Porträt einer ganz hervorragenden Frau erblickt.

Es waren die Tage von *Florodora* und kleinen Tanznummern, von eingeschnürten Taillen und Puffärmeln, von Turnüren und regelrechten Ballettröckchen, aber da saht ihr, wie auch immer entstellt durch die altmodische Steifheit der Kostümierung, einen Schmetterling aller Schmetterlinge. Da hattet ihr die Lustbarkeit einer Epoche – die leicht geröteten Augen, die herzbewegenden Melodien, die Toaste und Blumenbuketts, die Tänze und Bankette. Das war eine Venus des Hansom, das Gibson-Girl in seiner grandiosen Blütezeit. Das war . . .

. . . das war, wie euch ein Blick auf die Bildunterschrift belehrt, eine gewisse Roxanne Milbank, Balletteuse und zweite Besetzung in *The Daisy Chain*, die sich aber, durch ein hervorragendes Einspringen für den indisponierten Star, eine Hauptrolle erkämpft hatte.

Ihr würdet noch einmal hinschauen – und rätseln. Wieso hattet ihr nie von ihr gehört? Warum lebte ihr Name nicht in Schlager- und Operettentexten und auf Zigarrenbanderolen fort oder in der Erinnerung dieses lebenslustigen alten Onkels in eurer Familie, zusammen mit Lillian Runssell, Stella Mayhew und Anna Held?

Roxanne Milbank – wohin war sie entschwunden? Welche finstere Falltür hatte sich plötzlich aufgetan und sie verschluckt? Ganz gewiß stand ihr Name nicht in der letzten Sonntagsbeilage unter den Meldungen von Schauspielerinnen, die englische Adlige geheiratet hatten. Kein Zweifel, sie war tot – die arme wunderschöne Lady – und ganz und gar vergessen.

Doch ich erhoffe mir zuviel. Ich habe euch über Jeffrey Curtains Geschichten und über Roxanne Milbanks Foto stolpern lassen. Es wäre unglaublich, wenn ihr auch noch auf eine sechs Monate später erschienene Zeitungsnotiz stoßen solltet, eine separate Notiz, fünf Zentimeter breit und zehn hoch, worin die Öffentlichkeit über die in aller Stille geschlossene Ehe von Miss Roxanne Milbank, die mit *The Daisy Chain* auf Tournee war, mit Mr. Jeffrey Curtain, dem bekannten Autor, informiert wurde. »Mrs. Curtain«, lautete die sachliche Schlußbemerkung, »wird sich von der Bühne zurückziehen.«

Es war eine Liebesheirat. Er war hinlänglich verwöhnt, um bezaubernd zu wirken; sie war durch ihr offenes Wesen unwiderstehlich. Wie zwei schwimmende Holzscheite hatten sie sich in einem Strudel getroffen, verfingen sich und sausten zusammen weiter. Aber selbst wenn Jeffrey sich weiter jahrelang die Finger wundgeschrieben hätte, hätte er sich keine grausigere Schicksalswendung für eine seiner Geschichten einfallen lassen können, als ihm in seinem eigenen Leben widerfuhr. Und hätte Roxanne Milbank Dutzende von Rollen gespielt und fünftausend volle Häuser damit gemacht, sie hätte niemals eine Rolle mit mehr Glück und mehr Verzweiflung haben können als die, die vom Schicksal für Roxanne Curtain vorgesehen war.

Ein Jahr lang lebten sie in Hotels, reisten nach Kalifornien, Alaska, Florida, Mexiko, waren im Lieben und im Streiten sanft miteinander und taten sich auf das scherzende Geplänkel seiner Klugheit mit ihrer Schönheit viel zugute – sie waren jung und äußerst temperamentvoll; sie wollten alles haben und gaben in einer Anwandlung von Selbstlosigkeit und Stolz alles wieder weg. Sie liebte den raschen Wechsel in seiner Stimme und seine wilde, unbegründete Eifersucht. Er liebte das dunkle Strahlen, die weiße Iris ihrer Augen, die bezwingende Wärme ihres Lächelns.

»Findet ihr sie nicht reizend?« pflegte er nahezu aufgeregt und etwas verlegen zu fragen. »Ist sie nicht wunderbar? Habt ihr je –.«

»Ja«, antworteten sie grinsend. »Sie ist ein Wunder. Du kannst glücklich sein.«

Das Jahr ging vorüber. Sie hatten die Hotels satt. Sie kauften ein altes Haus und zehn Hektar Land in der Nähe des Städtchens Marlowe, eine halbe Stunde von Chicago entfernt; sie kauften ein kleines Auto und machten damit wilde Fahrten mit einer Entdeckerfreude, die einen Balboa beschämt haben würde.

»Dies wird dein Zimmer!« sagten sie abwechselnd.

Und dann:

»Dies wird mein Zimmer!«

»Und hier das Kinderzimmer, wenn wir erst Kinder haben.«

»Und wir bauen uns eine Liegeterrasse – oh ja, nächstes Jahr.«

Im April zogen sie dort hinaus. Im Juli kam Jeffreys bester Freund, Harry Cromwell, auf eine Woche zu Besuch – sie empfingen ihn am Ende des langen Rasens und beeilten sich voller Stolz, ihm das Haus vorzuführen.

Harry war ebenfalls verheiratet. Seine Frau hatte vor etwa sechs Monaten ein Kind bekommen und war noch zur Erholung bei ihrer Mutter in New York. Roxanne hatte aus Jeffreys Äußerungen entnommen, daß Harrys Frau nicht so attraktiv war wie Harry – Jeffrey war ihr einmal begegnet und fand sie »seicht«. Aber Harry war fast zwei Jahre verheiratet und offenbar glücklich, also vermutete Jeffrey, daß sie doch wohl in Ordnung sein müsse . . .

»Ich backe gerade Biscuits«, sagte Roxanne gewichtig. »Kann Ihre Frau Biscuits machen? Die Köchin zeigt es mir eben. Ich finde, jede Frau sollte wissen, wie man Biscuits macht. Es klingt so ungemein harmlos. Eine Frau, die Biscuits machen kann, wird gewiß nie etwas –.«

»Du mußt hierher ziehen und hier draußen leben«, sagte Jeffrey. »Such dir wie wir ein Grundstück auf dem Lande, für dich und Kitty.«

»Du kennst Kitty nicht. Sie haßt das Landleben. Sie braucht ihre Theater und Variétés.«

»Bring sie hier her«, wiederholte Jeffrey. »Wir werden eine Kolonie bilden. Es gibt schon eine Menge ganz reizender Leute hier. Bring sie her!«

Sie standen jetzt auf den Stufen der Veranda, und Roxanne wies lebhaft auf ein verfallenes Gebäude zur Rechten.

»Die Garage«, verkündete sie. »Da wird auch Jeffreys Arbeitszimmer sein, in einem Monat. Im übrigen: Dinner ist um sieben. Bis dahin werde ich uns einen Cocktail machen.«

Die beiden Männer gingen zum ersten Stock hinauf –

das heißt, nur bis zur Hälfte, denn auf dem ersten Treppensatz ließ Jeffrey den Koffer seines Gastes zu Boden und erkundigte sich in einer Mischung aus Frage und Ausruf:

»Um Himmels willen, Harry, wie findest du sie denn?«

»Laß uns nach oben gehen«, antwortete sein Gast, »und die Tür hinter uns zumachen.«

Eine halbe Stunde später, als sie zusammen in der Bibliothek saßen, erschien Roxanne aus der Küche, ein Kuchenblech mit Biscuits vor sich her tragend. Jeffrey und Harry erhoben sich.

»Sie sind wundervoll, Liebling«, sagte der Gatte beflissen.

»Ausgezeichnet«, murmelte Harry.

Roxanne strahlte.

»Probiert mal eins. Ich traute mich nicht, sie anzurühren, ehe ihr sie nicht alle gesehen hättet, und ich trage sie nicht eher zurück, bis ich nicht weiß, wie sie schmecken!«

»Wie Manna, Liebling.«

Gleichzeitig führten die beiden Männer die Biscuits an die Lippen und knabberten daran. Gleichzeitig versuchten sie das Thema zu wechseln. Aber Roxanne, nicht getäuscht, setzte das Backblech hin und nahm sich ein Biscuit. In der nächsten Sekunde stellte sie mit düsterer Endgültigkeit fest:

»Totaler Fehlschlag!«

»Nein, wirklich –.«

»Wieso, ich kann nicht sagen –.«

Roxanne tobte.

»Ach, ich tauge zu nichts«, rief sie lachend. »Wirf mich

raus, Jeffrey – ich bin eine Schmarotzerin, zu nichts gut –.«

Jeffrey legte den Arm um sie.

»Liebling, ich werde sie alle essen.«

»Jedenfalls sehen sie prächtig aus«, beharrte Roxanne.

»Sie sind sehr – sehr dekorativ«, meinte Harry.

Jeffrey fiel begeistert ein.

»Das ist das richtige Wort. Sie sind dekorativ; es sind Meisterstücke. Wir werden sie nutzen.«

Er rannte in die Küche und kam mit einem Hammer und einer Handvoll Nägel zurück.

»Weißgott, wir werden sie nutzen, Roxanne! Wir machen einen Fries daraus.«

»Nein!« jammerte Roxanne. »Unser schönes Haus.«

»Macht nichts. Wir wollten die Bibliothek ohnehin im Oktober neu tapezieren lassen. Weißt du nicht mehr?«

»Nun, ja –.«

Päng! Das erste Biscuit war an die Wand genagelt, wo es noch einen Moment wie ein lebendes Ding nachzitterte.

Päng . . .!

Als Roxanne mit einer zweiten Runde Cocktails zurückkam, waren die Biscuits in einer Reihe an der Wand, zwölf Stück untereinander, wie eine Sammlung primitiver Speerspitzen.

»Roxanne«, rief Jeffrey, »du bist eine Künstlerin! Kochen und Backen – Unsinn! Du wirst meine Bücher illustrieren!«

Während des Dinners wich das Zwielicht zögernd der Dämmerung, und später herrschte draußen Dunkelheit unter Sternen, erfüllt und durchtränkt von der zarten Pracht von Roxannes weißem Kleid und ihrem tremolierenden leisen Lachen.

– Was für eine niedliche Person sie doch ist, dachte Harry. Nicht so alt wie Kitty.

Er verglich die beiden miteinander. Kitty – nervös, ohne empfindsam zu sein, launisch, ohne Temperament, eine Frau, die nur zu flattern und niemals zu landen schien – und Roxanne, die so jung war wie eine Frühlingsnacht und ganz in ihrem eigenen jungmädchenhaften Lachen aufging.

– Eine gute Partnerin für Jeffrey, dachte er wieder. Zwei sehr junge Menschen, die Sorte, die lange jung bleibt, um sich dann plötzlich gealtert wiederzufinden.

Harry dachte dies alles, während er zugleich ständig an Kitty dachte. Der Gedanke an Kitty bedrückte ihn. Ihm schien, sie sei nun soweit erholt, um mit seinem Söhnchen nach Chicago zurückzukommen. Er war noch mit seinen Gedanken bei Kitty, als er der Frau seines Freundes und seinem Freund am Fuß der Treppe Gutenacht wünschte.

»Sie sind unser erster richtiger Logiergast«, rief Roxanne hinter ihm her. »Ist das nicht toll und erhebend für Sie?«

Als er um die Ecke außer Sicht war, wandte sie sich Jeffrey zu, der neben ihr stand und sich mit der Hand auf das Treppengeländer stützte.

»Bist du erschöpft, Liebster?«

Jeffrey rieb sich mit den Fingern die Stirn.

»Ein bißchen. Wie hast du das gemerkt?«

»Oh, wie könnte ich denn dir nicht alles anmerken?«

»Es ist ein Kopfschmerz«, sagte er mißmutig. »Zum Zerspringen. Ich werde ein Aspirin nehmen.«

Sie langte hinüber und knipste das Licht aus, und während er sie mit seinem Arm eng umfaßt hielt, gingen sie zusammen die Treppe hinauf.

II

Die Woche mit Harry ging vorüber. Sie fuhren die verträumten Alleen entlang oder bummelten heiter und ausgelassen am See oder auf den Rasenflächen. Am Abend, drinnen sitzend, spielte Roxanne ihnen etwas vor, während die Asche an den glühenden Enden ihrer Zigarren allmählich weiß wurde. Dann kam ein Telegramm von Kitty, Harry solle sie im Osten abholen, und so blieben Roxanne und Jeffrey allein in jener Zweisamkeit, deren sie nie überdrüssig zu werden schienen.

»Alleinsein«, das fanden sie immer wieder aufregend. Sie wanderten im Hause umher, und jeder fühlte innig die Gegenwart des anderen; sie saßen bei Tisch auf der gleichen Seite nebeneinander wie Flitterwöchner; sie waren ganz mit sich beschäftigt, ganz glücklich.

Das Städtchen Marlowe, obwohl eine vergleichsweise alte Ansiedlung, hatte es erst seit kurzem zu einer »Gesellschaft« gebracht. Vor einigen Jahren waren, beunruhigt über das Qualmen und Wuchern von Chicago, zwei oder drei jungverheiratete Paare, »bungalow people«, hier heraus gezogen; Freunde von ihnen waren gefolgt. Die Jeffrey Curtains fanden schon eine richtige Clique vor, die bereit war, auch sie aufzunehmen; ein Landclub mit Ballsaal und Golfplatz stand ihnen offen, und es gab Bridgeparties und Pokerparties und Parties, auf denen sie nur Bier tranken, und Parties, auf denen sie überhaupt nichts tranken.

Eine Woche nach Harrys Besuch gerieten sie in eine Pokerparty. Es gab zwei Tische, und viele der jungen Frauen rauchten, erhöhten laut rufend ihre Einsätze und gaben sich einen für jene Tage gewagten männlichen Anstrich.

Roxanne hatte sich frühzeitig vom Spiel zurückgezogen und wandelte umher; sie spazierte in die Anrichte und fand für sich etwas Traubensaft – von Bier bekam sie Kopfweh –, und dann ging sie von Tisch zu Tisch, blickte über Schultern hinweg in die Karten, hatte auch ein Auge auf Jeffrey und war angenehm entspannt und zufrieden. Jeffrey stapelte mit gespannter Aufmerksamkeit vor sich Chips in sämtlichen Farben, und Roxanne erkannte an der vertieften Falte zwischen seinen Augen, daß er ganz bei der Sache war. Sie sah es gern, wenn er sich für harmlose Dinge interessierte.

Sie kam ruhig zu seinem Tisch herüber und setzte sich auf die Armlehne seines Sessels.

Dort saß sie wohl fünf Minuten, hörte auf die scharfen abgerissenen Bemerkungen der Männer und das Geplapper der Frauen, das wie ein lieblicher Duft über dem Tisch schwebte – und nahm beides doch nicht richtig wahr. Dann streckte sie ganz unschuldig die Hand aus und wollte sie auf Jeffreys Schulter legen – und als die Hand ihn berührte, schoß er mit einem Knurren plötzlich herum und stieß sie mit einer wütenden Armbewegung am Ellenbogen.

Alle holten tief Luft. Roxanne kam wieder ins Gleichgewicht, schrie leicht auf und war rasch wieder auf den Beinen. Das war der größte Schock ihres Lebens. Dies von Jeffrey, dem Inbegriff liebevoller Achtung – diese instinktive brutale Gebärde.

Das Entsetzen wich einer Stille. Viele Augenpaare waren auf Jeffrey gerichtet, der aufblickte, als sähe er

Roxanne zum ersten Mal. Ein Ausdruck tiefen Erstaunens legte sich über sein Gesicht.

»Nein – Roxanne –«, sagte er stockend.

Ein Dutzend Gemüter faßten rasch Verdacht, witterten Skandal. Lauerte hinter den Auftritten dieses nach außen hin so verliebten Paars irgendeine absonderliche Antipathie? Woher sonst dieser Blitz aus heiterem Himmel?

»Jeffrey!« – Roxannes Stimme klang beschwörend – erschreckt und entsetzt, und doch wußte sie, daß es nur ein Irrtum sein konnte. Keinen Augenblick fiel es ihr ein, ihm einen Vorwurf zu machen oder es übel zu nehmen. Ihr Wort war ein angstbebendes Flehen – »Sag mir, Jeffrey«, kam es aus ihr, »sag es Roxanne, deiner Roxanne.«

»Nein, Roxanne –«, begann Jeffrey wieder. Der erstaunte Blick wandelte sich in Schmerz. Er war offenbar ebenso erschrocken wie sie. »Ich habe das nicht gewollt«, fuhr er fort; »du hast mich erschreckt. Du – mir war, als würde ich von jemand angegriffen. Ich war – wie – nein, sowas Idiotisches!«

»Jeffrey!« Wieder war das Wort wie ein Gebet, wie Weihrauch, der einem hohen Gott durch diese neue, unfaßbare Finsternis hindurch dargebracht wurde.

Sie waren beide aufgestanden, sie verabschiedeten sich, stammelnd, entschuldigend, erklärend. Keins vermochte die Sache leicht abzutun. Das wäre ein Sakrileg gewesen. Jeffrey hätte sich unwohl gefühlt, sagten sie. Die Nerven hätten versagt. Aber ihnen beiden lag nur dieser schreckliche Ausbruch im Sinn – dieses Unerhörte, das für einen Moment zwischen sie getreten war – sein Zorn und ihre Angst – und jetzt für sie beide ein Leid, vorübergehend, gewiß, das aber sogleich überbrückt werden mußte, sogleich, solange noch Zeit war. Dieses reißende Wasser, das um ihre Füße strudelte – war es vielleicht der Vorbote irgendeines unvermuteten Abgrunds?

Draußen im Wagen unter dem herbstlichen Mond redete er stockend. Es war einfach – einfach unbegreiflich, sagte er. Er war mit seinen Gedanken beim Pokern – völlig absorbiert – und die Berührung auf seiner Schulter war für ihn wie ein Angriff gewesen. Ein Angriff! Er klammerte sich an dieses Wort, hob es hoch wie einen Schild. Er hatte gehaßt, was ihn da berührte. Und mit dem Zustoßen seiner Hand war es von ihm gewichen, dieser – Anfall. Das war alles, was er wußte.

Beide hatten Tränen in den Augen und flüsterten Liebesworte dort in dem klaren Abend, während die freundlichen Straßen von Marlowe an ihnen vorbeizogen. Später, als sie zu Bett gingen, waren sie ganz ruhig. Jeffrey sollte sich eine Woche von jeglicher Arbeit freimachen – sich nur ausruhen und schlafen und lange Spaziergänge machen, bis diese Nervenkrise vorüber wäre. Nachdem sie das beschlossen hatten, senkte sich Geborgenheit über Roxanne. Die Kissen unter ihren Köpfen wurden weich und freundlich; das Bett, auf dem sie lagen, schien weit und weiß und verläßlich unter dem Sternenglanz, der zum Fenster hereindrang.

Fünf Tage später, in der ersten Kühle des Spätnachmittags, ergriff Jeffrey einen eichenen Stuhl und schleuderte ihn krachend durch die Scheibe des großen Vorderfensters. Dann lag er auf der Couch wie ein Kind, weinte jämmerlich und bat, sterben zu dürfen. Ein Blutpfropf von der Größe einer Murmel war in sein Gehirn getreten.

III

Es gibt eine Art von wachem Alptraum, der sich manchmal einstellt, wenn man ein oder zwei Nächte nicht geschlafen hat, ein Gefühl, das mit äußerster Müdigkeit einhergeht, wie unter einer anderen Sonne, als habe sich die Beschaffenheit des Lebens ringsum verändert. Man ist vollkommen überzeugt, daß die Existenz, die man jetzt führt, irgendwie ein Abzweig des Lebens ist und sich zum eigentlichen Leben nur so verhält wie ein Film oder ein Spiegel – daß die Menschen, Straßen und Häuser lediglich Projektionen einer undeutlichen, wirren Vergangenheit sind. In einem solchen Zustand befand sich Roxanne während der ersten Monate von Jeffreys Krankheit. Sie schlief nur, wenn sie bis zum äußersten erschöpft war; sie erwachte wie unter einer Wolke. Die langen, nüchtern geführten Konsultationen, das leichte Fluidum von Medizin auf den Fluren, das plötzliche Auf-den-Zehen-Gehen in einem Haus, durch das so viele muntere Schritte gehallt waren, und, am meisten von allem, Jeffreys bleiches Gesicht in den Kissen des Bettes, das sie einmal geteilt hatten – diese Dinge setzten ihr zu und machten sie unweigerlich älter. Die Ärzte sprachen von Hoffnung, aber das war auch alles. Eine lange Zeit der Ruhe, sagten sie, und Stille. So wurde Roxanne für alles verantwortlich. Sie bezahlte die Rechnungen, sie hockte über seinen Bankauszügen und sie korrespondierte mit seinen Verlegern. Ständig war sie in der Küche. Von der Krankenschwester lernte sie die Mahlzeiten für ihn bereiten, und nach dem ersten Monat übernahm sie das Krankenzimmer allein in ihre Obhut. Sie hatte die Krankenschwester aus Gründen der Sparsamkeit entlassen müssen. Eins der beiden farbigen Hausmädchen ging zum gleichen Zeitpunkt. Roxanne wurde allmählich klar, daß sie nur von einer Kurzgeschichte bis zur anderen gelebt hatten.

Der häufigste Besucher war Harry Cromwell. Er war über die Nachricht entsetzt und deprimiert gewesen, und obwohl seine Frau jetzt bei ihm in Chicago war, fand er Zeit, mehrmals im Monat heraus zu kommen. Roxanne empfand sein Mitgefühl als angenehm – in diesem Mann war eine Leidensfähigkeit, eine natürliche Art des Mitempfindens, das ihr wohltat, wenn er in ihrer Nähe war. Roxannes Charakter hatte auf einmal an Tiefe gewonnen. Sie spürte manchmal, daß sie mit Jeffrey auch ihre Kinder verloren hatte, jene Kinder, die sie jetzt am meisten gebraucht hätte und die sie hätte haben sollen.

Sechs Monate nach Jeffreys Zusammenbruch, als der Alpdruck gewichen war und nicht den alten Zustand, sondern eine neue, grauere und kältere Umwelt hinterlassen hatte, machte sie sich auf, um Harrys Frau zu besuchen. Als sie in Chicago war und noch eine freie Stunde bis zur Abfahrt des Zuges vor sich hatte, beschloß sie, ohne weitere Umstände hinzugehen.

Als sie zur Tür eintrat, hatte sie den unmittelbaren Eindruck, die Wohnung gleiche aufs Haar einem Ort, den sie schon früher erlebt hatte – und fast augenblicklich fiel ihr die Bäckerei um die Ecke aus ihrer Kindheit ein, eine Bäckerei mit reihenweise gestapelten, rosa überzuckerten Küchlein – ein muffiges Rosa, Rosa als Nahrungsmittel, Triumph in Rosa, ordinär und abscheulich.

Und so war diese Wohnung. Sie war rosa. Sie roch rosa!

Mrs. Cromwell, angetan mit einem Morgenrock in Rosa und Schwarz, öffnete die Tür. Ihr Haar war gelb und, wie Roxanne vermutete, durch einen Schuß Peroxyd beim Nachspülen jede Woche gebleicht. Ihre Augen waren von einem dünnen wächsernen Blau – sie war hübsch und von allzu beflissener Anmut. Ihre Herzlichkeit war laut und aufdringlich; Feindseligkeit schmolz so rasch zu Gastfreundlichkeit, daß beides nur in Gesicht und Stimme vorhanden schien – ohne jede Berührung mit dem darunter liegenden Kern von Egoismus.

Aber für Roxanne waren diese Dinge zweitrangig; ihr Blick war gefesselt und völlig fasziniert von dem Morgenrock. Er war ekelhaft unsauber. Von seinem unteren Saum etwa zehn Zentimeter aufwärts war er einfach schmutzig von dem Staub des Fußbodens; für die nächsten paar Zentimeter war er grau – dann changierte er zu seiner natürlichen Farbe – Rosa. Auch an den Ärmeln war er schmutzig und am Kragen; und als die Frau sich umwandte, um ins Wohnzimmer vorauszugehen, war Roxanne überzeugt, daß auch ihr Hals schmutzig war.

Ein einseitiges Geschnatter von Unterhaltung begann, Mrs. Cromwell äußerte sich sehr offen über ihre Zu- und Abneigungen, ihren Kopf, ihren Unterleib, ihre Zähne, ihre Wohnung – wobei sie es mit peinlicher Beflissenheit vermied, Roxanne im geringsten in das Leben einzubeziehen, als nähme sie an, daß Roxanne nach ihrem Schicksalsschlag wünschte, Lebensfragen möchten sorgfältig umgangen werden.

Roxanne lächelte. Dieser Kimono! Dieser Hals!

Nach fünf Minuten kam ein kleiner Junge ins Zimmer geschlendert – ein schmutziger kleiner Junge in schmutzigen rosa Spielhosen. Sein Gesicht war verschmiert – Roxanne hätte ihn gern auf den Schoß genommen und ihm die Nase geputzt; andere Partien, die zu diesem Kopf gehörten, waren auch pflegebedürftig, seine Schühchen waren an den Zehen durchgeschlissen. Unsäglich!

»Was für ein reizender Junge!« rief Roxanne mit einem strahlenden Lächeln. »Komm einmal her.«

Mrs. Cromwell blickte teilnahmslos auf ihren Sohn.

»Er *will* sich schmutzig machen. Sehen Sie sich dieses Gesicht an!« Sie hielt den Kopf schief und betrachtete es kritisch.

»Ist er nicht ein *Schatz*?« wiederholte Roxanne.

»Sehen Sie nur diese Spielhosen«, sagte Mrs. Cromwell stirnrunzelnd.

»Er muß nur etwas anderes anziehen, nicht wahr, George?«

George starrte sie komisch an. Für seine Begriffe verband sich das Wort Spielhosen mit einem über alle Maßen verschmutzten Kleidungsstück, so wie dieses.

»Ich habe mich erst heute morgen bemüht, ihm ein manierliches Aussehen zu geben«, klagte Mrs. Cromwell wie jemand, dessen Geduld auf eine harte Probe gestellt war, »und ich entdeckte, daß er keine Spielhosen mehr hatte – und so habe ich ihn, statt ihn ohne herumlaufen zu lassen, in diese gesteckt – und sein Gesicht –.«

»Wieviel Paar hat er denn?« Roxannes Stimme klang freundlich interessiert. »Wie viele Straußenfederfächer haben Sie?« hätte sie ebensogut fragen können.

»Oh –«, Mrs. Cromwell überlegte, ihre hübschen Brauen runzelnd. »Fünf, glaube ich. Eine ganze Menge.«

»Es gibt sie für fünfzig Cents das Paar.«

Mrs. Cromwell tat überrascht – und ein bißchen überlegen. Spielhosenpreise!

»Wirklich? Ich hatte keine Ahnung. Er müßte reichlich damit versehen sein, aber ich hatte die ganze Woche keine

Minute Zeit, um die Wäsche fortzugeben.« Dann, das Thema als unwichtig fallen lassend – »Ich muß Ihnen noch einiges zeigen –.«

Sie standen auf, und Roxanne folgte ihr an einer offenen Badezimmertür vorbei, wo die am Boden verstreuten Kleidungsstücke die Tatsache veranschaulichten, daß seit einiger Zeit nichts mehr in die Wäscherei gegeben worden war, und weiter in ein anderes Zimmer, das sozusagen die Quintessenz von Rosa war. Dies war Mrs. Cromwells Zimmer.

Hier öffnete die Dame des Hauses eine Schranktür und bot dem Blick von Roxanne eine erstaunliche Wäschekollektion dar. Da lagen dutzendweise hauchdünne Wunder aus Spitze und Seide, alle sauber, faltenlos und anscheinend noch unberührt. Daneben hingen auf Bügeln drei ganz neue Abendkleider.

»Ich habe ein paar wunderschöne Kleider«, sagte Mrs. Cromwell, »aber kaum Gelegenheit, sie zu tragen. Harry liegt nichts daran auszugehen.« Ein böser Unterton kam in ihre Stimme. »Es genügt ihm völlig, daß ich den ganzen Tag das Kindermädchen und die Haushälterin spiele und am Abend die liebevolle Gattin.«

Roxanne lächelte wieder.

»Sie haben da wirklich einige sehr schöne Kleider!«

»Ja, die habe ich. Will sie Ihnen zeigen –.«

»Sehr schön«, unterbrach sie Roxanne, »aber ich muß laufen, wenn ich meinen Zug noch erreichen will.«

Sie spürte, daß ihre Hände zitterten. Sie hätte am liebsten diese Frau gepackt und geschüttelt – sie geschüttelt. Sie wünschte sie irgendwo eingesperrt, wo sie Fußböden schrubben mußte.

»Sehr schön«, wiederholte sie, »aber ich wollte nur mal eben hereinschauen.«

»Ja, schade, daß Harry nicht da ist.«

Sie gingen zur Tür.

»– und, richtig«, sagte Roxanne mit einiger Anstrengung – doch ihr Ton blieb sanft und ihr Mund lächelte – »ich glaube, bei Argile's können sie diese Spielhosen kaufen. Auf Wiedersehen.«

Erst als sie am Bahnhof war und ihre Fahrkarte nach Marlowe gelöst hatte, wurde Roxanne klar, daß ihre Gedanken zum erstenmal in sechs Monaten für fünf Minuten nicht bei Jeffrey gewesen waren.

IV

Eine Woche danach erschien Harry in Marlowe, kam unerwartet gegen fünf Uhr an und sank, nachdem er den Weg zum Haus hinaufgegangen war, völlig ermattet in einen Verandasessel. Roxanne hatte selbst einen arbeitsreichen Tag gehabt und war erschöpft. Die Ärzte wollten um halb sechs kommen und einen berühmten Nervenspezialisten aus New York mitbringen. Sie war aufgeregt und auch deprimiert, aber Harrys Blick veranlaßte sie, sich sogleich zu ihm zu setzen.

»Was ist los?«

»Nichts, Roxanne«, log er. »Ich kam nur, um zu sehen, wie es Jeff geht. Machen Sie sich um mich keine Sorge.«

»Harry«, beharrte Roxanne, »da ist doch etwas.«

»Nein«, wiederholte er. »Wie geht's Jeff?«

Angst verdunkelte ihr Gesicht.

»Es steht ein bißchen schlechter, Harry. Dr. Jewett ist extra aus New York gekommen. Sie dachten, er könnte mir etwas Endgültiges sagen. Er wird versuchen herauszufinden, ob diese Lähmung irgendetwas mit dem ursprünglichen Blutpfropf zu tun hat.«

Harry stand auf.

»Oh, das tut mir leid«, sagte er stockend. »Ich wußte nicht, daß Sie eine Konsultation erwarteten. Dann wäre ich nicht gekommen. Ich gedachte nur ein Stündchen auf Ihrer Veranda zu sitzen –.«

»Setzen Sie sich«, befahl sie.

Harry zögerte.

»Setzen Sie sich, Harry, mein Lieber.« Der Strom ihrer Herzlichkeit hüllte ihn ein. »Ich weiß, da ist etwas. Sie sind weiß wie ein Bettuch. Ich werde Ihnen eine kühle Flasche Bier holen.«

Ganz plötzlich sackte er in seinem Sessel zusammen und bedeckte das Gesicht mit den Händen.

»Ich kann sie nicht glücklich machen«, sagte er langsam. »Ich habe mir immer wieder Mühe gegeben. Heute morgen hatten wir einen kleinen Wortwechsel wegen des Frühstücks – ich hatte mir angewöhnt, in der Stadt zu frühstücken – und – ja, gleich nachdem ich fort war, ins Büro, ging sie aus dem Haus und fuhr zu ihrer Mutter in den Osten, mit George und einem Handkoffer voll Spitzenunterwäsche.«

»Harry!«

»Und ich weiß nicht –!«

Ein Knirschen auf dem Kies, und ein Wagen bog in die Auffahrt ein. Roxanne tat einen kleinen Aufschrei.

»Das ist Dr. Jewett.«

»Oh, ich werde –.«

»Sie werden doch warten, nicht wahr?« unterbrach sie ihn geistesabwesend. Er sah, daß sein Problem in ihrem aufgewühlten Bewußtsein schon untergegangen war.

Es gab eine verlegene Minute gegenseitigen flüchtigen Vorstellens, und dann folgte Harry den anderen ins Haus und sah sie die Treppe hinauf verschwinden. Er ging in die Bibliothek und setzte sich auf das große Sofa.

Wohl eine Stunde beobachtete er, wie die Sonne an den Falten der gemusterten Chintzvorhänge emporkroch. In der tiefen Stille nahm das Brummen einer Wespe an der Innenseite des Fensters die Proportionen eines ungeheuren Lärms an. Von Zeit zu Zeit drang ein anderes Summen von oben herunter, als wenn dort mehrere größere Wespen gegen größere Fensterscheiben stießen. Er hörte leise Schritte, das Klirren von Flaschen, das Geräusch fließenden Wassers.

Was hatten er und Roxanne verbrochen, daß das Leben ihnen diese vernichtenden Schläge versetzte? Dort oben veranstaltete man eine Leichenschau über der lebendigen Seele seines Freundes; und hier saß er in der Stille eines Zimmers und hörte zu, wie eine Wespe sich über ihr Schicksal beklagte, ganz so, als wäre er noch ein kleiner Junge und von einer gestrengen Tante gezwungen, eine Stunde lang stillzusitzen und für irgendeinen Fehltritt zu büßen. Aber wer hatte ihn hier hingesetzt? Welche grausame Tante lehnte sich aus dem Himmel, um ihn büßen zu lassen für – für was?

Was Kitty anging, war er ohne jede Hoffnung. Sie war zu aufwendig – das war die nicht auszuräumende Schwierigkeit. Plötzlich haßte er sie. Er wollte sie zu Boden werfen und nach ihr treten – ihr sagen, daß sie eine Schwindlerin und eine Blutsaugerin war – daß sie schmutzig war. Mehr noch, sie mußte ihm seinen Jungen herausgeben.

Er stand auf und begann, im Zimmer auf und ab zu gehen. Gleichzeitig hörte er jemand genau im Takt mit ihm durch die Halle nach oben gehen. Er ertappte sich bei der Frage, ob sie wohl im Takt blieben, bis die betreffende Person das Ende der Halle erreicht hätte.

Kitty war zu ihrer Mutter gefahren. Gnade Gott, was für eine Zuflucht, diese Mutter! Er versuchte, sich die Begegnung auszumalen: das mißhandelte Eheweib bricht an der Mutterbrust zusammen. Es gelang ihm nicht. Daß Kitty fähig wäre, irgendein tiefes Leid zu empfinden, war undenkbar. Er war allmählich dahin gekommen, sie für unnahbar und gefühllos zu halten. Natürlich würde sie eine Scheidung erreichen und schließlich wieder heiraten. Er erwog diese Möglichkeit. Aber wen könnte sie heiraten? Er mußte bitter auflachen, faßte sich dann; ein Bild blitzte vor ihm auf – Kittys Arme um den Hals irgendeines Mannes, dessen Gesicht er nicht sehen konnte, Kittys Lippen auf andere Lippen gepreßt, in heißer Liebe, ganz gewiß.

»Gott!« rief er aus. »Mein Gott! Mein Gott!«

Dann kamen die Bilder in dichter Folge. Die Kitty von heute morgen verblaßte; der Kimono rollte empor und verschwand; das Schmollen, die Wutausbrüche und Tränen – alles weggewaschen. Wieder war sie Kitty Carr – Kitty Carr mit gelbem Haar und großen Kinderaugen. Ah, sie hatte ihn geliebt, sie hatte ihn geliebt.

Nach einer Weile bemerkte er, daß ihn etwas störte, etwas, das nichts mit Kitty oder Jeff zu tun hatte, etwas ganz anderer Art. Zu seiner Verblüffung fiel es ihm plötzlich ein: er hatte Hunger. Ganz einfach! Er würde in die Küche gehen und die Negerköchin um ein Sandwich bitten. Danach müßte er zurück in die Stadt.

Er blieb einen Moment vor der Wand stehen, wandte sich ruckartig nach etwas um und, geistesabwesend danach fingernd, steckte er es in den Mund und schmeckte es, wie ein Kind ein neues Spielzeug genießt. Er biß darauf – Ah!

Sie hatte den verdammten Kimono zurückgelassen, diesen schmutzig-rosa Kimono. Sie hätte wenigstens so anständig sein können, ihn mitzunehmen, dachte er. Jetzt hinge er im Haus wie der Leichnam ihrer kranken Gemeinschaft. Er hätte ihn gern weggeworfen, aber er würde sich niemals dazu durchringen können, ihn von seinem Platz zu nehmen. Er wäre wie Kitty, weich und biegsam, aber auch unbeweglich. Man konnte Kitty nicht zu etwas bewegen; man konnte Kitty nicht erreichen. Es gab nichts zu erreichen. Das war ihm vollkommen klar – das war ihm schon immer klar gewesen.

Er griff an der Wand nach noch einem Biscuit und zog es mit einem Ruck heraus, den Nagel gleich mit. Er entfernte den Nagel sorgfältig aus der Mitte und fragte sich, ob er ihn beim ersten Biscuit etwa mitgegessen habe. Absurd! Das hätte er gemerkt – es war ein großer Nagel. Er befühlte seinen Magen. Er mußte wohl sehr hungrig sein. Er überlegte – erinnerte sich – gestern hatte er kein Abendessen gehabt. Es war der freie Tag des Hausmädchens, und Kitty hatte in ihrem Zimmer gelegen und Schokoladebonbons gegessen. Sie sagte, ihr wäre »zum Ersticken« und sie könne ihn nicht näher bei sich ertragen. Er hatte George gebadet und zu Bett gebracht und sich dann auf die Couch gelegt, um etwas zu ruhen, ehe er selbst zu Abend äße. Dort war er eingeschlafen und erst gegen elf aufgewacht, um festzustellen, daß außer einem Rest Kartoffelsalat nichts im Eisschrank war. Den hatte er aufgegessen, zusammen mit ein paar Schokoladebonbons, die er auf Kittys Schreibtisch fand. Heute morgen hatte er auf dem Weg ins Büro eiligst in der Stadt gefrühstückt. Aber gegen Mittag hatte er sich um Kitty gesorgt und beschlossen, nachhause zu gehen und sie zum Lunch auszuführen. Dann hatte er den Zettel auf seinem Kopfkissen gefunden. Der Stapel Unterwäsche im Schrank war verschwunden – und sie hatte Anweisungen hinterlassen, ihr das große Gepäck nachzuschicken.

Nie im Leben war er so hungrig gewesen, dachte er.

Um fünf, als die Krankenschwester leise herunterkam, saß er auf dem Sofa und starrte auf den Teppich.

»Mr. Cromwell?«

»Ja?«

»Oh, Mrs. Curtain kann nicht mit Ihnen zu Abend essen. Sie fühlt sich nicht wohl. Sie bat mich, Ihnen zu sagen, daß die Köchin für Sie etwas bereiten wird und daß auch noch ein Schlafzimmer für Sie da ist.«

»Sie ist krank, sagen Sie?«

»Sie hat sich in ihrem Zimmer hingelegt. Die Konsultation ist eben erst zu Ende.«

»Hat sich – irgendetwas entschieden?«

»Ja«, sagte die Schwester leise. »Dr. Jewett sagte es ist keine Hoffnung. Mr. Curtain mag noch so lange leben, aber er wird nie wieder sehen oder sich bewegen oder denken können. Nur atmen.«

»Nur atmen?«

»Ja.«

Zum erstenmal bemerkte die Schwester, daß an der Wand neben dem Schreibtisch, wo sie eine ganze Reihe sonderbarer runder Dinger gesehen zu haben glaubte, die sie für einen exotischen Wandschmuck gehalten hatte, jetzt nur noch ein einziges zu sehen war. An den Stellen, wo die anderen gewesen waren, sah man jetzt nur eine Reihe von Nagellöchern.

Harry folgte ihrem Blick wie betäubt und stand dann vom Sofa auf.

»Ich glaube, ich werde nicht bleiben. Ich denke, es fährt noch ein Zug.«

Sie nickte. Harry nahm seinen Hut auf.

»Auf Wiedersehen«, sagte sie freundlich.

»Auf Wiedersehen«, antwortete er, als spräche er zu sich, und, offenbar unter einem unfreiwilligen Zwang, machte er auf dem Weg zur Tür kurz halt, und sie sah, wie er das letzte Ding von der Wand pflückte und in die Tasche gleiten ließ.

Dann öffnete er die Glastür, ging die Stufen der Veranda hinunter und verschwand aus ihrem Blickfeld.

V

Nach einiger Zeit machte der saubere weiße Anstrich des Jeffrey-Curtain-Hauses einen endgültigen Kompromiß mit dem Sonnenschein vieler Julimonate und bewies sein Vertrauen dadurch, daß er allmählich grau wurde. Er blätterte ab – riesige Fladen brüchiger alter Farbe bogen sich rückwärts, wie die grotesken Verrenkungen alter Männer bei Freiübungen, und fielen schließlich herunter, um in dem überwucherten Gras zu vermodern. Die Farbe auf den Säulen der Vorderfront wurde streifig; die weiße Kugel auf dem linken Torpfosten war heruntergestoßen worden; die grünen Schlagläden dunkelten nach und verloren jeden Anspruch auf Farbigkeit.

Nachgerade war es ein Haus, das von den Zartfühlenden gemieden wurde – eine Kirche kaufte ein Grundstück schräg gegenüber als Friedhof, und das zusammen mit dem Odium »das Haus, wo Mrs. Curtain mit diesem lebenden Leichnam wohnt« genügte, um eine gespenstische Aura über diesen ganzen Straßenabschnitt zu legen. Nicht daß man sie ganz allein gelassen hätte. Männer und Frauen besuchten sie, trafen sie in der Stadt, wo sie ihre Einkäufe machte, brachten sie in ihren Wagen nach Hause – und kamen auf einen Sprung herein, um etwas mit ihr zu reden, oder verweilten nur in dem Zauber, der immer noch ihr Lächeln umspielte. Aber Männer, die sie nicht kannten, folgten ihr nicht mehr auf der Straße mit bewundernden Blicken; ein durchscheinender Schleier hatte sich über ihre Schönheit gesenkt und deren lebhafte Wirkung abgetötet, ohne sie indessen durch Runzeln oder Fettansatz zu entstellen.

Sie wurde zu einer Legende im Ort – man erzählte sich kleine Geschichten von ihr: etwa wie sie in einem Winter, als das Land so überfroren war, daß keine Pferdewagen und Automobile verkehren konnten, sich das Schlittschuhlaufen beigebracht hatte, um schneller zum Gemischtwarenhändler und zum Drogisten zu kommen und Jeff nicht zu lange allein lassen zu müssen. Man sagte auch, daß sie seit seiner Lähmung jede Nacht in einem schmalen Bett neben seinem schlief und dabei seine Hand hielt.

Über Jeffrey Curtain redete und dachte man, als wäre er schon tot. Die ihn noch gekannt hatten, starben im Lauf der Jahre oder zogen fort. Von dem alten Stamm blieb nur noch ein halbes Dutzend übrig – Leute, die miteinander Cocktails getrunken und ihre Frauen gegenseitig mit Vornamen angeredet hatten und die Jeff für den geistreichsten und begabtesten Burschen hielten, den es je in Marlowe gegeben hatte! Jetzt war er für gelegentliche Besucher nur noch der Grund, mit dem Mrs. Curtain sich manchmal entschuldigte, wenn sie nach oben eilte; er war nur noch ein Stöhnen oder ein schriller Schrei, der in der bedrückenden Atmosphäre eines Sonntagnachmittags zu dem Besucher im stillen Wohnzimmer herunterdrang.

Er konnte sich nicht bewegen; er war blind, stumm und ohne jedes Bewußtsein. Den ganzen Tag lag er in seinem Bett, außer beim Hinüberwechseln in seinen Rollstuhl jeden Morgen, während sie das Zimmer aufräumte. Seine Lähmung kroch langsam auf sein Herz zu. Anfangs – das erste Jahr hindurch – hatte Roxanne, wenn sie seine Hand hielt, den leisesten antwortenden Druck gespürt – dann war das geschwunden, hörte eines Abends auf und kam nie wieder, und Roxanne lag zwei Nächte hindurch, mit weit aufgerissenen Augen ins Dunkel starrend, und fragte sich, was da geschwunden war, welches Teilchen seiner Seele sich zum Flug erhoben hatte, welches letzte Körnchen des Sensoriums jene zerrütteten, zerbrochenen Nerven noch zum Gehirn transportierte.

Danach starb jede Hoffnung. Der letzte Funken wäre schon viel früher erloschen, wenn sie ihn nicht so unermüdlich umsorgt hätte. Jeden Morgen rasierte und wusch sie ihn, hob ihn mit ihren eigenen Armen vom Bett auf den Stuhl und wieder aufs Bett. Sie war ständig in seinem Zimmer, brachte Medikamente, strich ein Kissen glatt, sprach zu ihm fast so, wie man mit einem annähernd menschlichen Hund spricht, ohne Hoffnung auf Antwort oder Zustimmung, aber mit der dunklen Zuversicht der Gewöhnung, ein Gebet, wo der Glaube geschwunden ist.

Nicht wenige, unter ihnen ein berühmter Nervenspezialist, suchten ihr klar zu machen, daß es nutzlos sei, so viel Pflege aufzuwenden, daß Jeffrey, wäre er bei Bewußtsein, nur zu sterben wünschen würde, daß sein vielleicht irgendwo in freierer Luft schwebender Geist niemals ein solches Opfer von ihrer Seite gutheißen würde, sondern einzig und allein darum besorgt wäre, daß das Gefängnis seines Leibes ihn ganz und gar freigäbe.

»Aber Sie sehen doch«, erwiderte sie mit einem leichten Kopfschütteln, »als ich Jeffrey heiratete, war es – nun, bis ich aufhören würde, ihn zu lieben.«

»Aber das da«, so wurde geltend gemacht, »können Sie doch nicht lieben.«

»Ich kann lieben, was es einst war. Was sonst bleibt mir übrig?«

Der Spezialist zuckte die Achseln und ging; später sagte er, daß Mrs. Curtain eine bemerkenswerte Frau sei und fast so lieb wie ein Engel – aber, fügte er hinzu, es sei ein wahrer Jammer.

»Es muß doch einen Mann geben oder ein Dutzend Männer, die darauf brennen, sich ihrer anzunehmen . . .«

Es gab sie – gelegentlich. Hin und wieder machte einer einen hoffnungsvollen Anfang – und endete in Verehrung. Es war keine Liebe in der Frau, ausgenommen – seltsam genug – Liebe zum Leben, zu den Menschen in der Welt, von dem Tramp, dem etwas zu essen gab, das sie selbst schlecht entbehren konnte, bis zu dem Fleischer, der ihr ein billigeres Steak über den Ladentisch reichte. Die andere Phase ihrer Liebe war hermetisch verschlossen, irgendwo in der fühllosen Mumie, die nur dalag und das Gesicht jeweils so mechanisch dem Licht zuwandte wie eine Kompaßnadel und stumm darauf wartete, daß die letzte Woge das Herz überfluten möge.

Nach elf Jahren starb er mitten in einer Mainacht, als der Duft des Flieders zum Fenster hereindrang und eine leichte Brise das schrille Lärmen der Frösche und Zikaden herantrug. Roxanne wachte gegen zwei Uhr auf und wurde sich mit Schrecken bewußt, daß sie nun im Hause ganz allein war.

VI

Danach saß sie viele Nachmittage auf ihrer verwitterten Veranda und blickte über die Felder, die sich leicht gewellt zu dem Städtchen mit seinen weißen Häusern im Grünen hinabsenkten. Sie fragte sich, was sie nun mit ihrem Leben anfangen sollte. Sie war sechsunddreißig – hübsch, stark und frei. Die Jahre hatten Jeffreys Lebensversicherung aufgezehrt; widerstrebend hatte sie sich von ein paar Morgen Land zur Rechten und zur Linken getrennt und hatte sogar eine kleine Hypothek auf das Haus genommen.

Mit dem Tod ihres Gatten war eine große physische Unrast über sie gekommen. Es fehlte ihr, daß sie ihn morgens nicht mehr zu versorgen brauchte, sie vermißte den schnellen Gang in die Stadt und die kurzen und deshalb besonders eindringlichen nachbarlichen Begegnungen beim Fleischer und Gemischtwarenhändler; sie vermißte es, für zwei kochen zu müssen, die Zubereitung besonders delikater flüssiger Nahrung für ihn. Eines

Tages ging sie, vor Energie platzend, hinaus und grub den ganzen Garten um, etwas, das seit Jahren nicht mehr geschehen war.

Und bei Nacht war sie allein in dem Zimmer, das die Herrlichkeit ihrer Ehe gesehen hatte und dann das Leid. Um Jeff im Geiste wiederzusehen, schweifte sie lieber zurück zu jenem wunderbaren Jahr, jener intensiven, leidenschaftlichen Versunkenheit und Gemeinsamkeit, als vorauszuschauen auf ein problematisches Wiedersehen nach dem Tode; oft wachte sie auf, lag nur da und sehnte sich nach der Gegenwart des anderen neben ihr, leblos und doch atmend – immer noch Jeff.

Eines Nachmittags sechs Monate nach seinem Tode saß sie auf der Veranda in einem schwarzen Kleid, das nicht den geringsten Verdacht auf Fülligkeit aufkommen ließ. Es war Nachsommer – alles rings um sie golden und braun; eine Stille, nur unterbrochen von dem Aufseufzen der Blätter; im Westen schickte eine Vier-Uhr-Sonne rote und gelbe Streifen über einen flammenden Himmel. Die meisten Vögel waren fortgezogen – nur ein Sperling, der sich ein Nest auf dem Kapitell einer Säule gebaut hatte, blieb bei seinem regelmäßigen Tschilpen im Wechsel mit gelegentlichem Aufflattern. Roxanne rückte ihren Korbsessel so, daß sie ihn beobachten konnte, und ließ sich träge von der Nachmittagssonne einlullen.

Harry Cromwell wollte von Chicago zum Abendessen herauskommen. Seit seiner Scheidung vor über acht Jahren hatte er sie häufig besucht. Sie hatten zwischen sich so etwas wie eine Tradition aufrechterhalten: wenn er ankam, pflegten sie zuerst nach Jeff zu sehen; Harry setzte sich dann auf die Bettkante und fragte in herzlichem Ton:

»Nun Jeff, alter Freund, wie fühlst du dich heute?«

Roxanne, die daneben stand, blickte dann gespannt auf Jeff und erträumte sich, daß irgendein schattenhaftes Wiedererkennen seines früheren Freundes dieses zerstörte Gedächtnis durchziehen möchte – aber der Kopf, bleich und wie gemeißelt, machte nur ganz langsam seine einzige Bewegung zum Licht hin, als taste etwas hinter den blinden Augen nach einem anderen Licht, das schon lange erloschen war.

Diese Besuche erstreckten sich über acht Jahre — zu Ostern, Weihnachten, Thanksgiving, und noch an manch einem Sonntag war Harry gekommen, machte Jeff seine Aufwartung und blieb dann noch lange zu einem Gespräch mit Roxanne auf der Veranda. Er war ihr treu ergeben. Er machte kein Hehl daraus und auch keinen Versuch, diese Beziehung zu vertiefen. Sie war seine beste Freundin, wie der Fleischklumpen auf dem Bett dort einmal sein bester Freund gewesen war. Sie war der Frieden, sie war der Ruhepol; sie war die Vergangenheit. Sie allein wußte um seine Tragödie.

Er war noch beim Begräbnis gewesen, aber dann hatte die Firma, für die er arbeitete, ihn in den Osten versetzt, und nur eine Geschäftsreise hatte ihn einmal wieder in die Gegend von Chicago geführt. Roxanne hatte ihm geschrieben, er möge kommen, wenn er könnte – und nach einer Übernachtung in der Stadt hatte er den Zug hier heraus genommen.

Sie tauschten einen Händedruck, und er half ihr, zwei Schaukelstühle zusammenzurücken.

»Was macht George?«

»Er macht sich großartig. Scheint sich auf der Schule wohlzufühlen.«

»Natürlich war es das einzig Richtige, ihn dahin zu schicken.«

»Natürlich –.«

»Er fehlt Ihnen wohl sehr, Harry?«

»Ja – er fehlt mir. Er ist ein köstlicher Junge –.«

Er erzählte noch viel von George. Roxanne interessierte das. Harry müßte ihn in seinen nächsten Ferien herbringen. Sie hatte ihn nur einmal in ihrem Leben gesehen – ein Kind in schmutzigen Spielhosen.

Sie ließ ihn bei seiner Zeitung, während sie das Essen bereitete – sie hatte vier Koteletts und etwas Gemüse aus ihrem eigenen Garten. Sie richtete alles an und rief ihn dann herein, und zusammensitzend redeten sie weiter über George.

»Wenn ich ein Kind hätte –«, sagte sie.

Später, nachdem Harry sie notdürftig in Gelddingen beraten hatte, spazierten sie durch den Garten und blieben hier und da stehen, um wiederzuerkennen, was einmal eine steinerne Bank gewesen war oder wo der Tennisplatz gelegen hatte . . .

»Wissen Sie noch –.«

Dann trieben sie auf einer Flut von Erinnerungen: der Tag mit den vielen Schnappschüssen, als Jeff rittlings auf dem Kälbchen sitzend geknipst worden war; und die Skizze, die Harry von Jeff und Roxanne gemacht hatte, beide im Gras hingestreckt und ihre Köpfe ganz nahe beieinander. Es hatte auch einen überdachten Laubengang geben sollen, der das Studio im Schuppen mit dem Haus verband, so daß Jeff an Regentagen dort hinüber konnte – es war auch damit angefangen worden, aber nichts war übrig bis auf ein dreieckiges Fragment, das noch am Hause hing und einem verrotteten Hühnerstall glich.

»Und die Pfefferminz-Drinks!«

»Und Jeffs Notizbuch! Wissen Sie noch, Harry, wie wir gelacht haben, wenn wir es ihm aus der Tasche stibitzt hatten und eine Seite mit Werknotizen laut vorlasen? Und wie böse er dann jedesmal wurde?«

»Fuchsteufelswild! Er war geradezu kindisch mit seiner Schriftstellerei.«

Beide schwiegen eine Weile, und dann sagte Harry:

»Wir sollten ja auch ein Grundstück hier haben. Wissen Sie noch? Wir sollten die anschließenden zwanzig Morgen kaufen. Und die Parties, die wir veranstalten wollten!«

Wieder gab es eine Pause, diesmal von einer leisen Frage Roxannes unterbrochen.

»Hören Sie noch manchmal von ihr, Harry?«

»Wieso – ja«, gab er freimütig zu. »Sie ist in Seattle. Sie hat wieder geheiratet, einen Mann namens Horton, so eine Art Holzfällerkönig. Er ist etliche Jahre älter als sie, glaube ich.«

»Und sie benimmt sich anständig?«

»Ja – das heißt, soviel ich gehört habe. Sie hat einfach alles, wissen Sie. Nicht viel zu tun außer, sich abends für diesen Burschen hübsch anzuziehen.«

»Ich verstehe.«

Ganz zwanglos wechselte er das Thema.

»Werden Sie das Haus weiter behalten?«

»Ich denke schon«, sagte sie mit einem Kopfnicken. »Ich habe hier so lange gelebt, Harry, es wäre gräßlich fortzuziehen. Ich dachte schon an Krankenpflege, aber dann müßte ich natürlich hier fort. Ich habe mich nahezu für eine Fremdenpension entschieden.«

»In einer zu wohnen?«

»Nein. Eine zu führen. Ist das etwas so Anormales, eine

Pensionsinhaberin? Jedenfalls würde ich eine Negerköchin haben und etwa acht Gäste im Sommer und zwei oder drei, wenn ich sie bekomme, im Winter aufnehmen. Natürlich muß ich das Haus neu anstreichen und innen renovieren lassen.«

Harry überlegte.

»Roxanne, nun – natürlich. Sie wissen am besten, was Sie tun können, aber es ist doch ein arger Schock, Roxanne. Sie kamen schließlich als Braut hierher.«

»Mag sein«, sagte sie, »eben deshalb hätte ich nichts dagegen, hier eine Pension aufzumachen.«

»Ich erinnere mich noch an eine gewisse Portion von Biscuits.«

»Oh, diese Biscuits«, rief sie aus. »Immerhin, nach allem, was ich über die Art, wie Sie sie verschlungen haben, hörte, können sie nicht so schlecht gewesen sein. Ich war *so* herunter an jenem Tag, aber irgendwie habe ich doch gelacht, als die Schwester mir von den Biscuits erzählte.«

»Ich habe festgestellt, daß die zwölf Nagellöcher in der Wand der Bibliothek, wo Jeff die Biscuits angenagelt hat, immer noch zu sehen sind.«

»Ja.«

Es dunkelte jetzt schon, die Luft wurde frisch; ein kleiner Windstoß holte die letzten Blätter von den Zweigen. Roxanne fröstelte ein wenig.

»Wir gehen wohl besser hinein.«

Er sah auf seine Uhr.

»Es ist spät. Ich muß aufbrechen, muß morgen wieder in den Osten.«

»Müssen Sie?«

Sie verweilten noch einen Augenblick unter dem Verandadach und betrachteten einen Mond, der mit Schnee beladen aus der Ferne des Sees heranzuschweben schien. Sommer war vorbei, und jetzt war Nachsommer. Das Gras war kalt und es gab weder Nebel noch Tau. Wenn er gegangen wäre, würde sie hineingehen, die Gaslampe anzünden und die Fensterläden schließen, und er ginge den Weg hinunter und weiter in die Stadt. Für diese beiden war das Leben schnell gekommen und wieder gegangen; es hinterließ keine Verbitterung, sondern Erbarmen; keine Enttäuschung, sondern nur Schmerz. Als sie sich zum Abschied die Hand gaben, war der Mondschein schon hell genug, daß jeder in den Augen des anderen die Zuneigung erkennen konnte.

Erster Mai

Ein Krieg war ausgefochten und gewonnen worden und die große Stadt des siegreichen Volkes war von Triumphbögen überwölbt und ein Blumenregen in Weiß, Rot und Rosa belebte das Bild. Die ganzen langen Frühlingstage hindurch marschierten die heimkehrenden Soldaten hinter Trommlercorps und den frohgemuten Klängen der Blaskapellen die Hauptstraße hinauf, während die Kaufleute und Buchhalter von ihrem Feilschen und Rechnen abließen, zu den Fenstern drängten und ihre weißhaarigen Köpfe feierlich den vorbeiziehenden Bataillonen zuwandten.

Solchen Glanz hatte die große Stadt noch nie gesehen, denn der siegreiche Krieg hatte einen reichen Segen in seinem Gefolge, und die Kaufleute aus dem Süden und Westen waren mit ihren Familien herbeigeströmt, um von den üppigen Speisen zu kosten und an den verschwenderischen Lustbarkeiten teilzuhaben – und um ihren Frauen Pelze für den nächsten Winter zu kaufen und goldene Handtäschchen und Halbschühchen in mehreren Farben aus Seide und Silber und rosa Satin und goldgewirkte Tücher.

Der zu erwartende Frieden und Wohlstand wurde von den Skribenten und Poeten des siegreichen Volkes so heiter und überschwenglich besungen, daß mehr und mehr wohlhabende Provinzler sich angesammelt hatten, um den Wein der Begeisterung zu trinken, und immer schneller setzten die Kaufleute ihre Schmucksachen und ihre Pantöffelchen um, bis sie schließlich laut nach mehr Schmucksachen und Pantöffelchen verlangten, um sie gegen beliebige andere Waren einzutauschen. Manche rangen sogar verzweifelt die Hände und riefen:

»Weh mir! Ich habe keine Pantöffelchen mehr! und weh mir! Ich habe keine Schmucksachen mehr! Hilf Himmel, denn ich weiß nicht mehr weiter.«

Aber niemand achtete auf ihren lauten Ruf, denn die Menge war viel zu beschäftigt – Tag um Tag schritten die Fußsoldaten flott auf der Landstraße, und alle frohlockten, weil die heimkehrenden jungen Männer rein und tapfer waren, mit gesunden Zähnen und rosigen Wangen, und die Mädchen des Landes Jungfrauen, lieblich von Angesicht wie von Gestalt.

So kam es während dieser ganzen Zeit vielfach zu abenteuerlichen Begebenheiten in der großen Stadt, und ein paar dieser Begebenheiten – vielleicht auch nur eine – werden hier erzählt.

I

Um neun Uhr am Morgen des 1. Mai 1919 sprach ein junger Mann an der Reception des Biltmore Hotels vor und fragte, ob Mr. Philip Dean dort eingetragen sei und ob er, falls ja, mit den Zimmern von Mr. Dean verbunden werden könne. Der Fragende trug einen gutgeschnittenen, fadenscheinigen Anzug. Er war klein, zart und von dunkler Anmut; seine Augen waren oben von ungewöhnlich langen Wimpern und unten von den blauen Schatten angegriffener Gesundheit umrahmt, was noch durch ein unnatürliches Glühen seines Gesichts wie von einem leichten ständigen Fieber verstärkt wurde.

Mr. Dean wohnte im Hotel. Der junge Mann wurde zu einer Telefonzelle gewiesen.

Nach einer Weile war die Verbindung hergestellt; eine verschlafene Stimme sagte von irgendwo oben Hallo.

»Mr. Dean?« – und dann sehr drängend – »hier ist Gordon, Phil. Gordon Sterrett. Ich bin hier unten. Hörte, du seist in New York, und hatte so eine Ahnung, daß du hier abgestiegen wärst.«

Die verschlafene Stimme kam allmählich in Schwung. Ja, wie ging's Gordy, alter Junge! Da war er allerdings überrascht und ganz weg. Gordy sollte doch um Himmels willen gleich raufkommen!

Ein paar Minuten später öffnete Philip Dean in einem blauseidenen Pyjama seine Tür, und die beiden jungen Männer begrüßten einander mit halb verlegener Überschwenglichkeit. Sie waren beide etwa vierundzwanzig und hatten beide in Yale im Jahr vor dem Krieg Examen gemacht; aber damit hörte die Ähnlichkeit abrupt auf. Dean war blond, gesund und kraftstrotzend in seinem dünnen Pyjama. Alles an ihm strahlte Tüchtigkeit und Wohlbehagen aus. Er lächelte gern und zeigte dabei große, vorragende Zähne.

»Ich wollte dich schon besuchen«, rief er enthusiastisch, »ich spanne gerade ein paar Wochen aus. Setz dich, nur eine Sekunde, und ich bin schon wieder da. Will nur eben duschen.«

Während er ins Badezimmer verschwand, schweiften die Augen seines Besuchers unruhig umher, ruhten für einen Moment auf einer großen englischen Reisetasche und auf einer ganzen Familie von reinseidenen Hemden, die zwischen auffallend gemusterten Krawatten und weichen Wollsocken auf den Stühlen umherlagen.

Gordon erhob sich, griff nach einem der Hemden und widmete ihm einen langen prüfenden Blick. Es war aus besonders schwerer Seide, gelb mit einem blaßblauen Streifen – und davon gab es nahezu ein Dutzend. Unwillkürlich blickte er auf seine eigenen Manschetten – sie waren an den Rändern verschlissen und ausgefasert und von einem schmutzigen Grauton. Er ließ das Seidenhemd fallen und zog seine Rockärmel herunter, bis die durchgescheuerten Manschetten nicht mehr zu sehen waren. Dann trat er vor den Spiegel und betrachtete sich mit einem trübseligen teilnahmslosen Blick. Seine Krawatte, früher eine Zierde, war verschossen und fettglänzend – sie taugte zu nichts mehr, als die ausgerissenen Knopflöcher seines Hemdkragens zu verbergen. Nicht im geringsten amüsiert dachte er daran, daß er vor nur drei Jahren bei den Seniorenwahlen im College einige Stimmen als bestangezogener Mann seines Semesters auf sich vereinigt hatte.

Dean tauchte, noch mit Körperpflege beschäftigt, aus dem Badezimmer auf.

»Hab gestern abend eine alte Freundin von dir gesehen«, bemerkte er. »Traf sie in der Halle und konnte mich ums Verrecken nicht auf ihren Namen besinnen. Das Mädchen, das du im Seniorensemester mit nach New Haven gebracht hast.«

Gordon schrak auf.

»Edith Bradin? Meinst du die?«

»Das ist sie. Sah verdammt gut aus. Immer noch so eine hübsche Puppe – du weißt was ich meine: als machte man sich fettig, wenn man sie nur anrührte.«

Er beobachtete sich selbstgefällig im Spiegel, lächelte schwach und entblößte dabei ein paar Zähne.

»Sie muß jedenfalls so um dreiundzwanzig sein«, fuhr er fort.

»Zweiundzwanzig im vorigen Monat«, sagte Gordon geistesabwesend.

»Was? Ach so, vorigen Monat. Nun, ich glaube, sie ist zu dem Gamma-Psi-Tanzabend hier. Hast du gewußt, daß es heute abend einen Gamma-Psi-Ball im Hotel Delmonico gibt? Du solltest hinkommen, Gordy. Halb New Haven wird da sein. Ich kann dir eine Einladung besorgen.«

Indem er sich nur ungern in frische Unterwäsche hüllte, zündete Dean eine Zigarette an, setzte sich in die Nähe des offenen Fensters und inspizierte seine Waden und Knie unter der hereindringenden Morgensonne.

»Setz dich, Gordy«, schlug er vor, »und erzähl mir alles, was du so gemacht hast und was du jetzt machst undsoweiter.«

Ganz unerwartet brach Gordon auf dem Bett zusammen und lag da leblos und matt. Sein Mund, der schon leicht offenstand, wenn sein Gesicht in Ruhe war, wirkte plötzlich hilflos und jämmerlich.

»Was ist los?« fragte Dean erschrocken.

»Oh, Gott!«

»Was ist los?«

»Alles in dieser gottverdammten Welt«, sagte er kläglich. »Ich bin total am Ende, Phil. Ich bin erledigt.«

»Was?«

»Bin erledigt.« Seine Stimme zitterte.

Dean musterte ihn näher mit abschätzendem Blick aus seinen blauen Augen.

»Du siehst wirklich wie ein toter Mann aus.«

»Bin ich auch. Ich habe mir alles und jedes vermasselt.« Er zögerte. »Ich fange besser ganz vorne an – oder langweilt es dich?«

»Nicht im geringsten; nur los.« Dennoch klang Deans Stimme etwas gedehnt. Diese kleine Reise in den Osten war als Ferienreise geplant – und Gordon Sterrett in Schwierigkeiten vorzufinden paßte ihm nicht recht.

»Nur los«, wiederholte er und fügte dann halblaut hinzu, »bring es hinter dich.«

»Also«, begann Gordon unsicher, »ich kam im Februar aus Frankreich zurück, fuhr für einen Monat nach Harrisburg und kam dann runter nach New York, um mir einen Job zu suchen. Ich fand auch einen – bei einer Exportfirma. Da hat man mich gestern fristlos entlassen.«

»Fristlos entlassen?«

»Ich komme noch darauf, Phil. Ich möchte ganz offen zu dir sein. Du bist so ungefähr der einzige, an den ich mich in einer solchen Lage wenden kann. Du hast doch nichts dagegen, wenn ich ganz offen rede, nicht wahr, Phil?«

Dean wurde noch etwas reservierter. Er tätschelte seine Knie nur noch mechanisch. Er ahnte dunkel, daß ihm da in unfairer Weise eine Verantwortung aufgebürdet wurde; er war sich nicht einmal sicher, ob er noch mehr hören wollte. Obwohl es ihn nie überrascht hatte, Gordon Sterrett in Mißhelligkeiten vorzufinden, schwang bei dessen jetzigem Unglück etwas mit, das ihn abstieß und verhärtete, obwohl es andererseits seine Neugier reizte.

»Nur weiter.«

»Es geht um ein Mädchen.«

»Hm.« Dean beschloß, sich durch nichts seine Reise

verderben zu lassen. Wenn Gordons Gesellschaft sich für ihn als deprimierend erwiese, würde er sich eben von Gordon etwas zurückziehen müssen.

»Sie heißt Jewel Hudson«, fuhr die wehleidige Stimme vom Bett fort. »Sie war immer noch ›rein‹, glaube ich, bis etwa vor einem Jahr. Lebte hier in New York – arme Leute. Ihre Eltern sind inzwischen gestorben, und sie wohnt bei einer alten Tante. Weißt du, ich begegnete ihr in eben jener Zeit, als sie alle in Scharen aus Frankreich zurückkamen – und ich tat weiter nichts als die Neuankommenden willkommen zu heißen und mit ihnen auf Parties zu gehen. Damit hat es angefangen, Phil, daß man sich eben nur freute, alle möglichen Leute wiederzusehen, und daß die sich freuten, mich zu sehen.«

»Da hättest du vernünftiger sein sollen.«

»Ich weiß«, Gordon machte eine Pause und fuhr dann ungerührt fort. »Ich bin jetzt ganz auf mich gestellt, weißt du, und Phil, ich ertrage es einfach nicht, arm zu sein. Und dann kam dieses verflixte Mädchen. Sie war eine Zeitlang in mich verliebt oder so, und obwohl ich nie die Absicht hatte, mich auf so etwas einzulassen, kam es so, daß ich ihr andauernd irgendwo in die Arme lief. Du kannst dir leicht vorstellen, was für Arbeiten ich in diesem Exportladen machen mußte – dabei hatte ich natürlich schon immer die Absicht, zu zeichnen; Illustrationen für Zeitschriften; da steckt eine Menge Geld drin.«

»Und warum hast du's nicht getan? Du mußt dich eben ranhalten, wenn du da was erreichen willst«, dozierte Dean in kühlem Ton.

»Ich versuchte es auch ein bißchen, aber mein Strich ist ungelenk. Ich habe Talent, Phil; ich kann zeichnen – aber ich weiß eben noch nicht, wie. Ich müßte auf eine

Kunstschule gehen, und das kann ich mir nicht leisten. Nun, vor etwa einer Woche spitzte sich die Sache zu. Als ich bei meinem letzten Dollar angelangt war, begann dieses Mädchen mir zuzusetzen. Sie will Geld; sie behauptet, sie kann mir Schwierigkeiten machen, wenn sie's nicht bekommt.«

»Kann sie das?«

»Leider ja. Das ist einer der Gründe, daß ich meine Stellung verloren habe – sie hat unaufhörlich im Büro angerufen, und das gab mir dann den Rest. Sie hat schon einen Brief fertig, den sie an meine Familie schicken will. Oh, sie hat mich ganz schön am Kragen. Ich muß irgendwie Geld für sie beschaffen.«

Es entstand eine verlegene Pause. Gordon lag ganz still, die Hände zu Fäusten geballt.

»Ich bin ganz erledigt«, fuhr er mit zitternder Stimme fort. »Ich bin halb wahnsinnig, Phil. Wenn ich nicht erfahren hätte, daß du hierher kämst, ich glaube, ich hätte mich umgebracht. Ich möchte, daß du mir dreihundert Dollar leihst.«

Deans Hände, die weiter seine nackten Fußknöchel getätschelt hatten, kamen plötzlich zur Ruhe – und die sonderbare Unsicherheit, die zwischen den beiden geherrscht hatte, wich einer gespannten Atmosphäre.

Dann fuhr Gordon fort:

»Ich habe die Familie ausgesaugt, bis ich mich nachgerade schäme, auch nur um einen Cent zu bitten.«

Dean sagte nichts darauf.

»Jewel sagt, sie braucht zweihundert Dollar.«

»Sag ihr, was sie dir kann.«

»Ja, du hast gut reden, aber sie besitzt eine Reihe von Briefen, die ich ihr in alkoholischer Stimmung geschrieben habe. Unglücklicherweise ist sie nicht so willensschwach, wie du vielleicht denkst.«

Dean fühlte sich angewidert.

»Ich kann diese Sorte Frauen nicht ausstehen. Du hättest die Finger davon lassen sollen.«

»Ich weiß«, sagte Gordon müde.

»Du mußt die Dinge sehen, wie sie sind. Wenn du kein Geld hast, mußt du arbeiten und dir keine Weibergeschichten leisten.«

»Das kannst du leicht sagen«, begann Gordon, und sein Blick verengte sich. »Du hast soviel Geld, wie du willst.«

»Das habe ich eben nicht. Meine Familie paßt genau auf, was ich ausgebe. Gerade weil ich etwas Spielraum habe, muß ich mich vor Mißbrauch hüten.«

Er zog das Rouleau hoch und ließ noch mehr Sonnenschein ins Zimmer fluten.

»Ich bin kein Moralpauker, weißgott nicht«, fuhr er bedächtig fort. »Ich liebe Vergnügungen – und ich liebe sie besonders auf einer Ferienreise wie dieser, aber du – du bist in einer gräßlichen Verfassung. Noch nie habe ich dich so reden hören wie jetzt. Du scheinst sozusagen bankrott zu sein – moralisch wie auch finanziell.«

»Geht das nicht meistens zusammen?«

Dean schüttelte ungeduldig den Kopf.

»Um dich ist eine regelrechte Aura, die ich nicht begreife. Eine Aura des Bösen.«

»Es ist eine Mischung aus Kummer, Armut und schlaflosen Nächten«, sagte Gordon fast trotzig.

»Ich weiß es nicht.«

»Ich gebe ja zu, daß ich deprimierend wirke. Es deprimiert mich selbst. Aber, mein Gott, Phil, eine Woche Ruhe und ein neuer Anzug und etwas Bargeld, und ich wäre wieder wie – wie ich war. Phil, ich kann blitzschnell zeichnen, das weißt du. Aber die meiste Zeit hatte ich nicht das Geld, um mir ordentliches Zeichenmaterial zu kaufen – und ich kann nicht zeichnen, wenn ich übermüdet bin und mutlos und ganz erledigt. Mit einem bißchen Bargeld kann ich ein paar Wochen ausspannen und einen neuen Anfang machen.«

»Woher weiß ich, ob du es nicht für eine andere Frau verbrauchst.«

»Wozu drauf rumreiten?« sagte Gordon ruhig.

»Ich reite auf nichts rum. Es ist mir zuwider, dich so zu sehen.«

»Wirst du mir nun das Geld borgen, Phil?«

»Das kann ich nicht sogleich entscheiden. Es ist eine Menge Geld und verdammt ungelegen für mich.«

»Und für mich die Hölle, wenn du's nicht kannst – ich weiß, ich winsele hier und es ist ganz meine Schuld, aber – das ändert nichts an der Sache.«

»Wann könntest du es zurückzahlen?«

Das klang ermutigend. Gordon überlegte. Es war wohl am klügsten, ganz offen zu sein.

»Natürlich könnte ich versprechen, es dir im nächsten Monat zurückzuschicken, aber – sagen wir besser in drei Monaten. Sobald ich anfange, Zeichnungen zu verkaufen.«

»Wie soll ich wissen, ob du je Zeichnungen verkaufst?«

Bei dem härteren Ton in Deans Stimme überlief es Gordon kalt. Würde er etwa das Geld nicht bekommen?

»Ich dachte, du hättest ein bißchen Zutrauen zu mir.«

»Hatte ich auch – aber wenn ich dich so sehe, kommen mir Zweifel.«

»Glaubst du, ich würde so zu dir kommen, wenn ich

nicht ganz am Ende wäre? Glaubst du, mir macht das Spaß?« Er brach ab und biß sich auf die Lippen, denn er spürte, daß er wohl besser seinen aufsteigenden Ärger unterdrückt hätte. Schließlich war er der Bittsteller.

»Du scheinst die Sache ziemlich leicht anzugehn«, sagte Dean verstimmt. »Du bringst mich in eine Lage, wo ich, wenn ich dir das Geld nicht borge, als fieser Kerl dastehe – oh, ja, das tust du. Und laß dir sagen: es ist keine Kleinigkeit für mich, dreihundert Dollar locker zu machen. Meine Einkünfte sind nicht so groß, daß nicht eine solche Scheibe davon mich nahezu ruinieren würde.«

Er stand aus seinem Sessel auf und begann sich anzukleiden; er wählte jedes Stück sorgfältig. Gordon streckte die Arme aus und umklammerte die Kanten des Bettes; er mußte an sich halten, um nicht laut aufzuschreien. Ihm schwirrte der Kopf und drohte zu zerspringen, sein Mund war ausgetrocknet und bitter, und er spürte, wie das Fieber in seinem Blut sich in zahllose kleine Partikel auflöste, so als wenn es langsam und stetig von einem Dach tropft.

Dean knüpfte seine Krawatte korrekt, bürstete seine Augenbrauen und entfernte feierlich ein Krümchen Tabak von seinen Zähnen. Dann füllte er sein Zigarettenetui, warf die leere Schachtel gedankenvoll in den Papierkorb und steckte das Etui in seine Westentasche.

»Schon gefrühstückt?« fragte er.

»Nein, ich hab's mir abgewöhnt.«

»Nun, dann wollen wir etwas essen gehn. Über das Geld reden wir später. Ich habe das Thema satt. Ich kam her, um mir einen guten Tag zu machen.«

»Gehen wir rüber in den Yale Club«, fuhr er mißmutig fort und setzte dann mit verstecktem Vorwurf hinzu: »Du hast deine Stelle aufgegeben. Hast also nichts Besseres zu tun.«

»Es gäbe für mich eine Menge zu tun, wenn ich nur etwas Geld hätte«, sagte Gordon anzüglich.

»Um Himmels willen, laß das doch für eine Weile ruhen! Es hat wenig Sinn, mir die ganze Reise zu vermiesen. Hier, hier ist etwas Geld.«

Er nahm eine Fünf-Dollar-Note aus seiner Brieftasche und schob sie Gordon hin, der sie sorgsam faltete und in die Tasche steckte. Seine Wangen röteten sich noch etwas tiefer, und diese Rötung kam nicht vom Fieber. Ehe sie sich zum Gehen wandten, trafen sich für einen Moment ihre Augen, und jeder spürte dabei etwas, das ihn den Blick rasch senken ließ. Denn in diesem Moment war es plötzlich klar, daß sie einander haßten.

II

In der Gegend der Fifth Avenue und der Vierundzwanzigsten Straße wimmelte es von der mittäglichen Menge. Die reiche, wohltuende Sonne glitzerte in flüchtigem Gold durch die dick verglasten Schaufenster der eleganten Geschäfte, blitzte auf silbernen Täschchen und Portemonnaies und auf Perlenketten in grausamtnen Etuis; auf grellen vielfarbigen Federfächern; auf den Spitzen und Seiden kostbarer Gewänder; auf den schlechten Wandbildern und den feinen Stilmöbeln der gepflegten Schaufenster von Innendekorateuren.

Berufstätige Mädchen, in Paaren, Gruppen und ganzen Schwärmen, bummelten an den Schaufenstern, wählten ihre zukünftigen Schlafzimmereinrichtungen in irgendwelchen opulenten Ausstellungsräumen, wo sogar ein männlicher Seidenpyjama traulich auf dem Bett drapiert war. Sie standen vor den Juwelenläden und suchten sich ihre Verlobungsringe aus und ihre Trauringe und ihre Armbanduhren aus Platin, und dann schlenderten sie weiter zu den Federfächern und Abendroben; dabei verdauten sie die Sandwiches und Eiscremes, die sie zum Lunch genossen hatten.

Überall in der Menge gab es Männer in Uniform, Matrosen von der großen Flotte, die im Hudson ankerte, Soldaten mit Divisionsabzeichen von Massachusetts bis Kalifornien, die um jeden Preis auffallen wollten und die große Stadt mit Soldaten vollgestopft fanden, sofern sie nicht hübsch in Formation und beschwert von Tornister und Gewehr einherzogen.

Dean und Gordon spazierten durch dieses Menschengewimmel; ersterer höchst interessiert, aufgemuntert durch diese hochgestimmte und grellbunte Menschheit; letzterer daran erinnert, wie oft er einer in dieser Masse gewesen war, übermüdet, notdürftig ernährt, überarbeitet und auf Abwegen. Auf Dean wirkte dieses Gedränge überwältigend, jugendlich und heiter; für Gordon war es bedrückend, bedeutungslos und endlos.

Im Yale Club trafen sie eine Gruppe ihrer früheren Kommilitonen, die dem auf Besuch weilenden Dean einen lauten Empfang bereiteten. Auf Sofas und in Clubsesseln im Halbkreis sitzend, tranken sie alle einen Whisky Soda.

Gordon fand die Unterhaltung, die sich lange hinzog, ermüdend. Den Lunch nahm man in corona und fühlte sich alkoholisch durchwärmt, als der Nachmittag anbrach. Alle hatten vor, zu dem Gamma-Psi-Ball am

Abend zu kommen – er versprach, die beste Party seit dem Krieg zu werden.

»Edith Bradin kommt auch«, sagte einer zu Gordon. »War das nicht eine alte Flamme von dir? Seid ihr nicht beide aus Harrisburg?«

»Ja.« Er versuchte, das Thema zu wechseln. »Ich sehe ihren Bruder manchmal. Der ist so ein sozialistischer Wirrkopf. Gibt eine Zeitung oder ein Blättchen heraus, hier in New York.«

»Anders als seine ausgelassene Schwester, wie!« wollte der neugierige Informant wissen. »Nun, sie kommt heute abend mit einem jungen Semester namens Peter Himmel.«

Um acht war Gordon mit Jewel Hudson verabredet – er hatte versprochen, ihr etwas Geld mitzubringen. Mehrmals schielte er nervös auf seine Armbanduhr. Um vier, zu seiner Erleichterung, stand Dean auf und verkündete, er werde nun zu Rivers Brothers hinübergehen, um ein paar Kragen und Schlipse zu kaufen. Aber als sie den Club verließen, schloß sich ihnen, zu Gordons Bestürzung, einer von der Gesellschaft an. Dean war jetzt aufgeräumt, glücklich in Erwartung der abendlichen Party, ja fast übermütig. Drüben bei Rivers wählte er ein Dutzend Krawatten aus, jede einzelne nach langen Beratungen mit dem anderen Mann. Glaubte er, die schmalen Binder würden wieder modern? Und war es nicht eine Schande, daß Rivers keine Welsh-Margotson-Kragen mehr beschaffen konnte? Einen besseren Kragen als den »Covington« hatte es nie gegeben.

Gordon geriet in eine Art von Panik. Er brauchte das Geld unverzüglich. Zudem befreundete er sich jetzt mit dem Gedanken, auch zu dem Gamma-Psi-Ball zu gehen. Er wollte Edith wiedersehen – Edith, die er seit einem romantischen Abend im Country Club von Harrisburg, kurz bevor er nach Frankreich mußte, nicht mehr gesehen hatte. Die Affäre war gestorben, im Tumult des Krieges untergegangen und völlig vergessen in den arabeskenhaften drei Monaten danach, aber ein eindringliches Bild von ihr, von der Anmut, mit der sie an ihrem eigenen harmlosen Geplauder Genüge fand, kam ihm unerwartet in den Sinn und weckte in ihm an die hundert Erinnerungen. Ediths Gesicht hatte er während der ganzen Studiensemester mit einer Art von objektiver, doch liebevoller Bewunderung in sich getragen. Er hatte sie gern gezeichnet – an den Wänden seines Zimmers hatten wohl ein Dutzend Skizzen von ihr gehangen – wie sie Golf spielte oder schwamm – er konnte ihr keckes, fesselndes Profil gleichsam aus dem Kopf zeichnen.

Gegen fünf Uhr dreißig verließen sie den Laden von Rivers und standen einen Moment auf dem Bürgersteig.

»Nun«, sagte Dean gutgelaunt, »ich bin jetzt versorgt. Denke, ich geh zurück ins Hotel und laß mich rasieren, Haareschneiden und massieren.«

»Paßt mir«, sagte der andere, »ich denke, ich komme mit.«

Gordon fragte sich, ob er nun doch noch abgewimmelt werden sollte. Nur mit Mühe hielt er sich zurück, den anderen Begleiter anzuschnauzen: »Verdammt, mach daß du weiterkommst!« Voller Verzweiflung argwöhnte er, Dean könnte dem anderen etwas gesagt haben, ihn bei sich behalten wollen, um einen Disput über das Geld zu vermeiden.

Sie betraten das Biltmore Hotel – ein Biltmore, das von jungen Mädchen belebt war –, meist aus dem Westen und Süden, die siegreichen Debütantinnen vieler Städte, die zu dem Ball einer berühmten Verbindung einer berühmten Universität zusammengekommen waren. Aber für Gordon waren das Traumgesichter. Er sammelte seine Kräfte für einen letzten Versuch, wußte noch nicht, womit er auftrumpfen würde, als Dean sich plötzlich bei dem anderen entschuldigte, Gordon beim Arm nahm und ihn beiseite führte.

»Gordy«, sagte er rasch, »ich habe mir die Sache reiflich überlegt und bin zu dem Entschluß gekommen, daß ich dir diese Summe nicht leihen kann. Ich würde dir gerne gefällig sein, aber ich glaube, ich sollte es nicht tun – ich müßte mich einen ganzen Monat krummlegen.«

Gordon sah ihn verständnislos an und wunderte sich, daß ihm bisher diese weit vorstehenden Oberzähne nie aufgefallen waren.

»– es tut mir mächtig leid, Gordon«, fuhr Dean fort, »aber so steht es nun mal.«

Er zog seine Brieftasche heraus und entnahm ihr mit Bedacht fünfundsiebzig Dollar in Banknoten.

»Hier«, sagte er und hielt sie ihm hin, »hier sind fünfundsiebzig; macht achtzig alles in allem. Das ist alles, was ich an Bargeld bei mir habe, außer dem, was ich auf dieser Reise verbrauche.«

Gordon hob automatisch seine zusammengeballte Hand, öffnete sie, als hielte er eine Zange, und ließ sie über dem Geld wieder zuschnappen.

»Ich seh dich dann bei dem Tanzabend«, sagte Dean weiter. »Ich muß schauen, daß ich zum Friseur komme.«

»Bis dann«, sagte Gordon gequält mit heiserer Stimme.

»Bis dann.«

Dean versuchte ein Lächeln, schien sich aber anders zu besinnen. Er nickte kurz und entschwand.

Aber Gordon stand noch da, sein hübsches Gesicht leidverzerrt, die Banknotenrolle fest mit der Hand umklammernd. Dann stolperte er, blind von plötzlichen Tränen, ungeschickt die Stufen des Biltmore hinab.

III

Gegen neun Uhr am selben Abend traten zwei menschliche Wesen aus einem billigen Restaurant der Sixth Avenue. Sie waren schmutzig, schlecht genährt und besaßen nichts weiter als die niedrigste Form menschlicher Intelligenz, ja hatten nicht mal mehr jenen animalischen Überschwang, der etwas Farbe ins Leben bringt; sie waren verlaust, kalt und hungrig in einer schmutzigen Stadt eines fremdartigen Landes; sie waren arm und ohne Freunde; sie waren von Geburt an umhergestoßen wie Treibholz und sie würden bis zu ihrem Tode wie Treibholz umhergestoßen werden. Sie trugen die Heeresuniform der Vereinigten Staaten und auf der Schulter die Insignien einer kriegstauglichen Division aus New Jersey, die vor drei Tagen wieder gelandet war.

Der größere der beiden hieß Carrol Key, ein Name, der darauf schließen ließ, daß in seinen Adern, wie verdünnt auch immer durch generationenlange Degeneration, Blut von einiger Vitalität floß. Aber man konnte noch so lange in dieses schmale kinnlose Gesicht starren, auf die matten, wässrigen Augen und hohen Backenknochen, ohne darin auch nur eine Andeutung wertvoller Erbanlagen oder angestammter Lebensgewandtheit zu entdecken.

Sein Kamerad war von dunkler Hautfarbe und O-beinig, hatte die Augen einer Ratte und eine mehrfach gebrochene höckerige Nase. Sein herausforderndes Benehmen war offensichtlich ein Vorwand, eine Schutzwaffe, ausgeborgt von jener Welt des Schnipp und Schnapp, des physischen Bluffs und der physischen Drohung, in der er seit je gelebt hatte. Er hieß Gus Rose.

Nachdem sie das Café verlassen hatten, schlenderten sie die Sixth Avenue hinunter, wobei sie genußvoll und völlig unbekümmert mit ihren Zahnstochern umgingen.

»Wohin jetzt?« fragte Rose etwa so, als wäre er nicht im geringsten überrascht, wenn Key die Südsee-Inseln vorschlüge.

»Was sagste, wenn wir an'n bißchen Schnaps rankommen würden?« Prohibition war noch nicht. Der Witz war, daß es ein Gesetz gab, wonach an Soldaten kein Alkohol verkauft werden durfte.

Rose stimmte begeistert zu.

»Ich hab ne Idee«, fuhr Key nachdenklich fort, »hab da irgendwo 'n Bruder.«

»In New York?«

»Jaa. Ein alter Kumpel«, womit er sagen wollte, es sei ein älterer Bruder. »Is Kellner in ner Haschkneipe.«

»Vielleicht kann er uns was besorgen.«

»Bestimmt!«

»Morgen leg ich die verdammte Uniform ab, kannste mir glauben. Nie wieder rein. Werd mir was zum Anziehen beschaffen.«

»Denkste, ich vielleicht nicht?«

Da ihre Barschaft zusammen etwas weniger als fünf Dollar betrug, kann dieser Vorsatz weitgehend als vergnügliche Spielerei mit Worten aufgefaßt werden, harmlos und tröstlich. Jedenfalls schien es ihnen beiden Spaß zu machen, denn sie übertrieben es noch mit Gekicher, nannten Namen von Personen, die in Bibelkreisen viel gelten, und gaben der Sache noch mehr Nachdruck durch ständig wiederholte Ausrufe wie »Mensch, Junge!«, »Weißte!« und »Denen wer'ch was sagen!«

Der gesamte geistige Haushalt dieser beiden Männer bestand aus einem über Jahre hingeschleppten, beleidigten Mäkeln an den Institutionen – Armee, Geschäft oder Armenhaus –, und das hielt sie am Leben, und vor allem die Kritik an ihren unmittelbaren Vorgesetzten in diesen Institutionen. Bis zu eben diesem Morgen war das »die Regierung« gewesen und der unmittelbare Vorgesetzte der »Käptn« – und von diesen beiden hatten sie sich davongemacht und befanden sich jetzt in dem unbehaglichen Stadium, demnächst eine neue Fron auf sich nehmen zu müssen. Sie waren unsicher, verstimmt und fühlten sich nicht wohl in ihrer Haut. Dies verhehlten sie, indem sie sich übermäßig erleichtert zeigten, aus der Armee heraus zu sein, und einander versicherten, daß ihr störrischer, freiheitsliebender Wille sich nie wieder einer militärischen Disziplin beugen würde. In Wirklichkeit aber hätten sie sich in einem Gefängnis mehr zuhause gefühlt als in dieser neuentdeckten, unbezweifelbaren Freiheit.

Plötzlich beschleunigte Key seinen Schritt. Rose hob den Kopf, folgte seinem Blick und sah fünfzig Meter weiter unten auf der Straße eine Menschenmenge, die sich angesammelt hatte. Key lachte hell auf und begann in Richtung auf die Menge zu laufen, woraufhin Rose ebenfalls auflachte und auf seinen kurzen O-Beinen neben den tapsigen Riesenschritten des anderen einherwackelte.

Als sie den äußeren Rand der Menge erreicht hatten, verschmolzen sie sogleich völlig mit ihr. Die Menge bestand aus zerlumpten Zivilisten, die obendrein nach

Schnaps rochen, und aus Soldaten aller möglichen Divisionen in allen möglichen Stadien der Nüchternheit, und alle scharten sich um einen kleinen, heftig gestikulierenden Juden mit langen schwarzen Peies, der armeschwingend eine erregte, aber knapp gefaßte Rede hielt. Key und Rose, die sich sozusagen bis ins Parkett vorgedrängt hatten, beäugten ihn mißtrauisch, während seine Worte ihr gemeinsames Bewußtsein durchdrangen.

» – was habter ausm Krieg heimgebracht?« rief er hitzig aus. »Seht euch um, seht euch um! Seid'r reich? Habt'r n Haufen Geld bekommen? – nein; noch'n Glück, wenn'r am Leben seid und noch beide Beine habt; noch'n Glück, wenner nachhause kommt und euer Weib is nich mit'm andern Kerl durchgegangen, der's Geld hatte, um sich vom Krieg freizukaufen! Dann könnter von Glück sagen! Wer hat schon was davon gehabt außer J. P. Morgan und John D. Rockerfella?«

An diesem Punkt wurde die oratorische Leistung des kleinen Juden durch einen bösen Faustschlag auf die Spitze seines bärtigen Kinns unterbrochen, der ihn rücklings zu Boden streckte.

»Verdammter Bolschewik!« rief der wuchtige Hufschmied in Uniform, der den Schlag geführt hatte. Es gab ein beifälliges Geraune, und die Menge schloß sich enger zusammen.

Der Jude rappelte sich auf und ging sogleich wieder unter einem Halbdutzend Faustschlägen zu Boden. Diesmal blieb er schwer atmend unten, und von seiner innen und außen gespaltenen Lippe tropfte Blut.

Alles schrie wild durcheinander, und eine Minute später sahen Rose und Key sich mit dem bunt zusammengewürfelten Haufen die Sixth Avenue hinabfluten, angeführt von einem schmächtigen Zivilisten mit Schlapphut und dem stämmigen Soldaten, der mit dem Redner kurzen Prozeß gemacht hatte. Die Menge war erstaunlich und furchterregend angeschwollen, und ein Strom von mehr oder weniger unbeteiligten Bürgern folgte ihr zu beiden Seiten und unterstützte sie moralisch durch gelegentliche Hurra-Rufe.

»Wohin geht's?« schrie Key seinem Nebenmann zu.

Der wies auf den Anführer im Schlapphut.

»Der Bursche weiß, wo es die massenhaft gibt. Wir wern's denen schon zeigen!«

»Wir wern's denen zeigen!« frohlockte Key flüsternd zu Rose, der den Ausspruch verzückt an seinen anderen Nebenmann weitergab.

Der Zug wogte die Sixth Avenue hinunter, wobei sich ihm hier und da Soldaten und Matrosen anschlossen und dann und wann auch Zivilisten, die mit dem unvermeidlichen Anspruch aufkreuzten, auch sie wären soeben aus der Armee entlassen, als sei das der Eintrittsausweis für einen neugegründeten Sport- und Amüsierclub.

Dann bog der Zug in eine Querstraße ein und nahm Richtung auf Fifth Avenue, und hier und da sickerte durch, das Ziel sei eine Kundgebung der Roten in Tolliver Hall. »Wo ist das?«

Die Frage wurde nach vorn weitergegeben und einen Moment später kam die Antwort zurück. Tolliver Hall war unten in der Zehnten Straße. Es gab eine Gruppe anderer Muschkoten, die die Kundgebung sprengen wollten und schon dort waren.

Aber Zehnte Straße – das klang sehr weit entfernt, und bei dem Wort erhob sich ein allgemeines Gestöhne und ein Teil des Zuges bröckelte ab. Darunter auch Rose und Key, die in einen Schlendergang verfielen und die Begeisterungsfähigeren an sich vorbeiziehen ließen.

»Ein Schnaps wär mir lieber«, sagte Key, als sie stehenblieben und sich unter Rufen wie »Taube Nuß!« und »Feiglinge!« ihren Weg zum Bürgersteig bahnten.

»Arbeitet dein Bruder in dieser Gegend?« fragte Rose mit der Miene eines, der vom Beiläufigen zum Wesentlichen übergeht.

»Sollte wohl«, erwiderte Key. »Hab ihn ne Reihe von Jahren nich gesehn. War von hier fort in Pennsylvania. Kann sein, daß er abends überhaupt nich arbeitet. Es is in diesem Dreh. Er kann uns was beschaffen, wenn er noch da is.«

Nachdem sie ein paar Minuten in der Straße auf und ab gesucht hatten, fanden sie das Lokal – ein schäbiges Restaurant mit Tischdecken – zwischen Fifth Avenue und Broadway. Key ging hinein, um nach seinem Bruder George zu fragen, während Rose draußen wartete.

»Hier isser nich mehr«, sagte Key im Herauskommen. »Macht Kellner oben im Delmonico.«

Rose nickte weise, als hätte er das ungefähr erwartet. Es konnte nicht überraschen, daß ein tüchtiger Mann bei Gelegenheit die Stellung wechselte. Er hatte auch einmal einen Kellner gekannt – und nun entspann sich im Weitergehen eine lange Unterhaltung darüber, ob Kellner mehr an Lohn als an Trinkgeldern verdienten – und sie entschieden, das hänge von dem sozialen Niveau der Pinte ab, in der der Kellner arbeitete. Nachdem sie einander lebhafte Bilder von Millionären entworfen hatten, die im Delmonico speisten und nach der ersten Pulle Champagner mit Fünfzigdollarnoten um sich warfen, dachten beide insgeheim daran, Kellner zu werden. Ja, hinter Keys gerunzelten Brauen zeichnete sich der Entschluß ab, seinen Bruder um eine Stellung zu fragen.

»So'n Kellner kann all den Champagner aussaufen, den diese Burschen in den Flaschen drin gelassen haben«, gab Rose genießerisch zu bedenken und fügte noch ein »Mensch Meier!« hinzu.

Als sie beimDelmonico anlangten, war es halb elf, und sie sahen mit Erstaunen eine lange Kette von Taxis, eins nach dem anderen, am Portal vorfahren, denen zauberhafte junge Damen entstiegen, jede in Begleitung eines steifen jungen Herrn im Abendanzug.

»Is ne Party«, sagte Rose beinahe ehrfurchtsvoll. »Besser wir gehen nich rein. Er wird zu tun haben.«

»Nein, wird er nich. Der is ganz in Ordnung.«

Nach einigem Zögern nahmen sie den am wenigsten feierlich aussehenden Eingang und drückten sich, sogleich von Ratlosigkeit befallen, ängstlich in die äußerste Ecke des kleinen Speisesaals, in den sie geraten waren. Sie nahmen ihre Mützen ab und hielten sie in den Händen. Eine Wolke von Düsternis senkte sich auf sie, und beide erschraken, als am einen Ende des Raumes eine Tür krachend aufging und ein Kellner wie ein Komet hervorschoß, durch den Raum sauste und durch eine Tür am anderen Ende verschwand.

Erst nach drei solcher blitzartigen Auftritte brachten die beiden die Geistesgegenwart auf, einen Kellner anzusprechen. Er wandte sich um, betrachtete sie mißtrauisch und näherte sich dann mit weichen Katzenschritten, als sei er jeden Augenblick bereit, kehrt zu machen und zu fliehen.

»Hören Sie«, begann Key, »kennen Sie vielleicht meinen Bruder? Er ist Kellner hier.«

»Er heißt Key«, ergänzte Rose.

Ja, der Kellner kannte Key. Er werde oben sein, meinte er. Dort, im Haupt-Ballsaal fände eine große Tanzerei statt. Er würde ihm Bescheid sagen.

Zehn Minuten später erschien George Key und begrüßte seinen Bruder mit äußerster Zurückhaltung; denn sein erster und nächstliegender Gedanke war, daß man ihn um Geld angehen würde.

George war groß und hatte wenig Kinn, aber damit hörte die Ähnlichkeit mit seinem Bruder auch auf. Die Augen des Kellners blickten nicht matt, sie waren lebhaft und zwinkernd; er hatte höfliche Salonmanieren und gab sich leicht überlegen. Sie redeten förmlich miteinander. George war verheiratet und hatte drei Kinder. Er schien mäßig interessiert, war aber keineswegs von der Neuigkeit beeindruckt, daß Carrol mit der Armee in Europa gewesen war. Das enttäuschte Carrol.

»George«, sagte der jüngere, nachdem man mit diesen Höflichkeiten fertig war, »wir brauchen was Alkoholisches, und uns verkauft man nichts. Kannst du uns was beschaffen?«

George überlegte.

»Gewiß. Kann ich vielleicht. Wird aber ne halbe Stunde dauern.«

»In Ordnung«, sagte Carrol, »wir warten.«

Hierauf machte Rose Anstalten, sich in einem passenden Sessel niederzulassen, wurde aber von dem entrüsteten George scharf angefahren:

»He, paß auf, du! Kannst dich hier nicht hinsetzen! Der Raum ist für ein Mitternachtsbankett gerichtet.«

»Ich verderbe nichts daran«, sagte Rose verärgert. »Bin durch die Entlausung durch.«

»Ganz gleich«, sagte George streng, »wenn der Oberkellner mich hier mit euch sieht, fällt er schön über mich her.«

»Oh.«

Die Erwähnung des Oberkellners genügte den beiden vollauf; sie fingerten nervös an ihren Käppis und warteten, was weiter geschehen solle.

»Ich will euch was sagen«, lenkte George nach einer Pause ein, »ich weiß einen Ort, wo ihr warten könnt; kommt mal mit.«

Sie folgten ihm zur anderen Tür hinaus, durch eine verlassene Anrichte und über zwei dunkle Wendeltreppen, und gelangten schließlich in einen kleinen Raum, der hauptsächlich mit Stapeln von Eimern und einer Menge Besen und Schrubber vollgestellt und durch eine einzelne schwache elektrische Birne erleuchtet war. Dort ließ er sie zurück, nachdem er ihnen zwei Dollar abgenommen und sich bereit erklärt hatte, in einer halben Stunde mit einer Flasche Whisky zurückzukommen.

»George macht hier viel Geld, jede Wette«, sagte Key düster, während er sich auf einen umgestülpten Eimer setzte. »Ich wette, er macht fünfzig Dollar die Woche.«

Rose nickte dazu und spuckte aus.

»Das wett ich auch.«

»Was hat er gesagt, wovon der Tanzabend war?«

»Ein Haufen Studenten. Yale College.«

Beide nickten bedächtig.

»Möcht wissen, wo der Zug mit den Kumpels jetzt is.«

»Weiß nich. Weiß nur, daß das zu verdammt weit für mich is.«

»Für mich auch. Wirst nie erleben, daß ich so weit geh.«

Zehn Minuten später wurden sie unruhig.

»Ich wer ma sehn, was sich hier draußen tut«, sagte Rose und bewegte sich vorsichtig zu der anderen Tür.

Es war eine grün ausgeschlagene Schwingtür, und er stieß sie zaghaft ein bißchen auf.

»Siehste was?«

Statt einer Antwort zog Rose hörbar die Luft ein.

»Gottverdammich! Da is allerhand Schnaps, glaub ich!«

»Schnaps?«

Key trat hinter Rose und guckte angestrengt.

»Um alles in der Welt, das is Schnaps«, sagte er, nachdem er scharf hinausgelugt hatte.

Es war ein etwa doppelt so großer Raum wie der, in dem sie sich befanden – und dort bot sich eine wahre Augenweide geistiger Getränke. Da waren die verschiedensten Flaschen auf zwei weißgedeckten Tischen aufgereiht: Whisky, Gin, Brandy, französische und italienische Vermouths und Orangen-Juice, ganz zu schweigen von einer Reihe von Siphons und zwei großen Bowlengefäßen. Noch war kein Mensch zu sehen.

»Das's für den Ball, der gerade anfängt«, flüsterte Key; »hörste die Geigen? Mensch, ich hätt nichts gegen ein Tänzchen.«

Sie ließen die Tür sanft zufallen und tauschten einen verständnisvollen Blick. Da brauchte man nicht zu fragen, was in dem anderen vorging.

»Ich möchte wohl an einige dieser Flaschen Hand anlegen«, sagte Rose mit Nachdruck.

»Ich auch.«

»Glaubst du, daß man uns sieht?«

Key überlegte.

»Besser wir warten, bis die mit dem Trinken anfangen.

Jetzt sind alle Flaschen ordentlich aufgestellt, und die wissen, wieviel es sind.«

Sie diskutierten diesen Punkt mehrere Minuten lang. Rose war ganz dafür, jetzt eine Flasche zu nehmen und sie unter den Rock zu stecken, ehe noch irgendjemand in den Raum käme. Key jedoch riet zur Vorsicht. Er fürchtete Unannehmlichkeiten für seinen Bruder. Wenn sie warteten, bis einige der Flaschen offen waren, ginge es schon, sich eine zu nehmen, denn jeder würde denken, es sei eins dieser Bürschchen vom College gewesen.

Während sie noch hin und her redeten, sauste George Key bei ihnen durch, grunzte sie kaum an und entschwand durch die grüne Schwingtür. Dann hörten sie einige Korken knallen, Eiswürfel klirren und Flüssigkeit plätschern. George war dabei, den Punsch zu mixen.

Die Soldaten grinsten einander verzückt an.

»Mensch Meier!« flüsterte Rose.

George erschien wieder.

»Haltet euch ruhig, Jungs«, sagte er rasch. »In fünf Minuten hab ich was für euch.«

Er verschwand durch die Tür, durch die er gekommen war.

Sobald sich seine Schritte auf der Treppe entfernten, wagte Rose nach einem spähenden Blick einen Sprung in das Reich der Wonnen und kam mit einer Flasche in der Hand zurück.

»Wie ich dir gesagt hab«, sagte er, als sie saßen und strahlend ihren ersten Drink verdauten. »Wir warten, bis er raufkommt, und fragen ihn, ob wir nicht einfach hierbleiben und hier trinken können, was er uns bringt – siehste. Wir sagen ihm, wir haben keinen anderen Ort, wo wir einen heben können – siehste. Und dann können wir uns da rüberschleichen, wenn gerade niemand da ist, und stopfen uns ne Buddel unters Jackett. So kriegen wir genug; das reicht dann für'n paar Tage – siehste?«

Rose begeisterte sich noch mehr. »Menschenskind! Und wenn wir wollen, können wir's immer an Kumpels verkaufen.«

Sie schwiegen eine Weile und sahen die Sache in rosigen Farben. Dann langte Key an seinen Uniformkragen und hakte ihn auf.

»Heiß hier drin, wie?«

Rose pflichtete ihm eifrig bei.

»Heiß wie inner Hölle.«

IV

Sie war immer noch verärgert, als sie aus der Garderobe trat und den dazwischenliegenden kleinen Salon durchschritt, der sich zur Halle hin öffnete – verärgert nicht so sehr über das, was tatsächlich geschehen war und was in ihrem gesellschaftlichen Dasein alle Tage passieren konnte, sondern weil es gerade an diesem Abend vorgekommen war. Sie war nicht mit sich böse. Sie hatte sich korrekt benommen, mit jener Mischung aus Würde und verhaltenem Mitleid, die sie stets anwandte. Sie hatte ihm geschickt eine Abfuhr erteilt.

Es war passiert, als ihr Taxi vom Biltmore abfuhr – kaum einen Häuserblock weit. Er hatte seinen rechten Arm ungeschickt gehoben – sie saß an seiner rechten Seite – und versucht, ihn um ihren karmesinroten pelzbesetzten Abendmantel zu schmiegen. Das war an sich schon ein Fehler. Für einen jungen Mann, der eine junge Dame, deren Einverständnis ungewiß war, umarmen wollte, war es entschieden eleganter, zuerst den anderen Arm um sie zu legen. So konnte die ungeschickte Bewegung mit dem ihr näheren Arm vermieden werden.

Sein zweiter *faux-pas* war unbewußt geschehen. Sie hatte den Nachmittag in einem Frisiersalon verbracht, und der Gedanke, daß ihrem Haar etwas zustoßen könnte, war ihr im höchsten Grade zuwider – doch als Peter seinen unglücklichen Versuch unternahm, hatte sein Ellbogen ihr Haar eben gestreift. Das war sein zweiter *faux-pas,* und zwei waren mehr als genug.

Er hatte sich leise beklagt, und als er damit anfing, hatte sie bei sich entschieden, daß er weiter nichts war als ein beliebiger College-Boy – Edith war zweiundzwanzig, und dieser Tanzabend, der erste seiner Art nach dem Krieg, erinnerte sie mit allen dabei in rascher Folge aufsteigenden Gedankenverbindungen an etwas anderes – an einen anderen Tanz und einen anderen Mann, ein Mann, für den ihre Gefühle etwas mehr gewesen waren als die sentimentale Schwärmerei eines Backfischs. Edith Bradin war auf dem besten Wege, sich in ihre Erinnerung an Gordon Sterrett zu verlieben.

So trat sie aus der Garderobe des Delmonico Hotels und stand einen Moment in der Tür, wobei sie über die Schulter eines vor ihr stehenden Smokings hinweg auf die Gruppen der Yale-Studenten blickte, die sich feierlich wie würdevolle schwarze Falter auf dem oberen Treppenabsatz bewegten. Aus dem Raum, aus dem sie kam, drang der schwere Duft, den die vielen ein- und ausgehenden parfümierten jungen Schönen hinterließen – üppige Parfums und der zarte erinnerungsträchtige Duft wohlriechender Puder. Dieser dahinschwebende Duft mischte sich mit dem Zigarettenrauch in der Halle, senkte sich gemächlich die Treppenstufen hinab und durchtränkte den Saal, in dem der Gamma-Psi-Ball stattfinden sollte.

Sie dachte daran, wie sie wirken würde. Ihre nackten Arme und Schultern waren weiß überpudert. Sie wußte, daß sie sehr weich aussahen, und sie würden sich wie Milch von den schwarzen Rücken, die ihr an diesem Abend als Silhouette dienten, abheben. Ihre Frisur war wohlgelungen; ihr dichtes rötliches Haar türmte, bog und wand sich zu einem sublimen Wunder beweglicher Kurven empor. Ihre Lippen waren sorgfältig karminrot nachgezogen; die Iris ihrer Augen war aus zerbrechlichem Blau, wie kostbares Porzellan. Sie war ein vollkommenes, unendlich zartes, vollendetes Stück Schönheit, ebenmäßig von dem raffinierten Kunstwerk der Coiffure bis hinunter zu den beiden kleinen schmalen Füßen.

Sie dachte daran, was sie heute abend sagen würde bei diesem Fest, das sich schon durch den höheren oder tieferen Klang lachender Stimmen, durch vorbeitrippelnde Tanzschühchen und das Gewoge der Paare treppauf und treppab ankündigte. Sie würde in der Sprache reden, die sie sich schon seit vielen Jahren angewöhnt hatte – ihr eigener Stil –, bestehend aus gängigen Ausdrücken, Brocken von Zeitungs-Jargon und College-Slang, verschmolzen zu einem organischen Ganzen, lässig, ein bißchen provozierend und mit einem Schuß Empfindsamkeit. Sie lächelte ein wenig, als sie ein Mädchen, das in ihrer Nähe auf den Treppenstufen saß, sagen hörte: »Nicht mal die Hälfte weißt du, mein Liebchen!«

Und mit diesem Lächeln schmolz ihr Ärger für einen Moment dahin, sie schloß die Augen und tat einen tiefen genußvollen Atemzug. Sie ließ die Arme an beiden Seiten herabsinken, bis sie ganz leicht die geschmeidige Hülle berührten, die ihre Figur verdeckte und zugleich ahnen ließ. Noch nie hatte sie die Lieblichkeit ihrer Erscheinung noch die Weiße ihrer Arme so genossen.

»Ich dufte süß«, sagte sie ganz einfach zu sich, und dann tauchte noch ein anderer Gedanke auf – »Ich bin für die Liebe geschaffen.«

Der Gedanke gefiel ihr und sie wiederholte ihn; danach geriet sie unausweichlich in ihre neue Traumschwelgerei über Gordon. Der Faden ihrer Wunschvorstellungen, die zu ihrer eigenen Überraschung, was ihr erst vor zwei Monaten bewußt geworden war, in einem Wiedersehen mit Gordon gipfelten, hatte – so schien es ihr jetzt – zu diesem Tanzabend, zu dieser Stunde hingeführt.

Bei all ihrer glatten Schönheit war Edith doch ein durchaus ernsthaftes Mädchen, das sich Gedanken machte. Sie hatte etwas von jenem jugendlichen Idealismus, jenem Drang, über die Dinge nachzudenken, der ihren Bruder zum Sozialisten und Pazifisten gemacht hatte. Henry Bradin hatte die Universität Cornell, wo er Instruktor für Wirtschaftskunde gewesen war, verlassen und war nach New York gekommen, um dort die neuesten Heilmittel für unheilbare Mißstände in den Spalten einer radikalen Wochenzeitung zu propagieren.

Edith, die nicht so verbohrt war, hätte es schon genügt, Gordon Sterrett zu heilen. Er hatte Schwächen, deren sie sich annehmen wollte; und er war in manchen Dingen so hilflos, daß sie ihn beschützen wollte. Und sie wünschte sich jemand, den sie lange gekannt hatte, jemand, der sie lange Zeit geliebt hatte. Sie war ein wenig überdrüssig; sie wünschte sich, verheiratet zu sein. Über einem Stapel von Briefen, einem halben Dutzend Fotos und ebensovielen

Erinnerungen und auch aus Überdruß hatte sie beschlossen, daß bei ihrem nächsten Wiedersehen mit Gordon ihre Beziehungen eine Wendung nehmen müßten. Sie würde etwas sagen, wodurch alles anders werden würde. Da war nun dieser Abend. Es war ihr Abend. Alle Abende waren ihre Abende.

Ihre Gedanken wurden unterbrochen, als ein junger Student mit beleidigter Miene und mit erzwungener Förmlichkeit feierlich vor sie hintrat und sich ungewöhnlich tief verbeugte. Es war der, mit dem sie gekommen war, Peter Himmel. Er war groß und voll Humor mit seiner Hornbrille, ein liebenswürdiger Spinner. Sie faßte plötzlich eine Abneigung gegen ihn – vielleicht weil er erfolglos versucht hatte, sie zu küssen.

»Na«, sagte sie, »sind Sie noch wütend auf mich?«

»Nicht im geringsten.«

Sie trat einen Schritt vor und nahm seinen Arm.

»Tut mir leid«, sagte sie sanft. »Ich weiß nicht, warum ich so heftig geworden bin. Aus einem sonderbaren Grund bin ich heute abend in mieser Stimmung. Tut mir leid.«

»Ist schon recht«, murmelte er, »lassen wir das.«

Er war unangenehm verlegen. Spielte sie darauf an, daß er vorhin versagt hatte?

»Es war ein Fehler«, fuhr sie in dem gleichen bewußt sanften Ton fort. »Wir wollen's beide vergessen.« Das machte sie ihm verhaßt.

Nach wenigen Minuten trieben sie auf dem Parkett dahin, während die zwölf Mitglieder des eigens gemieteten Jazz-Orchesters swingend und seufzend die Menge im Ballsaal dahingehend informierten, daß »ein Saxophon und ich, allein gelassen, wunderschön zusammenpassen«.

Ein Mann mit Schnurrbärtchen unterbrach sie.

»Halloh«, begann er vorwurfsvoll. »Sie erinnern sich nicht an mich.«

»Mir fällt nur eben Ihr Name nicht ein«, sagte sie leichthin – »dabei kenne ich Sie so gut.«

»Ich traf Sie zuletzt oben bei –« seine Stimme verklang hoffnungslos, als ein blondhaariger Mann sie abklatschte. Edith murmelte zu dem Unbekannten ein konventionelles »Tausend Dank – später wieder.«

Der Blonde bestand darauf, ihr übertrieben die Hand zu schütteln. Sie ordnete ihn als einen der vielen Jims ein, die sie kannte – Nachname total entfallen. Sie erinnerte sich sogar, daß er einen besonderen Rhythmus beim Tanzen hatte, und fühlte sich darin sogleich bestätigt.

»Für länger hier?« hauchte er hoffnungsvoll.

Sie lehnte sich zurück und blickte zu ihm auf.

»Ein paar Wochen.«

»Wo wohnen Sie?«

»Biltmore. Rufen Sie mich irgendwann mal an.«

»Wirklich«, versicherte er, »das werde ich. Wir werden zusammen Tee trinken.«

»Das meine ich auch – also tun Sie's.«

Ein dunkelhaariger Mann präsentierte sich betont förmlich.

»Sie erinnern sich nicht an mich, oder?« sagte er ernst.

»Ich würde sagen, doch. Sie heißen Harlan.«

»Nei-en. Barlow.«

»Nun, ich wußte, daß es ein zweisilbiger Name war. Sie sind der, der auf Howard Marshalls Party so gut die Ukulele spielte.«

»Ich spielte – aber nicht –.«

Ein Mann mit vorstehenden Zähnen klatschte sie ab. Edith atmete eine leichte Fahne von Whisky ein. Sie mochte es, wenn Männer etwas getrunken hatten; sie waren so viel gelöster, verständnisvoll und zuvorkommend – es war viel leichter mit ihnen.

»Dean ist mein Name, Philip Dean«, sagte er freundlich. »Sie erinnern sich nicht, ich weiß, aber Sie kamen immer nach New Haven mit einem, der im Senior-Jahr mit mir zusammenwohnte, Gordon Sterrett.«

Edith blickte rasch auf.

»Ja, ich kam zweimal mit ihm – zum Pump-and-Slipper-Ball und zum Junioren-Tanzabend.«

»Natürlich haben Sie ihn schon erspäht«, sagte Dean obenhin. »Er ist heute abend hier. Hab ihn eben noch gesehen.«

Edith erschrak. Dabei war sie ganz sicher gewesen, daß er hier sein würde.

»Wie, nein, ich hab nicht –.«

Ein dicker Rothaariger unterbrach sie.

»Halloh, Edith«, begann er.

»Ja – Halloh –.«

Sie glitt aus, strauchelte ein wenig.

Sie hatte Gordon erblickt — Gordon, der sehr blaß und teilnahmslos gegen eine Türfüllung gelehnt dastand, rauchte und in den Ballsaal blickte. Edith konnte sehen, daß sein Gesicht abgezehrt und bleich war – daß die Hand, mit der er die Zigarette zum Mund führte, zitterte. Sie tanzte jetzt ganz in seiner Nähe.

»Die laden jetzt so viele Männer zusätzlich ein, daß man –« sagte der Dicke.

»Halloh, Gordon«, rief Edith über die Schulter ihres Tanzpartners hinweg. Ihr Herz schlug wild.

Seine großen dunklen Augen waren auf sie gerichtet. Er tat einen Schritt in ihre Richtung. Ihr Partner drehte sie von ihm weg – sie hörte ihn weiter schwatzen –.

»– aber die Hälfte findet keine Dame und betrinkt sich nur und bricht früh auf, also –.«

Dann eine leise Stimme zu ihrer Seite.

»Darf ich bitten?«

Und plötzlich tanzte sie mit Gordon; mit einem Arm hatte er sie umfaßt; sie fühlte, wie der Arm sich krampfartig spannte, fühlte seine Hand mit gespreizten Fingern auf ihrem Rücken. Ihre Hand, die das Seidentüchlein hielt, war in seine geschmiegt.

»Nein, Gordon«, begann sie atemlos.

»Halloh, Edith.«

Wieder glitt sie aus – fing sich wieder, vorwärts gestoßen, bis ihr Gesicht das schwarze Tuch seines Smokings berührte. Sie liebte ihn – wußte, daß sie ihn liebte – und dann entstand eine Minute Schweigen, während sie ein sonderbares Gefühl der Unsicherheit beschlich. Irgendetwas stimmte nicht.

Plötzlich verkrampfte sich ihr Herz und schlug heftiger, als sie erkannte, woran es lag. Er war elend und erbärmlich, ein bißchen betrunken und völlig erschöpft.

»Oh –«, rief sie unwillkürlich aus.

Er blickte auf sie hernieder. Sie sah plötzlich, daß seine Augen blutunterlaufen waren und sich nicht mehr in der Gewalt hatten.

»Gordon«, flüsterte sie, »setzen wir uns, ich möchte sitzen.«

Sie waren etwa in der Mitte des Saales, aber sie hatte zwei Männer aus entgegengesetzten Richtungen auf sie zustürzen sehen, und so hielt sie an, ergriff Gordons schlaffe Hand und führte ihn, hier und da anstoßend, durch die Menge mit fest geschlossenem Mund, einem etwas blassen Gesicht unter dem Rouge und Tränen in den Augen.

Sie fand einen Platz hoch oben auf der teppichbelegten Treppe, und er setzte sich schwerfällig neben sie.

»Ja«, begann er, sie unsicher anblickend. »Ich bin wirklich froh, dich wiederzusehen, Edith.«

Sie sah ihn an, ohne zu antworten. Die Wirkung auf sie war verheerend. Jahrelang hatte sie Männer in den verschiedensten Stadien der Betrunkenheit gesehen, angefangen mit ihren Onkeln bis hinunter zu Chauffeuren, und es hatte sie je nachdem amüsiert oder abgestoßen, aber hier packte sie zum erstenmal ein neues Gefühl – ein unaussprechliches Entsetzen.

»Gordon«, sagte sie vorwurfsvoll und fast weinend, »du siehst aus wie der Teufel.«

Er nickte. »Ich habe Ärger gehabt, Edith.«

»Ärger?«

»Alle Arten von Ärger. Sag bloß nichts meiner Familie, aber ich bin völlig am Ende. Ich bin ein Wrack, Edith.«

Seine Unterlippe sank herab. Er schien sie kaum noch zu sehen.

»Kannst du – kannst du mir«, sie zögerte, »kannst du mir nichts davon erzählen, Gordon? Du weißt, ich nehme stets besonderen Anteil an dir.«

Sie biß sich auf die Lippen – sie hatte es deutlicher sagen wollen, kam aber schließlich zu der Erkenntnis, daß sie es nicht über sich brachte.

Gordon schüttelte betrübt den Kopf. »Ich kann's dir nicht sagen. Du bist eine anständige Frau. Einer anständigen Frau kann ich die Geschichte nicht erzählen.«

»Quatsch«, sagte sie trotzig. »Es ist eine glatte Beleidigung, jemand so eine anständige Frau zu nennen. Das ist vernichtend. Du hast getrunken, Gordon.«

»Vielen Dank.« Er senkte ernst den Kopf. »Vielen Dank für den Hinweis.«

»Warum trinkst du?«

»Weil ich so verdammt unglücklich bin.«

»Glaubst du, vom Trinken wird es im geringsten besser?«

»Was willst du – mich zu bekehren versuchen?«

»Nein, ich versuche dir zu helfen, Gordon. Kannst du nicht darüber reden?«

»Ich bin gräßlich in der Klemme. Am besten, du tust, als kenntest du mich nicht.«

»Aber warum denn, Gordon?«

»Ich bedaure, daß ich dich aufgefordert habe – das ist nicht fair gegen dich. Du bist eine anständige Frau – und so weiter. Hier, ich werd dir jemand anders zum Tanzen beschaffen.«

Er erhob sich schwerfällig, aber sie faßte seine Hand und zog ihn wieder neben sich auf die Treppenstufe.

»Hör zu, Gordon. Du machst dich lächerlich. Du verletzt mich. Du benimmst dich wie ein – wie ein Verrückter –.«

»Geb ich zu. Bin ein bißchen verrückt. Etwas stimmt nicht mit mir, Edith. Etwas ist mir abhanden gekommen. Ist nicht so wichtig.«

»Doch, sag's mir.«

»Eben das. Ich war immer schon sonderbar. Ein bißchen anders als andere Jungen. Auf dem College ging es noch, aber jetzt ist alles heillos verfahren. Etwas hat in mir ausgehakt, vier Monate schon, wie Häkchen an einem

Kleid, und wenn noch ein paar Haken aufgehen, dann ist es soweit. Ich werde ganz allmählich verrückt.«

Er sah sie voll an und begann zu lachen, und sie wich von ihm zurück.

»Was ist es denn wirklich?«

»Nur ich«, wiederholte er. »Ich werde verrückt. Das Ganze hier kommt mir wie ein Traum vor – dieses Delmonico –.«

Während er noch sprach, erkannte sie, daß er sich völlig verändert hatte. Er war überhaupt nicht mehr leichtlebig, heiter und sorglos – eine große Lethargie und Niedergeschlagenheit war über ihn gekommen. Ein Widerwille überkam sie, und dann fühlte sie sich zu ihrer Überraschung leicht angeödet. Seine Stimme kam gleichsam aus einer großen Leere.

»Edith«, sagte er, »ich dachte immer, ich sei intelligent, begabt, ein Künstler. Jetzt weiß ich, daß ich nichts von alledem bin. Ich kann nicht einmal zeichnen, Edith. Ich weiß nicht, warum ich dir das alles erzähle.«

Sie nickte geistesabwesend.

»Ich kann nicht zeichnen, ich kann überhaupt nichts. Ich bin arm wie eine Kirchenmaus.« Er lachte, bitter und etwas zu laut. »Ich bin zum Bettler geworden, sauge meine Freunde aus. Ich bin ein Versager, verarmt.«

Ihr Widerwille nahm zu. Diesmal nickte sie kaum noch, wartete auf die erste Gelegenheit aufzustehen.

Plötzlich füllten sich Gordons Augen mit Tränen.

»Edith«, sagte er, sichtlich um Selbstbeherrschung bemüht, »ich kann dir nicht sagen, wieviel es mir bedeutet, zu wissen, da ist wenigstens noch ein Mensch, der an mir Anteil nimmt.«

Er versuchte, ihre Hand zu tätscheln, aber sie zog sie unwillkürlich zurück.

»Das ist großartig von dir«, wiederholte er.

»Nun«, sagte sie gedehnt und sah ihm in die Augen, »man freut sich eben immer, einen alten Freund wiederzusehen – aber dich so zu sehen, das macht mich traurig, Gordon.«

Es entstand eine Pause, während der sie einander ansahen, und das momentane Verlangen in seinem Blick verflog. Sie erhob sich und blickte auf ihn hinab; dabei war ihr Gesicht völlig ausdruckslos.

»Sollen wir tanzen?« sagte sie kühl.

– Liebe zerbricht leicht – dachte sie – aber vielleicht kann man die Bruchstücke aufheben, die Worte, die einem auf der Zunge lagen, die man hätte aussprechen mögen. Die neuen Liebesworte, die eingeübte Zärtlichkeit, sind im Gedächtnis aufbewahrt für den nächsten Verehrer.

V

Peter Himmel, der Begleiter der reizenden Edith, war es nicht gewohnt, eine Abfuhr zu erleiden, so fühlte er sich verletzt, war fassungslos und vor sich selber beschämt. Seit rund zwei Monaten stand er mit Edith Bradin in Eilbriefwechsel, und da er wußte, daß solche Eilbriefe nur mit dem Wert, den sie der Gefühlsbeziehung geben, erklärt und entschuldigt werden können, hatte er sich seiner Sache völlig sicher gefühlt. Er suchte vergebens nach einem Grund, aus dem sie sich wegen eines simplen Kusses so verhalten haben könnte.

Als er daher von dem Mann mit dem Schnurrbärtchen abgeklatscht wurde, ging er hinaus in die Halle und legte sich einen Spruch zurecht, den er sich mehrmals wiederholte. Der lautete, stark abgeschwächt, folgendermaßen: »Wenn je ein Mädchen einen Mann ermutigt und ihn abblitzen lassen hat, dann sie – und es geschieht ihr recht, wenn ich mich davon mache und mir eine fabelhafte Wut antrinke.«

Also ging er durch den Speisesaal in einen kleinen anstoßenden Raum, den er schon früher am Abend entdeckt hatte. In diesem Raum standen mehrere große Bowlengefäße mit Punsch und noch viele andere Flaschen. Er holte sich einen Stuhl neben den Tisch, auf dem die Flaschen standen.

Beim zweiten Whisky-Soda versanken für ihn Langeweile, Überdruß, die Monotonie der Zeit und die Verworrenheit der Ereignisse in einen nebelhaften Hintergrund, vor dem sich glitzernde Spinnweben bildeten; die Mißhelligkeiten des Tages ordneten sich zu einer strammen Formation und marschierten, als er sie mit einem knappen Wink entließ, davon und verschwanden. Und mit dem Abgang des Kummers erschien eine strahlende allumfassende Symbolik. Edith wurde zu einem flatterigen unbedeutenden jungen Ding, über das man sich nicht ärgern, sondern eher lachen sollte. Sie fügte sich wie eine Traumfigur in die vordergründige Welt ein, die ihn umnebelte. Er selbst wurde gewissermaßen zu einem Symbol, ein Typ des platonischen Genießers, der meisterhafte Traumspieler.

Dann verblaßte diese symbolische Anwandlung, und während er seinen dritten Whisky-Soda trank, wich seine Einbildungskraft der inneren Erwärmung und er glitt in einen Zustand, ähnlich dem Dahintreiben in lauwarmem Wasser. An diesem Punkt bemerkte er, daß eine grüngepolsterte Tür in seiner Nähe ein paar Zentimeter offenstand und daß ein Paar Augen ihn durch die Öffnung scharf beobachtete.

»Hm«, murmelte Peter ungerührt.

Die grüne Tür schloß sich – und ging dann wieder auf – diesmal kaum einen Zentimeter weit.

»Haschmich«, murmelte Peter.

Die Tür bewegte sich jetzt nicht mehr, aber er vernahm ein aufgeregtes, stockendes Geflüster.

»Einer ist da.«

»Was macht er?«

»Sitzt und guckt.«

»Der soll mal verduften. Wir brauchen ne neue Buddel.«

Peter lauschte, während die Worte in sein Bewußtsein drangen.

»Na so was«, dachte er, »ist ja erstaunlich.«

Er war entzückt. Er frohlockte. Eine mysteriöse Sache, auf die er da gestoßen war. Mit gespielter Ahnungslosigkeit erhob er sich und ging um den Tisch – dann mit einer raschen Wendung riß er die grüne Tür auf, und Soldat Rose stolperte heraus.

Peter verbeugte sich.

»How do you do«, sagte er.

Soldat Rose setzte einen Fuß vorsichtig vor den anderen, auf Kampf, Flucht oder einen Kompromiß eingestellt.

»How do you do?«, wiederholte Peter höflich.

»Ganz in Ordnung.«

»Darf ich Ihnen einen Drink anbieten?«

Soldat Rose blickte ihn forschend an, glaubte sich womöglich verulkt.

»Na denn«, sagte er schließlich.

Peter wies auf einen Stuhl.

»Setzen Sie sich.«

»Ich hab noch'n Freund«, sagte Rose, »hab'n Freund da drinnen.« Er zeigte auf die grüne Tür.

»Unbedingt, holen wir ihn rein.«

Peter ging hinüber, öffnete die Tür und begrüßte Soldat Key, der sehr mißtrauisch, unsicher und schuldbewußt war. Stühle wurden herangeholt, und die drei ließen sich um die Punschbowle nieder. Peter gab jedem einen Whisky-Soda und bot ihnen eine Zigarette aus seinem Etui an. Etwas schüchtern nahmen es beide an.

»So«, fuhr Peter unbekümmert fort, »darf ich fragen, warum die Herren ihre Mußestunden in einem Raum verbringen, der, soweit ich sehe, hauptsächlich mit Besen und Schrubbern ausgestattet ist. Und da der menschliche Fortschritt eine Stufe erreicht hat, wo an jedem Tag, Sonntag ausgenommen, siebzehntausend Stühle fabriziert werden –«, er unterbrach sich, während Rose und Key ihn verständnislos anblickten – »wollen Sie mir da sagen«, fuhr Peter fort, »warum Sie sich als Sitzgelegenheit einen Artikel ausgesucht haben, der für den Transport von Wasser von einem Ort zum andern bestimmt ist?«

An dieser Stelle steuerte Rose ein Grunzen zur Unterhaltung bei.

»Und dann«, sagte Peter abschließend, »wollen Sie mir sagen, warum Sie in einem Gebäude, das mit prächtigen Kronleuchtern vollhängt, es vorziehen, diese abendlichen Stunden unter einer einzigen anämischen elektrischen Birne zu verbringen?«

Rose blickte Key an; Key sah Rose an. Sie lachten; sie lachten unbändig; es war ihnen unmöglich, einander anzusehen, ohne zu lachen. Aber sie lachten nicht mit diesem Mann, sie lachten über ihn. Für sie war ein Mann, der so gestelzt redete, entweder wunderbar betrunken oder wunderbar verrückt.

»Sie sind auch von Yale, nehme ich an«, sagte Peter, indem er seinen Whisky austrank und sich einen neuen mischte.

Sie lachten wieder.

»Nee.«

»So? Ich dachte, Sie wären vielleicht Mitglieder jener niederen Sektion der Universität, bekannt als das Sheffield Polytechnikum.«

»Nee.«

»Hm. Das ist schon schlechter. Aber zweifellos sind Sie Harvard-Studenten und darauf bedacht, Ihr Inkognito zu wahren in diesem – diesem Paradies in Lilablau, wie die Zeitungen es nennen.«

»Nee«, sagte Key verächtlich, »wir ha'm bloß auf jemand gewartet.«

»Ah«, rief Peter, »sehr interessant. Wohl ein Rendezvous mit einer Dame von der Besengarde, wie?« Er füllte wieder ihre Gläser.

Beide wiesen das entrüstet von sich.

»Schon recht«, beruhigte er sie, »braucht euch nicht zu entschuldigen. So eine Lady ist ebenso gut wie jede andere Lady in der Welt. Kipling sagt ›Irgend ne Lady und Judy O'Grady unter der Haut‹.«

»Gewiß«, sagte Key und zwinkerte Rose ungeniert zu.

»Mein Fall zum Beispiel«, fuhr Peter fort und trank dabei sein Glas aus. »Ich hatte da oben 'n Mädchen, die is vielleicht verwöhnt. Das verwöhnteste Ding, das ich je gesehn hab. Wollte mich nicht küssen; überhaupt kein Grund. Sie gab mir absichtlich zu verstehn, sie will mich küssen, und dann Schwupp! Kalte Schulter! Wie soll es da die jüngere Generation zu was bringen?«

»Nein, das's Pech«, sagte Key – »das's verdammt hart.«

»Junge, Junge!« sagte Rose.

»Noch einen?« sagte Peter.

»Wir gerieten vorhin in so'ne Art Kampf«, sagte Key nach einer Pause, »aber es war zu weit weg.«

»Ein Kampf? – das's Sache!« sagte Peter, indem er sich wankend hinsetzte. »Gebt's ihnen tüchtig! Ich war in der Armee.«

»Da ging's um so'n Bolschewiken.«

»Großartig!« rief Peter begeistert. »Was ich immer sage! Nieder mit den Bolschewiken! Ausrotten!«

»Wir sin Amerikaner«, sagte Rose mit einem kräftigen Schuß Patriotismus.

»Und ob«, sagte Peter. »Größtes Volk in der Welt! Wir alle sind Amerikaner! Nehmt noch einen.«

Sie nahmen noch einen.

VI

Um ein Uhr traf ein ganz spezielles Orchester, speziell selbst an einem Tag der Spezialorchester, im Delmonico Hotel ein, und seine Mitglieder setzten sich arrogant rund um das Klavier und nahmen es auf sich, der Gamma-Psi-Fraternität Musik zu liefern. Sie wurden von einem ausgezeichneten Flötisten angeführt, berühmt in ganz New York für seinen Trick, auf dem Kopf zu stehen und im

Shimmy-Takt mit den Schultern zu zucken, während er auf seiner Flöte den neuesten Jazz spielte. Bei seiner Vorführung wurden die Lichter gelöscht bis auf ein Spotlight für den Flötenspieler und einen Scheinwerfer, der über die Masse der Tanzenden hinstreifte und ein Schattengeflimmer und ein Kaleidoskop von Farben über sie warf.

Edith hatte sich in jenen erschöpften traumhaften Zustand hineingetanzt, der sonst nur bei Debütantinnen vorkommt, einen Zustand, der dem Glühen eines edlen Gemüts nach mehreren Whisky-Soda entspricht. Ihr Geist wiegte sich gleichsam auf dem Busen ihrer eigenen Musik; ihre Partner wurden in dem Farbenspiel des gedämpften Lichts zu unwirklichen Phantomen, und in ihrem gegenwärtigen Dämmerzustand schien es ihr, als seien Tage vergangen, seit der Tanz begann. Sie hatte mit vielen Männern sprunghaft über allerlei Fragen geplaudert. Sie war einmal geküßt worden und hatte sich sechsmal verliebt. Früher am Abend hatten verschiedene junge Semester mit ihr getanzt, aber jetzt hatte sie, wie alle die beliebteren Mädchen, ihre eigene *entourage* – das heißt, ein halbes Dutzend Verehrer hatten sie auserwählt oder wechselten von ihr zu den Reizen irgendeiner anderen Erwählten hinüber; beim Tanzen jedenfalls wurde sie in regelmäßiger unausweichlicher Folge abgeklatscht.

Mehrmals hatte sie Gordon gesehen – er hatte lange Zeit auf der Treppe gesessen, den Kopf in die Hand gestützt, den trägen Blick auf irgendeinen Fleck zu seinen Füßen gerichtet; er wirkte sehr niedergeschlagen und reichlich betrunken – aber Edith hatte jedesmal den Blick rasch abgewendet. All das schien weit zurückzuliegen; ihr Geist war jetzt untätig, ihre Sinne waren in einen tranceartigen

Schlaf eingelullt; nur ihre Füße tanzten und ihre Stimme plauderte weiter unklares sentimentales Zeug.

Aber ihre Müdigkeit ging nicht so weit, daß sie nicht mehr in der Lage gewesen wäre, sich moralisch zu entrüsten, als Peter Himmel, fabelhaft und selig betrunken, sie aufforderte. Fassungslos blickte sie auf und sah ihn an.

»Nein, *Peter*!«

»Bin'n büschen blau, Edith.«

»Nein, Peter, du bist 'n *Ekel*, das bist du! Findest du dein Benehmen nicht ein bißchen schäbig – wo du doch mit mir gekommen bist?«

Dann mußte sie unwillkürlich lächeln, denn er sah sie so dumm und treuherzig an, wobei sich sein Gesicht abwechselnd zu einem albernen Lächeln verkrampfte.

»Edith, Liebling«, begann er feierlich, »du weißt, ich liebe dich, weißt du?«

»Das sagt sich leicht.«

»Ich liebe dich – und ich wollte ja nur einen Kuß von dir«, fügte er traurig hinzu.

Seine Verlegenheit, seine Beschämung, die waren weg. Sie war s wunnerschönste Mädchen inner ganzen Welt. Wunnervollste Augen, wie obn die Sterne. »tschuldigung bitte – ers'ns«, weil er angenommen hatte, er könne versuchen, sie zu küssen, und zweitens von wegen Trinken – aber er war so ratlos, weil er gedacht hatte, sie wär wütend auf ihn –.

Der dicke Rotgesichtige klatschte sie ab und blickte strahlend zu Edith empor.

»Haben Sie jemand mit hergebracht?« fragte sie.

Nein. Der rote Dicke war ohne Dame.

»Hm, hätten Sie etwas dagegen – wäre es eine schlimme

Belastung für Sie – mich heute abend nach Hause zu bringen?« (Edith verstand es reizend, diese übertriebene Schüchternheit zu affektieren – sie wußte natürlich, daß der Dicke sofort in höchstem Entzücken dahinschmelzen würde.)

»Belastung? Nein, großer Gott, ich wäre überglücklich! Verstehen Sie, überglücklich.«

»Tausend Dank! Sie sind wahnsinnig nett.«

Sie sah auf ihre Armbanduhr. Es war halb zwei. Und als sie »halb zwei« vor sich hin sagte, fuhr es ihr durch den Sinn, daß ihr Bruder ihr mittags gesagt hatte, er arbeite jeden Abend bis nach halb zwei in der Redaktion seiner Zeitung.

Edith wandte sich plötzlich an ihren jetzigen Tanzpartner.

»An welcher Straße liegt doch das Delmonico?«

»Straße? Wieso, Fifth Avenue natürlich.«

»Ich meine, an welcher Querstraße?«

»Nun, Moment, an der Vierundvierzigsten Straße.«

Das bestätigte, was sie sich schon gedacht hatte. Henrys Büro mußte gleich über die Straße sein, nur eben um die Ecke, und ihr kam sogleich der Gedanke, sie könnte mal eben hinüberspringen und ihn überraschen, bei ihm hereinrauschen, ein schimmerndes Wunder in ihrem neuen karmesinroten Abendmantel, und ihn »etwas aufmuntern«. Das war genau so ein Auftritt, wie Edith ihn sich gern ausmalte – unkonventionell und übermütig. Die Idee vertiefte sich und beschäftigte ihre Fantasie – und nach einem Augenblick des Zögerns war der Entschluß gefaßt.

»Meine Frisur wird sich gleich ganz auflösen«, sagte sie freundlich, »hätten Sie etwas dagegen, wenn ich gehe und sie in Ordnung bringe?«

»Nicht das geringste.«

»Sie sind ein Schatz.«

Wenige Minuten später flitzte sie, in ihren roten Abendmantel gehüllt, eine Nebentreppe hinunter, und ihre Wangen glühten vor Aufregung über dieses kleine Abenteuer. Sie rannte an einem Paar vorbei, das in der Nähe der Tür stand – ein Kellner mit wenig Kinn und eine übermäßig geschminkte junge Dame in heißem Disput –, und indem sie die Außentür aufstieß, trat sie hinaus in die warme Mainacht.

VII

Die verschminkte junge Dame schickte ihr einen kurzen boshaften Blick nach – wandte sich dann wieder dem Kellner mit dem schwachen Kinn zu und stritt weiter mit ihm.

»Sie gehen besser rauf und sagen ihm, daß ich hier bin«, sagte sie trotzig, »oder ich geh selbst.«

»Nein, das werden Sie nicht!« sagte George streng.

Das Mädchen lächelte hämisch.

»So, ich werde nicht, werde nicht? Nun, lassen Sie sich sagen, ich kenne mehr Jungen vom College, als Sie in Ihrem ganzen Leben gesehen haben, und mehr kennen mich und brennen darauf, mich auf eine Party mitzunehmen.«

»Mag sein –.«

»Mag sein«, unterbrach sie ihn. »Oh, jeder von denen wie der, die da eben rausrannte – weißgott wohin *die* ging – läßt man es durchgehen, zu kommen und zu gehen, wie's ihnen paßt – aber wenn ich hier einen Freund treffen will, dann haben sie da so einen miesen, billigen Kellner, der hier steht und mich abweisen will.«

»Sehen Sie«, sagte der ältere Key ungehalten, »ich kann meine Stellung nicht aufs Spiel setzen. Womöglich will dieser Bursche, von dem Sie reden, Sie gar nicht sehen.«

»Oh, und ob er mich sehen will.«

»Jedenfalls, wie soll ich ihn in dieser Menschenmenge finden?«

»Oh, er ist da«, sagte sie zuversichtlich. »Sie fragen einfach jemand nach Gordon Sterrett, und man wird ihn Ihnen zeigen. Die kennen alle einander, diese Burschen.«

Sie zog ein Täschchen hervor, nahm eine Dollarnote heraus und gab sie George.

»Hier«, sagte sie, »als Bestechung. Sie finden ihn und richten ihm meine Botschaft aus. Sie sagen ihm, wenn er nicht in fünf Minuten hier ist, komme ich rauf.«

George schüttelte pessimistisch den Kopf, überlegte einen Augenblick, schwankte noch und ging dann.

In weniger als der gesetzten Frist kam Gordon herunter. Er war betrunkener, als er es früher am Abend gewesen war, und auf eine andere Art. Der Alkohol schien sich auf ihm zu einer Kruste verhärtet zu haben. Er war tapsig und taumelig – kaum zu verstehen, wenn er redete.

»Halloh, Jewel«, sagte er mit schwerer Zunge. »Bin gleich gekommen. Jewel, ich konnte das Geld nicht kriegen. Hab alles versucht.«

»Ach was, Geld!« fuhr sie ihn an. »Du bist zehn Tage nicht bei mir gewesen. Was ist los?«

Er schüttelte langsam den Kopf.

»Ich war ganz runter, Jewel. War krank.«

»Warum hast du mir nichts gesagt, wenn du krank warst. An dem Geld liegt mir nicht *so* viel. Ich habe dir deswegen überhaupt nicht zugesetzt, bis du anfingst, mich sitzen zu lassen.«

Wieder schüttelte er den Kopf.

»Hab dich nich vernachlässigt. Überhaupt nich.«

»Hast nicht! Du bist drei Wochen nicht in meine Nähe gekommen, außer du warst so betrunken, daß du nicht mehr wußtest, was du tatst.«

»War krank, Jewel«, wiederholte er und sah sie dabei bekümmert an.

»Du bist gesund genug, um herzukommen und dich hier mit deinen Freunden zu amüsieren. Du hast gesagt, du wolltest mich zum Dinner treffen, und hast gesagt, du würdest etwas Geld für mich haben. Nicht einmal angerufen hast du mich.«

»Ich konnte kein bißchen Geld beschaffen.«

»Hab ich nicht eben gesagt, das macht nichts? Ich wollte *dich* sehen, Gordon, aber du ziehst anscheinend irgend sonst wen vor.«

Er stritt das heftig ab.

»Dann hol deinen Hut und komm mit«, drängte sie.

Gordon zögerte – und sie trat plötzlich dicht an ihn heran und schlang die Arme um seinen Hals.

»Komm mit mir, Gordon«, sagte sie nahezu flüsternd. »Wir gehn rüber zu Devineries und nehmen einen Drink, und danach können wir zu mir raufgehen.«

»Ich kann nicht, Jewel –.«

»Doch kannst du«, sagte sie eindringlich.

»Ich bin hundeelend!«

»So, dann brauchst du auch nicht hierbleiben und tanzen.«

Mit einem halb erleichterten und halb verzweifelten Blick um sich zögerte Gordon noch; dann zog sie ihn plötzlich an sich und küßte ihn mit weichen fleischigen Lippen.

»Na schön«, sagte er schwerzüngig. »Ich werd mein' Hut holen.«

VIII

Als Edith in die klare blaue Mainacht hinaustrat, war die Avenue menschenleer. Die Schaufenster der großen Läden waren dunkel; über ihre Türen waren große eiserne Masken herabgelassen, so daß sie nur noch wie dunkle Grüfte vom Glanz des dahingegangenen Tages wirkten. Indem sie auf die Zweiundvierzigste Straße entlangblickte, sah sie verschwommen die Lichter der Nachtlokale. Weiter drüben in der Sixth Avenue rauschte die Hochbahn wie ein Feuerstreif zwischen den flimmernden Lichterketten des Bahnhofs quer über die Straße und sauste weiter in die erfrischende Dunkelheit. Aber in der Vierundvierzigsten Straße war es ganz still.

Edith zog ihren Mantel fester um sich und überquerte rasch die Avenue. Sie zuckte ängstlich zusammen, als ein einzelner Mann an ihr vorbeiging und in heiserem Flüsterton sagte »Wohin so spät, Kindchen?« Das erinnerte sie an einen Abend in ihrer Kindheit, als sie in ihrem Schlafanzug rund um den Häuserblock spaziert war und ein Hund von einem geheimnisvollen Hofgelände her sie angebellt hatte.

Eine Minute später hatte sie ihr Ziel erreicht, ein

zweistöckiges, vergleichsweise altes Haus in der Vierundvierzigsten, in dessen oberer Fensterreihe sie erleichtert einen Lichtschimmer bemerkte. Es war draußen noch hell genug, daß sie das Schild neben dem Fenster entdecken konnte – *Die New Yorker Fanfare*. Sie trat in eine dunkle Halle, und nach kurzer Zeit sah sie in einem Winkel die Treppe zum Obergeschoß.

Dann war sie in einem langen niedrigen Raum, der mit vielen Schreibtischen möbliert war und auf allen Seiten vollgehängt mit angepinnten Zeitungsausschnitten. Es waren nur zwei Männer im Raum. Sie saßen jeder an einem Ende, trugen grüne Augenschirme und schrieben beim Licht einer einzigen Schreibtischlampe.

Einen Augenblick stand sie unschlüssig in der Tür; dann wandten sich beide Männer gleichzeitig um, und sie erkannte ihren Bruder.

»Nein, Edith!« Er stand sogleich auf und trat überrascht auf sie zu, wobei er seinen Augenschirm abnahm. Er war groß, mager und dunkel, mit schwarzen durchdringenden Augen hinter sehr dicken Brillengläsern. Es waren verträumte Augen, die immer einen Punkt etwas über dem Kopf der Person fixierten, mit der er gerade sprach.

Er legte beide Hände an ihre Arme und küßte sie auf die Wange.

»Was ist los?« wiederholte er einigermaßen beunruhigt.

»Ich war auf einem Tanzabend drüben im Delmonico, Henry«, sagte sie aufgeregt, »und da konnte ich nicht widerstehen, einmal rasch herüberzufliegen, um dich zu sehen.«

»Das freut mich aber.« Seine momentane Frische wich alsbald einer gewohnheitsmäßigen Unentschlossenheit.

»Doch du solltest wohl nicht allein bei Nacht unterwegs sein, oder?«

Der Mann am anderen Ende des Zimmers hatte neugierig zu ihnen herübergeblickt, aber auf Henrys Wink kam er näher. Er war etwas schlaff und dick mit kleinen zwinkernden Augen, und da er Kragen und Schlips abgenommen hatte, wirkte er wie ein Farmer aus dem Mittelwesten an einem Sonntagnachmittag.

»Dies ist meine Schwester«, sagte Henry. »Sie schaut herein, um mich zu besuchen.«

»Guten Abend«, sagte lächelnd der Dicke. »Mein Name ist Bartholomew, Miss Bradin. Aber ich weiß, Ihr Bruder hat ihn längst vergessen.«

Edith lachte höflich.

»Nun«, fuhr er fort, »nicht gerade prächtig, unsere Unterkunft hier, nicht wahr?«

Edith sah sich im Zimmer um.

»Ich finde es sehr hübsch«, erwiderte sie. »Und wo verwahren Sie die Bomben?«

»Die Bomben?« wiederholte Bartholomew lachend. »Das ist gut – die Bomben. Hast du das gehört, Henry? Sie will wissen, wo wir die Bomben aufbewahren. Sag selbst, das ist gut.«

Edith schwang sich auf einen unbenutzten Schreibtisch und ließ die Beine über den Rand baumeln. Ihr Bruder rückte sich einen Stuhl neben sie.

»Nun«, fragte er geistesabwesend, »wie findest du New York diesmal?«

»Nicht schlecht. Ich werde bis Sonntag mit den Hoyts im Biltmore sein. Kannst du nicht morgen zum Lunch hinkommen?«

Er dachte einen Augenblick nach.

»Ich habe gerade besonders viel zu tun«, wandte er ein, »und Frauen, wenn sie zu mehreren sind, mag ich nicht.«

»Schon recht«, gab sie gelassen zu. »Dann frühstücken eben wir beide zusammen.«

»Ausgezeichnet.«

»Ich werde dich um zwölf anrufen.«

Bartholomew strebte offensichtlich wieder an seinen Schreibtisch, aber hielt es offenbar für unhöflich, sich ohne irgendeine scherzhafte Bemerkung zu verabschieden.

»Jaa –«, begann er verlegen.

Beide wandten sich zu ihm um.

»Also, wir – wir hatten heute abend ein aufregendes Erlebnis.«

Die beiden Männer wechselten einen Blick.

»Sie hätten früher kommen sollen«, fuhr Bartholomew etwas mutiger geworden fort. »Wir hatten eine richtige Varieté-Vorstellung.«

»Nein, wirklich?«

»Ein Ständchen«, sagte Henry. »Ein Haufen Soldaten sammelte sich unten auf der Straße und brüllte zu dem Schild empor.«

»Wieso?« fragte sie.

»Eben ne Volksmasse«, sagte Henry zerstreut. »Alle Volksmassen müssen brüllen. Die hatten offenbar keinen, der sie entschlossen anführte, oder sie wären womöglich hier eingedrungen und hätten alles zerschlagen.«

»Ja«, sagte Bartholomew wieder zu Edith, »da hätten Sie hier sein sollen.«

Anscheinend hielt er dies für einen zureichenden Grund, sich zurückzuziehen, denn er machte plötzlich kehrt und ging wieder an seinen Schreibtisch.

»Sind die Soldaten alle gegen die Sozialisten eingestellt?« fragte Edith ihren Bruder. »Ich meine, gehen sie gewaltsam gegen euch vor undsoweiter?«

Henry rückte seinen Augenschirm wieder zurecht und gähnte.

»Die menschliche Rasse hat es weit gebracht«, sagte er beiläufig, »aber die meisten von uns sind Rückfälle; die Soldaten wissen nicht, was sie wollen oder wogegen sie sind oder was sie mögen. Sie sind gewohnt, in Massen zu agieren, und anscheinend müssen sie unbedingt Demonstrationen machen. Also zum Beispiel gegen uns. Heute abend gab es Aufruhr in der ganzen Stadt. Ist ja schließlich Erster Mai.«

»War es hier wirklich ernst?«

»Kein bißchen«, sagte er abfällig. »An die fünfundzwanzig von ihnen machten gegen neun in der Straße halt und fingen an, den Mond anzubellen.«

»Oh –.« Sie wechselte das Thema. »Freust du dich wirklich, mich zu sehen, Henry?«

»Wieso? Natürlich.«

»Scheint aber nicht so.«

»Doch.«

»Ich glaube, du hältst mich für – für nichtsnutzig. Sozusagen der Welt schädlichsten Schmetterling.«

Henry lachte.

»Keineswegs. Amüsier dich, solange du jung bist. Wieso? Bin ich denn ein ernster junger Pedant?«

»Nein –«, sie zögerte, » – aber mir kam der Gedanke, wie gründlich sich die Party, auf der ich war, von alledem – von dem, was du willst, unterscheidet. Es scheint irgendwie – unvereinbar, nicht wahr? – Ich auf einer solchen Party, und du arbeitest hier für eine Sache, die derartige Parties für allezeit unmöglich macht, wenn deine Ideen sich durchsetzen.«

»Ich sehe das nicht so. Du bist jung und du führst genau das Leben, zu dem man dich erzogen hat. Also nur weiter – genieße es.«

Ihre Füße, die müßig gependelt hatten, kamen zur Ruhe und auch ihre Stimme nahm einen anderen Ton an.

»Ich möchte, du – du kämst zurück nach Harrisburg und fühltest dich wohl. Bist du ganz sicher, daß du auf dem richtigen Weg bist –?«

»Du hast wundervolle Strümpfe an«, unterbrach er sie. »Was für welche sind das?«

»Sie sind bestickt«, erwiderte sie mit einem Blick nach unten. »Sind sie nicht schick?« Sie hob den Rock ein wenig und entblößte schlanke seidenbestrumpfte Waden. »Oder hast du etwas gegen Seidenstrümpfe?«

Er schien etwas gereizt und blickte sie aus seinen dunklen Augen durchdringend an.

»Willst du mich etwa so hinstellen, als hätte ich das geringste an dir auszusetzen, Edith?«

»Ganz und gar nicht –.«

Sie verstummte. Bartholomew hatte etwas gebrummt. Sie wandte sich um und sah, daß er seinen Schreibtisch verlassen hatte und am Fenster stand.

»Was gibt's?« fragte Henry.

»Leute«, sagte Bartholomew, und nach einem Augenblick: »Ganze Menschenmassen. Sie kommen von der Sixth Avenue.«

»Leute.«

Der Dicke drückte seine Nase gegen die Scheibe.

»Soldaten, bei Gott!« sagte er nachdrücklich. »Ich dachte mir schon, daß sie wiederkommen würden.«

Edith sprang auf die Füße und lief hinüber zu Bartholomew ans Fenster.

»Eine Unmenge Soldaten!« rief sie aufgeregt. »Komm her, Henry!«

Henry rückte seinen Augenschirm zurecht, blieb aber sitzen.

»Sollten wir nicht besser die Lichter ausmachen?« meinte Bartholomew.

»Nein. Die gehen in einer Minute wieder.«

»Sie gehen nicht«, sagte Edith, durchs Fenster lugend. »Die denken gar nicht daran. Da kommen noch mehr. Sieh doch – ein ganzer Zug kommt um die Ecke der Sixth Avenue.«

In dem gelben Licht und blauen Schatten der Straßenlaterne sah sie, daß der Bürgersteig dichtgedrängt voll Menschen war. Die meisten waren in Uniform, einige nüchtern, einige alkoholisch beschwingt, und über dem Ganzen wogte ein unartikuliertes Geschrei und Gebrüll.

Henry stand auf und ging ans Fenster, wodurch er sich als lange Silhouette vor den Bürolampen exponierte. Sogleich gingen die Rufe in ein gellendes Schreien über, und eine knatternde Salve kleiner Wurfgeschosse – Stückchen Kautabak, Zigarettenschachteln und sogar Pennies – prallten gegen die Fensterscheibe. Der Lärm des Aufruhrs drang jetzt allmählich die Treppe herauf, als die Flügeltüren nachgaben.

»Sie kommen rauf!« rief Bartholomew.

Edith wandte sich verängstigt zu Henry.

»Sie kommen rauf, Henry.«

Die Rufe von unten waren jetzt genau zu hören.

» – Verdammte Sozis!«

»Pro-deutsch! Sind für die Boches!«

»Erster Stock vorn! Los, kommt!«

Die nächsten fünf Minuten glaubte sie zu träumen. Edith nahm gerade noch wahr, daß der Lärm mit einemmal wie ein Regen auf sie drei herunterprasselte, den Donner vieler Füße auf der Treppe und daß Henry sie am Arm in den äußersten Winkel des Büros zurückgerissen hatte. Dann tat sich die Tür auf und der Überdruck der Masse ergoß sich in den Raum – nicht die Anführer, sondern einfach die, die zufällig vorne waren.

»Halloh, Boy!«

»So spät noch auf, wie?«

»Du un dein Mä'chen. Verdammter Hund!«

Sie bemerkte, daß zwei Soldaten in die vorderste Reihe gedrängt worden waren, wo sie sinnlos herumschwankten – der eine war klein und dunkel, der andere groß und fast ohne Kinn.

Henry trat vor und hob die Hand.

»Freunde!« sagte er.

Der Lärm ebbte zu einer momentanen Stille ab, die durch gelegentliches Murren unterbrochen wurde.

»Freunde!« wiederholte er, seine blicklosen Augen auf einen Punkt über den Köpfen der Menge gerichtet, »indem ihr hier hereinbrecht, schädigt ihr niemand als euch selbst. Sehen wir aus wie reiche Leute? sehen wir wie Deutsche aus? Ich frage euch ganz ehrlich –.«

»Halt die Klappe!«

»Genau so!«

»Sag, was für ne schicke Freundin hast du da, Kumpel?«

Ein Mann in Zivil, der auf einem Tisch herumgegrapscht hatte, hielt plötzlich eine Zeitung empor.

»Da haben wir's!« brüllte er. »Sie wollten, daß die Deutschen den Krieg gewinnen!«

Ein neuer Schwung von der Treppe wurde hereingedrängt und mit einemmal war der Raum voll von Männern, die sich alle um das bleiche Grüppchen am anderen Ende schlossen. Edith sah, daß der große Soldat mit dem weichen Kinn immer noch vorne war. Der kleine Dunkle war verschwunden.

Sie wich ein wenig zurück, stand jetzt nahe dem offenen Fenster, durch das kühle Nachtluft hereinströmte.

Dann war der Raum ein einziger Tumult. Sie sah noch, wie die Soldaten vorwärts drängten, erspähte den Dicken, der einen Stuhl über dem Kopf schwang – dann gingen plötzlich die Lichter aus, und sie spürte den Anprall warmer Körper unter rauhem Tuch, und die Ohren dröhnten ihr von Gebrüll, Getrampel und keuchendem Atem.

Eine Gestalt tauchte neben ihr aus dem Nichts auf, schwankte, wurde zur Seite gestoßen und verschwand plötzlich hilflos durch das offene Fenster mit einem erstickten Schreckensschrei, der mit einem Staccato in dem allgemeinen Lärm erstarb. In dem schwachen Licht, das vom gegenüberliegenden Haus hereinfiel, dämmerte es Edith plötzlich, daß es der große Soldat mit dem weichen Kinn gewesen war.

Sie geriet überraschend in Wut. Wild die Arme schwingend, drängte sie sich blindlings in das dickste Handgemenge. Sie hörte Grunzen, Fluchen und den dumpfen Anprall von Fäusten.

»Henry!« rief sie wie wahnsinnig. »Henry!«

Dann, Minuten später, hatte sie plötzlich das Gefühl, daß noch andere Gestalten im Raum waren. Sie hörte eine Stimme, tief, drohend, gebieterisch; sie sah gelbe Lichtstrahlen hier und da über den Tumult hinstreichen. Die Rufe kamen nur noch vereinzelt. Der Kampf schwoll noch einmal an und hörte dann ganz auf.

Plötzlich ging das Licht wieder an und der Raum war voll von Polizisten, die links und rechts dreinschlugen. Die tiefe Stimme dröhnte:

»Hierher! Hierher! Hierher!«

Und dann:

»Ruhe jetzt und raus hier! Hierher!«

Der Raum schien sich zu leeren wie ein Waschzuber. Ein Polizist, der in einer Ecke in einen Kampf verwickelt war, ließ den gegnerischen Soldaten los und beförderte ihn mit einem Schubs in Richtung der Tür.

»Hierher! Das ist keine Art. Einer von euren Kumpels wurde durch das hintere Fenster hinausgedrängt und fiel sich zu Tode!«

»Henry!« rief Edith, »Henry!«

Sie schlug wild mit den Fäusten auf den Rücken des vor ihr stehenden Mannes; sie drängte sich zwischen zwei anderen hindurch; sie kämpfte, schrie und bahnte sich ihren Weg zu einer sehr bleichen Gestalt, die neben einem Schreibtisch auf dem Fußboden saß.

»Henry«, schrie sie auf, »was hast du? Was hast du? Haben sie dich verletzt?«

Er hatte die Augen geschlossen. Er stöhnte, dann aufblickend sagte er angewidert –

»Sie haben mir 's Bein gebrochen. Mein Gott, diese Idioten!«

»Ruhe!« rief der Polizeihauptmann. »Ruhig! Nur ruhig!«

IX

Childs' Restaurant, Neunundfünfzigste Straße, unterscheidet sich morgens acht Uhr von seinen Geschwistern weniger durch die Weiße der Marmortische oder den Blankheitsgrad der Bratpfannen. Man sieht dort vielmehr eine Menge von armen Leuten, mit Schlaf in den Augenwinkeln, die bemüht sind, gerade vor sich hin auf ihr Essen zu blicken, um die anderen armen Leute nicht sehen zu müssen. Aber vier Stunden früher gleicht Childs' in der Neunundfünfzigsten keinem anderen Childs' Restaurant von Portland, Oregon, bis Portland, Maine. Innerhalb seiner blassen, aber hygienischen Wände findet man eine laute gemischte Gesellschaft von Revue-Mädchen, College-Boys, Debütantinnen, Roués, *filles de joie* – eine nicht unrepräsentative Mischung des Übermütigsten, was der Broadway, ja selbst die Fifth Avenue zu bieten hat.

In der Morgenfrühe des zweiten Mai war es dort ungewöhnlich voll. Über die Marmortischplatten gebeugt saßen mit vor Aufregung geröteten Gesichtern Backfische, deren Väter ganze Dörfer als persönliches Eigentum besaßen. Sie waren dabei, mit Appetit und Genuß Buchweizenkuchen und Rühreier zu verspeisen – eine Sache, die am gleichen Ort und vier Stunden später zu wiederholen für sie im höchsten Grade unpassend gewesen wäre.

Fast die ganze Gesellschaft kam von dem Gamma-Psi-Tanzabend im Delmonico, mit Ausnahme einiger Tanzmädchen von einer Mitternachts-Revue, die an einem Seitentisch saßen und wünschten, sie hätten sich nach der Vorstellung etwas gründlicher abgeschminkt. Hier und da sah man eine trübe mausgraue Figur, die, hoffnungslos deplaciert, die bunten Schmetterlinge neugierig verdutzt beobachtete. Aber diese farblosen Figuren waren eine Ausnahme. Es war der Morgen nach dem Ersten Mai, und Feierstimmung lag noch in der Luft.

Gus Rose, nüchtern, aber noch leicht benommen, muß als eine der farblosen Figuren gelten. Wie er nach dem Aufruhr von der Vierundvierzigsten zur Neunundfünfzigsten Straße gelangt war, daran konnte er sich nur verschwommen erinnern. Er hatte gesehen, wie der Körper von Carrol Key in einen Krankenwagen gepackt und weggefahren wurde, und dann hatte er sich mit zwei oder drei anderen Soldaten aufgemacht. Irgendwo zwischen der Vierundvierzigsten und Neunundfünfzigsten Straße hatten die anderen Soldaten ein paar Frauen getroffen und waren mit ihnen verschwunden. Rose war bis zum Columbus Circle gewandert und hatte die Lichter von Childs' Restaurant dazu ausersehen, sein Verlangen nach Kaffee und Pfannkuchen zu stillen. Er ging hinein und setzte sich.

Rings um ihn schwirrte es von nichtssagendem Geplauder und schrillem Gelächter. Anfangs begriff er nichts, aber nachdem er fünf Minuten gerätselt hatte, wurde ihm klar, daß es sich hier um das Nachspiel irgendeiner glanzvollen Party handelte. Hier und da wanderte ein unsteter, aufgekratzter junger Mann brüderlich und zutraulich zwischen den Tischen umher, wobei er unterschiedslos Hände schüttelte und gelegentlich zu einem scherzhaften Plausch stehenblieb, während aufgeregte Kellner, Kuchen und Rührei über dem Kopf balancierend, ihn leise verfluchten und ihn beiseite stießen. Für Rose, der ganz unauffällig an einem der am wenigsten besetzten

Tische saß, war das Ganze ein bunter Zirkus von Schönheit und wilder Ausgelassenheit.

Nach einigen Augenblicken wurde er allmählich gewahr, daß das Paar, das mit dem Rücken zum Lokal ihm schräg gegenüber saß, nicht das uninteressanteste Paar im Raum war. Er trug einen Smoking mit aufgelöstem Schleifenbinder und einer Hemdbrust, die von verschüttetem Wasser und Wein aufgeweicht war. Seine trüben, blutunterlaufenen Augen schweiften unnatürlich von einer Seite zur anderen. Sein Atem kam in kurzen Stößen zwischen den Lippen hervor.

»Der war auf einem Bummel!« dachte Rose.

Die Frau war fast, wenn auch nicht ganz nüchtern. Sie war hübsch, hatte dunkle Augen und einen lebhaft geröteten Teint, und sie hielt ihre beweglichen Augen mit der Wachsamkeit eines Falken fest auf ihren Begleiter gerichtet. Von Zeit zu Zeit beugte sie sich eindringlich flüsternd zu ihm, und er antwortete dann mit einem schwerfälligen Kopfnicken oder mit einem seltsam teuflischen und widerlichen Augenblinzeln.

Rose musterte die beiden plump einige Minuten lang, bis die Frau ihm einen raschen vorwurfsvollen Blick zuwarf; darauf schweifte er mit seinem Gaffen hinüber zu zwei offenbar in höchst angeheiterter Stimmung Umherwandelnden, die sich auf einem längeren Rundgang zwischen den Tischen bewegten. Zu seiner Überraschung erkannte er in dem einen der beiden den jungen Mann wieder, der sie im Delmonico so drollig bewirtet hatte. Dies brachte ihn dazu, fast wehmutsvoll und nicht ohne Ehrfurcht an Key zu denken. Key war tot. Er war über zehn Meter hinuntergestürzt und hatte sich den Schädel gebrochen wie eine aufgeknackte Kokosnuß.

»Er war ein verdammt netter Bursche«, dachte Rose tieftraurig. »Ein verdammt netter Bursche, wirklich. Er hat gräßliches Pech gehabt.«

Die beiden Promenierenden kamen näher und gingen zwischen Roses Tisch und dem nächsten hindurch, wobei sie Freunde und Unbekannte mit der gleichen jovialen Vertraulichkeit anredeten. Plötzlich sah Rose, wie der Blonde mit den vorstehenden Zähnen haltmachte, unsicher auf den Mann und das Mädchen gegenüber blickte und dann den Kopf mißbilligend hin und her bewegte.

Der Mann mit den blutunterlaufenen Augen sah auf.

»Gordy«, sagte der mit den vorstehenden Zähnen, »Gordy.«

»Halloh«, sagte der Mann mit dem fleckigen Hemd heiser.

Vorstehzahn schüttelte pessimistisch den Finger gegen das Paar und streifte zugleich die Frau mit einem hochmütig tadelnden Blick.

»Was hab ich dir gesagt, Gordy?«

Gordon rührte sich auf seinem Stuhl.

»Geh zum Teufel!« sagte er.

Dean blieb weiter stehen und schüttelte den Finger. Die Frau wurde langsam wütend.

»Gehen Sie hier weg!« rief sie hitzig. »Sie sind betrunken, das sind Sie!«

»Betrunken ist *er*«, sagte Dean trocken, brachte seinen Finger zur Ruhe und zeigte damit auf Gordon.

Peter Himmel kreuzte auf, jetzt feierlich und in Rednerpose.

»Also was ist«, begann er, als sei er herbeigerufen, um irgendeinen albernen Streit zwischen Kindern zu schlichten. »Worum geht's denn?«

»Sie nehmen mal Ihren Freund mit«, sagte Jewel schroff.

»Er belästigt uns.«

»Wieso das?«

»Sie haben gehört!« sagte sie schrill. »Ich sagte: schaffen Sie Ihren betrunkenen Freund weg.«

Ihre immer lauter werdende Stimme durchdrang das Tellerklappern des Restaurants, und ein Kellner kam eilends herbei.

»Sie sollten etwas leiser sein!«

»Der Kerl da ist betrunken«, schrie sie. »Er beleidigt uns.«

»Aha, Gordy«, beharrte der Angeschuldigte. »Was ich dir gesagt hab.« Er wandte sich an den Kellner. »Gordy un ich Freunde. Hab versucht, ihm zu helfen, habichnich, Gordy?«

Gordon blickte auf.

»Mir helfen? Keine Spur!«

Jewel stand plötzlich auf, ergriff Gordon beim Arm und half ihm auf die Füße.

»Komm nur, Gordy!« sagte sie, sich zu ihm neigend und halb flüsternd. »Laß uns hier rausgehn. Der Kerl ist ganz gemein betrunken.«

Gordon ließ sich aufhelfen und setzte sich zur Tür in Bewegung. Jewel wandte sich noch einmal kurz zu dem, der ihre Flucht provoziert hatte.

»Ich weiß alles über Sie!« sagte sie trotzig. »Sie sind mir 'n netter Freund, könnense mir glauben. Er hat mir von Ihnen erzählt.«

Dann nahm sie Gordons Arm, und zusammen bahnten sie sich ihren Weg durch die neugierige Menge, bezahlten ihre Zeche und gingen hinaus.

»Sie setzen sich gefälligst hin«, sagte der Kellner zu Peter, nachdem die beiden gegangen waren.

»Was's das? Hinsetzen?«

»Ja – oder rausgehen.«

Peter wandte sich zu Dean.

»Los, komm«, schlug er vor. «Laß uns den Kellner verprügeln.«

»Ist recht.«

Sie rückten gegen den Kellner vor, die Gesichter in strengen Falten. Der Kellner zog sich zurück.

Plötzlich langte Peter hinüber zu einem Teller auf dem neben ihm stehenden Tisch, packte eine Handvoll Gehacktes und warf es in die Luft. Es kam in einer schlaffen Parabel mit Schneeflocken-Effekt auf die Köpfe derer herunter, die in der Nähe saßen.

»Hör auf!«

»Setzt ihn an die Luft!«

»Setz dich Peter!«

»Schluß mit dem Zeug!«

Peter lachte und verneigte sich.

»Danke für den freundlichen Beifall, Ladies und Gentlemen. Wenn jemand mir noch etwas mehr Gehacktes beschafft und einen Zylinder, werden wir mit der Vorstellung fortfahren.«

Der Rausschmeißer drängte sich durch.

»Sie machen jetzt, daß Sie rauskommen!« sagte er zu Peter.

»Ich denk nicht dran!«

»Er ist mein Freund!« entrüstete sich Dean.

Eine Gruppe von Kellnern formierte sich. »Raus mit ihm!«

»Besser du gehst, Peter.«

Es gab ein kurzes Handgemenge, und die beiden waren umringt und wurden zum Ausgang gedrängt.

»Ich hatte noch Hut und Mantel hier!« rief Peter.

»Nun, holen Sie die Sachen, aber dalli!«

Der Rausschmeißer lockerte seinen Griff, und Peter, der eine drollige und äußerst pfiffige Miene aufsetzte, fuhr sogleich herum zu dem anderen Tisch, wo er in höhnisches Gelächter ausbrach und den erbitterten Kellnern eine lange Nase machte.

»Denk, ich wart besser nochn büschen länger«, verkündete er.

Die Jagd begann. Vier Kellner wurden hier herum und vier da herum geschickt. Dean packte zwei von ihnen beim Rockaufschlag, und ein neuer Kampf entspann sich, ehe die Verfolgung von Peter wieder aufgenommen werden konnte; schließlich wurde er überwältigt, nachdem er noch eine Zuckerdose und mehrere Kaffeetassen umgeworfen hatte. Ein neuer Streit entstand an der Kasse, wo Peter unbedingt noch eine Portion Gehacktes zum Mitnehmen kaufen wollte, um Polizisten damit zu bewerfen.

Aber die Aufregung um seinen sonderbaren Abgang wurde unwichtig neben einem anderen Phänomen, das einen jeden im Restaurant zu bewundernden Blicken und zu einem unwillkürlichen langgezogenen »Oh-h-h!« hinriß.

Die großen Spiegelglasscheiben an der Front hatten sich in ein tiefes sattes Blau verwandelt, wie Mondlicht à la Maxfield Parrish – ein Blau, das gegen die Scheiben drängte, als wollte es das Lokal überfluten. Morgendämmerung war über Columbus Circle hereingebrochen, eine zauberische stille Dämmerung, die das große Standbild des unsterblichen Christoph als Silhouette erscheinen ließ und sich auf eine seltsame, nicht geheure Art mit dem gelb verblassenden elektrischen Licht im Innern mischte.

X

Mister In und Mister Out sind bei der Volkszählung nicht erfaßt. Ihr werdet vergebens im Register der Geburten, Eheschließungen und Sterbefälle nach ihnen suchen, oder im Anschreibeheft des Gemischtwarenhändlers. Das Meer der Vergessenheit hat sie verschlungen und das Zeugnis, daß sie überhaupt je existiert haben, ist nur ungenau und verblasen und würde vor keinem Gericht bestehen können. Dennoch habe ich es aus zuverlässigster Quelle, daß Mister In und Mister Out für einen kurzen Zeitraum gelebt und geatmet haben, auf ihre Namen hörten und eine ganz persönliche Ausstrahlung hatten.

Während der kurzen Zeitspanne ihres Lebens wandelten sie in ihrer heimatlichen Tracht auf der großen Hauptstraße einer großen Nation; sie wurden ausgelacht, beschimpft, gejagt und gemieden. Dann gingen sie vorbei, und man hörte nie wieder von ihnen.

Sie waren schon dabei, sich vage zu materialisieren, als eine Autodroschke mit offenem Verdeck im ersten Schimmer des heraufdämmernden Maitages flott den Broadway hinunterfuhr. In dieser Autodroschke saßen die Seelen von Mister In und Mister Out und äußerten sich verwundert über das blaue Licht, das jäh den Himmel hinter dem Standbild von Christoph Columbus färbte, und waren fassungslos über die alten grauen Gesichter der Frühaufsteher, die blaß die Straße entlang glitten wie Papierschnitzel auf einem grauen See. Sie waren in allen Dingen einer Meinung, von der Absurdität des Rausschmeißers in Childs' Restaurant bis zur Absurdität des Lebens überhaupt. Sie waren ganz benommen und zu Tränen gerührt von dem Glück, das der Morgen in ihren Seelen erweckt hatte. Ja, so frisch und mächtig war ihre neue Lebensfreude, daß sie meinten, es durch laute Rufe ausdrücken zu müssen.

»He-hoh-hoh!« schrie Peter, die Hände wie ein Megaphon am Mund – und Dean fiel mit einem Ruf ein, der zwar ebenso bedeutungsvoll und symbolträchtig war, aber völlig unartikuliert, wodurch er die nötige Resonanz bekam.

»Jo-hoh! Hii! Jo-hoh! Jo-buba!«

In der Dreiundfünfzigsten Straße begegneten sie einem Bus mit einer dunklen Bubikopf-Schönheit auf dem Oberdeck; in der Zweiundfünfzigsten einem Straßenkehrer, der gerade noch zur Seite springen und sich retten konnte und ihnen gekränkt etwas wie »Paßt doch auf, wo ihr hinfahrt!« nachschrie. In der Fünfzigsten Straße wandte sich eine Gruppe von Männern auf einem blendend weißen Bürgersteig vor einem blendend weißen Gebäude um, starrte ihnen nach und rief:

»So ne Party, Jungs!«

Bei der Neunundvierzigsten Straße wandte sich Peter zu Dean um. »Ein herrlicher Morgen«, sagte er feierlich, dabei verdrehte er seine eulenhaften Augen nach oben.

»Vermutlich, ja.«

»Bißchen frühstücken gehen, wie?«

Dean war einverstanden – aber mit einem Zusatz.

»Frühstück mit Champagner.«

»Frühstück mit Champagner«, wiederholte Peter, und beide sahen sich kopfnickend an. »Das is logisch.«

Dann brachen beide in lautes Lachen aus.

»Frühstück und Champagner! Donnerlittchen!«

»Gibt's nicht«, verkündete Peter.

»Die bringen's nicht? Macht nichts. Wir wer'n sie zwingen. Kleinen Druck ausüben.«

»Mit unserer Logik.«

Das Taxi bog plötzlich vom Broadway ab, segelte eine Querstraße entlang und hielt vor einem mächtigen mausoleumartigen Gebäude in der Fifth Avenue.

»Was's das?«

Der Taxifahrer informierte sie, daß dies das Delmonico sei.

Das war einigermaßen rätselhaft. Sie mußten sich mehrere Minuten lang angestrengt konzentrieren, denn wenn eine solche Order gegeben worden war, mußte ein Grund dafür vorliegen.

»Ir'ndwas mit'm Mantel«, meinte der Taxifahrer.

Das war's. Peters Mantel und Hut. Er hatte sie im Delmonico zurückgelassen. Nachdem das entschieden war, stiegen sie aus dem Taxi und schlenderten Arm in Arm auf den Eingang zu.

»He!« sagte der Taxifahrer.

»Hm?«

»Besser, Sie bezahlen mich.«

Sie schüttelten indigniert verneinend den Kopf.

»Später, jetzt nicht – wir geben Order, Sie warten.«

Der Taxifahrer erhob Einspruch; er wollte jetzt sein Geld. Mit der verachtungsvollen Herablassung von Männern, die sich ungeheure Selbstbeherrschung auferlegen, bezahlten sie ihn.

Drinnen grapschte Peter vergebens in einem dämmrigen verlassenen Garderobenraum herum und suchte nach seinem Mantel und Derbyhut.

»Weg, nehme ich an. Hat jemand gestohlen.«

»Irgend so einer vom Sheffield.«

»Höchstwahrscheinlich.«

»Macht nichts«, sagte Dean nobel. »Ich laß meinen auch hier – dann sind wir beide gleich angezogen.«

Er legte Mantel und Hut ab und wollte sie gerade aufhängen, als sein schweifender Blick magnetisch von zwei großen Pappschildern angezogen wurde, die an den beiden Türen des Garderobenraums hingen. Das an der Tür zur Linken trug in großen schwarzen Lettern das Wort »IN«, und das an der Tür zur Rechten prangte ebenso pathetisch mit dem Wort »OUT«.

»Sieh da!« rief er hochbeglückt –.

Peters Augen folgten seinem ausgestreckten Finger.

»Was?«

»Sieh doch die Schilder. Die nehmen wir mit.«

»Gute Idee.«

»Sind wahrscheinlich sehr selten und wertvoll. Und kommen uns gelegen.«

Peter nahm das linke Schild von der Tür und bemühte sich, es irgendwie an seinem Körper unterzubringen. Da das Schild aber ein beträchtliches Ausmaß hatte, bot das einige Schwierigkeiten. Da kam ihm eine Idee, und er kehrte mit geheimnistuerischer Würde den Rücken. Im nächsten Moment schoß er dramatisch herum, streckte die Arme aus und präsentierte sich dem bewundernden Dean. Er hatte das Schild in seine Weste gesteckt, so daß es seine ganze Hemdbrust bedeckte. Im Effekt stand nun das Wort IN in großen schwarzen Lettern auf seiner Hemdbrust.

»Oho!« jubelte Dean. »Mister In.«

Er brachte sein Plakat auf die gleiche Art unter.

»Mister Out!« verkündete er triumphierend. »Mister In, begrüßen Sie Mister Out.«

Sie gingen aufeinander zu und schüttelten sich die Hand. Wieder überkam sie Gelächter und sie ruckten und zuckten in einem krampfartigen Anfall von Heiterkeit.

»Hohoh!«

»Womöglich kriegen wir so haufenweise Frühstück.«

»Gehen wir – gehen wir ins Commodore.«

Arm in Arm starteten sie zur Tür hinaus, wandten sich auf der Vierundvierzigsten Straße ostwärts und nahmen Kurs auf das Commodore Hotel.

Schon als sie herauskamen, drehte sich ein kleiner dunkler Soldat, der blaß und übermüdet, teilnahmslos den Bürgersteig entlang wanderte, nach ihnen um und beäugte sie.

Er schien sie schon anreden zu wollen, aber als sie sogleich vernichtende Blicke des Nichtwiedererkennens auf ihn hefteten, wartete er, bis sie sich unsicher die Straße hinunter in Bewegung gesetzt hatten, und folgte ihnen dann mit etwa vierzig Schritt Abstand; dabei kicherte er vor sich hin und sagte wieder und wieder verzückt und frohlockend leise »Junge, Junge!«

Mister In und Mister Out witzelten unterdessen über ihre nächsten Zukunftspläne.

»Wir wollen Schampus; wir wollen Frühstück. Keins ohne das andere. Eins und unteilbar.«

»Wir wollen beides!«

»Beides!«

Es war jetzt schon recht hell, und Passanten begannen neugierige Blicke auf das Paar zu werfen. Offensichtlich waren sie in eine Diskussion vertieft, die jeden der beiden höchlich amüsierte, denn von Zeit zu Zeit bekamen sie einen so heftigen Anfall, daß sie sich, immer noch Arm in Arm, vor Lachen krümmten.

Beim Commodore Hotel angelangt, führten sie eine kurze gepfefferte Wechselrede mit dem verschlafenen Portier, setzten mit einiger Schwierigkeit die Drehtür in Bewegung und gingen dann durch eine dünn bevölkerte, aber aufgeschreckte Hotelhalle zielbewußt in den Speisesaal, wo ein verblüffter Kellner ihnen einen obskuren Tisch in einem Winkel anwies. Sie studierten hilflos die Karte, wobei sie sich flüsternd über jedes einzelne Gericht verwunderten.

»Seh überhaupt kein Champagner hier«, sagte Peter vorwurfsvoll.

Der Kellner sagte etwas, was sie aber nicht begriffen.

»Wiederhol es ihm«, sagte Peter mit geduldiger Nachsicht, »daß da auf der Karte ohne jeden Grund und durchaus empörend kein Champagner verzeichnet ist.«

»Hier!« sagte Dean zuversichtlich, »laß mich mit ihm reden.« Er wandte sich an den Kellner – »Bringen Sie uns – bringen Sie uns –«, er suchte eifrig in der Karte. »Bringen Sie uns eine Flasche Champagner und ein – ein – sagen wir Schinkenbrot.«

Der Kellner blickte unsicher.

»Bringen Sie's!« brüllten Mister In und Mister Out im Chor.

Der Kellner hüstelte und verschwand. Sie mußten eine kurze Zeit warten, während der sie, ohne es zu merken, einer peinlichen Musterung durch den Oberkellner unterzogen wurden. Dann kam der Champagner, und bei seinem Anblick frohlockten Mister In und Mister Out.

»Stell dir vor, sie hätten was dagegen, daß wir Schampus zum Frühstück wollen – stell dir das nur vor.«

Beide konzentrierten sich auf die Vision einer so widerwärtigen Möglichkeit, aber das war zuviel für sie. Ihre vereinte Vorstellungskraft reichte nicht aus, eine Welt heraufzubeschwören, in der irgendjemand einem anderen Champagner zum Frühstück verwehren könnte. Der Kellner zog den Korken mit einem gewaltigen Knall – und sogleich schäumte es blaß und gelblich in ihren Gläsern.

»Gesundheit, Mister In.«

»Ihnen gleichfalls, Mister Out.«

Der Kellner zog sich zurück; Minuten vergingen; der Champagner in der Flasche nahm ab.

»Es ist – is'n starkes Stück«, sagte Dean plötzlich.

»Was's'n starkes Stück?«

»Daß die was gegen unseren Champagner zum Frühstück haben.«

»Starkes Stück?« Peter überlegte. »Ja, das isses – starkes Stück.«

Wieder brachen sie in Gelächter aus, gröhlten, schwankten auf ihren Stühlen hin und her und wiederholten immer wieder »starkes Stück« – und jede Wiederholung ließ es nur noch verrückter erscheinen.

Nach ein paar weiteren hochgestimmten Minuten entschieden sie sich für noch eine Flasche. Ihr besorgter Kellner fragte seinen unmittelbaren Vorgesetzten, und dieser taktvolle Mensch gab strikte Anweisung, daß kein Champagner mehr serviert werden dürfe. Man brachte ihnen die Rechnung.

Fünf Minuten später verließen sie Arm in Arm das Commodore und nahmen ihren Weg durch eine neugierig gaffende Menge die Zweiundvierzigste Straße entlang und die Vanderbilt Avenue hinauf zum Biltmore Hotel. Dort, plötzlich klug geworden, zeigten sie sich der Lage gewachsen und durchquerten die Halle mit schnellen Schritten und unnatürlich aufrechter Haltung.

Alsdann im Speisesaal wiederholten sie ihren Auftritt. Sie waren hin- und hergerissen zwischen gelegentlichen Lachanfällen und plötzlich krampfhaften Diskussionen über Politik, über das College und über ihre beiderseitige sonnige Gemütsverfassung. Ihre Uhren sagten ihnen, daß es jetzt neun war, und es dämmerte ihnen, daß dies eine denkwürdige Party war, etwas an das sie sich stets erinnern würden. Sie verweilten lange über der zweiten Flasche. Einer von beiden brauchte nur die Worte »starkes Stück« auszusprechen, und schon kamen sie um vor Lachen. Der Speisesaal schwirrte jetzt von Bewegung; eine seltsame Helligkeit durchflutete ihn und lichtete den schweren Dunst.

Sie bezahlten ihre Rechnung und gingen hinaus in die Halle.

In eben diesem Augenblick drehte sich die Eingangstür zum tausendsten Mal an diesem Morgen und entließ in die Halle eine sehr blasse junge Schöne mit dunklen Ringen unter den Augen und in einem reichlich ramponierten Abendkleid. Sie kam mit einem gewöhnlich aussehenden, dicken Mann, einem offensichtlich ganz unpassenden Begleiter.

Oben an der Treppe stieß dieses Paar auf Mister In und Mister Out.

»Edith«, begann Mister In, trat vergnügt auf sie zu und verbeugte sich leicht schwankend, »guten Morgen, Darling.«

Der Dicke blickte fragend zu Edith, als warte er nur

auf die Erlaubnis, diesen Mann endgültig aus dem Weg zu räumen.

»Tschuldige die Vertraulichkeit«, sagte Peter gleichsam im nachhinein. »Also guten Morgen, Edith.«

Er nahm Dean beim Ellbogen und schob ihn in den Vordergrund.

»Dies's Mister Out, Edith, mein bester Freund. Unzertrennlich. Mister In und Mister Out.«

Mister Out trat vor und verbeugte sich; das heißt, er trat so weit vor und verbeugte sich so tief, daß er leicht nach vorn kippte und nur sein Gleichgewicht halten konnte, indem er eine Hand auf Ediths Schulter legte.

»Ich bin Mister Out, Edith», murmelte er freundlich, »'s'misterin un misterout.«

»'smisterinunout«, sagte Peter stolz.

Aber Edith blickte glatt an ihnen vorbei und fixierte eine Stelle oben auf der Galerie. Sie nickte dem dicken Mann leicht zu, der daraufhin wie ein Bulle auf die beiden zutrat und mit einer einzigen kraftvollen Armbewegung Mister In und Mister Out nach beiden Seiten schob. Dann schritten er und Edith durch dieses Spalier.

Aber zehn Schritte weiter blieb Edith erneut stehen – blieb stehen und zeigte auf einen kleinen schwarzhaarigen Soldaten, der die Gruppe im ganzen und Mister In und Mister Out im besonderen verdutzt und gleichsam ehrfürchtig anstarrte.

»Da«, rief Edith. »Sehen Sie da!«

Sie hob die Stimme, die etwas schrill klang. Der Finger, mit dem sie zeigte, zitterte ein wenig.

»Da ist der Soldat, der meinem Bruder das Bein gebrochen hat.«

Alles rief durcheinander; ein Mann im Cutaway eilte

von seinem Platz in der Reception flink herbei; der dicke Mann vollführte einen blitzartigen Sprung auf den kleinen dunklen Soldaten, und dann schloß sich das Hotelpublikum dicht um die kleine Gruppe und entzog sie der Sicht von Mister In und Mister Out.

Aber für Mister In und Mister Out war dieser Zwischenfall lediglich eine Fortsetzung der Party, ein farbenschillernder Ausschnitt aus einer wirbelnden Welt, die sich im Kreise drehte.

Sie hörten laute Stimmen; sie sahen, wie der dicke Mann lossprang, und plötzlich verschwamm das Bild.

Dann waren sie in einem Fahrstuhl, der himmelwärts fuhr.

»Welchen Stock, bitte?« sagte der Fahrstuhlführer.

»Ganz gleich welchen«, sagte Mister In.

»Obersten Stock«, sagte Mister Out.

»Dies ist der oberste Stock«, sagte der Fahrstuhlführer.

»Lassen Sie noch einen draufsetzen«, sagte Mister Out.

»Höher«, sagte Mister In.

»Himmel«, sagte Mister Out.

XI

Im Schlafzimmer eines kleinen Hotels nahe der Sixth Avenue erwachte Gordon Sterrett mit heftigen Kopfschmerzen und einem krankhaften Pochen in allen Adern. Er blickte auf die staubig grauen Schatten in den Ecken des Zimmers und auf eine vom langen Gebrauch abgeschabte Stelle auf einem großen Ledersessel. Er sah Kleider, unordentlich verstreute, ramponierte Kleider auf dem Fußboden und er roch schalen Zigarettenrauch und schalen Alkohol. Die Fenster waren dicht geschlossen. Von draußen hatte die helle Morgensonne einen staubigen Strahl über die Schwelle geschickt – ein Strahl, der sich am Kopfende des breiten hölzernen Bettes brach, in dem er geschlafen hatte. Er lag ganz still – in einem Dämmerzustand, wie betäubt, mit weit offenen Augen, während sein Gedächtnis wild arbeitete wie eine schlechtgeölte Maschine.

Wohl eine halbe Minute war vergangen, seit er den Sonnenstrahl mit dem Staub darauf und den Riß in dem Ledersessel bemerkt hatte, als er plötzlich das Gefühl von etwas Lebendigem neben sich hatte, und es verging noch eine halbe Minute, bevor ihm klar wurde, daß er unwiderruflich mit Jewel Hudson verheiratet war.

Eine halbe Stunde später ging er hinaus und kaufte in einem Sportartikelgeschäft einen Revolver. Dann nahm er ein Taxi zur Siebenundzwanzigsten Straße Ost, wo er gewohnt hatte, und dort in dem Zimmer, über den Tisch mit seinen Zeichensachen gelehnt, schoß er sich eine Kugel in den Kopf, genau hinter der Schläfe.

Hinweis

F. Scott Fitzgerald im Diogenes Verlag

Der große Gatsby
Roman. Deutsch von Walter Schürenberg. detebe 97/1

Der letzte Taikun
Roman. Deutsch von Walter Schürenberg. detebe 97/2

Pat Hobby's Hollywood-Stories
Übersetzt und mit Anmerkungen von Harry Rowohlt. detebe 97/3

Pat Hobbys Wunschzettel – Ein Mann steht im Wege – »Kochend heißes Wasser – jede Menge kochend heißes Wasser!« – Pat Hobby und das Genie – Pat Hobby und Orson Welles – Pat Hobbys Geheimnis – Pat Hobby, vermeintlicher Vater – See the Stars at Home – Pat Hobby spielt mit – Pat Hobbys Premiere – . . . so ist doch der Wille hoch zu loben – Ein patriotischer Kurzfilm – Auf den Spuren von Pat Hobby – Die Freuden der Kunst (ein Blick ins Atelier) – Zwei Oldtimer – Die Macht des geschriebenen Wortes – Pat Hobby geht aufs College

Der Rest von Glück
Erzählungen von 1920. Deutsch von Walter Schürenberg. detebe 97/4

Die Kristallbowle – Bernices Bubikopf – Der Eispalast – Jelly-Bean – Der Rest von Glück – Erster Mai

Ein Diamant – so groß wie das Ritz
Erzählungen 1922–1926. Deutsch von Walter Schürenberg, Elga Abramowitz und Günter Eichel. detebe 97/5

Ein Diamant, so groß wie das Ritz – Winterträume – Der seltsame Fall des Benjamin Button – Absolution – Gretchens Nickerchen – »Das Vernünftige« – Die Kinderparty – Junger Mann aus reichem Haus

Der gefangene Schatten
Erzählungen 1926–1928. Deutsch von Walter Schürenberg, Anna von Cramer-Klett, Elga Abramowitz und Walter E. Richartz. detebe 97/6

Der Tanz – Kurzer Besuch daheim – Das Stadion – Die Skandaldetektive – Ein Abend auf dem Jahrmarkt – Basil, der Frechste – Basil findet sich fabelhaft – Der gefangene Schatten

Die letzte Schöne des Südens
Erzählungen 1928–1930. Deutsch von Walter Schürenberg, Elga Abramowitz und Walter E. Richartz. detebe 97/7

Anziehung – Vor der Möbeltischlerei – Die letzte Schöne des Südens – Majestät – Die rauhe Überfahrt – Die Hochzeitsparty – Erste Leidenschaft – Eine Frau mit Vergangenheit

Wiedersehen mit Babylon
Erzählungen aus dem Verlorenen Jahrzehnt 1930–1940. Deutsch von Walter Schürenberg, Elga Abramowitz und Walter E. Richartz. detebe 97/8

Eine Reise ins Ausland – Ein Unrecht, und noch eins – Wiedersehen mit Babylon – Vertrackter Sonntag – Familie im Wind – Ein Fall von Alkoholismus – Der lange Weg hinaus – Finnegans Finanzen – Ausführung in Gips – Drei Stunden zwischen zwei Flügen – Das verlorene Jahrzehnt

In Vorbereitung:

Zärtlich ist die Nacht
Roman. Neu übersetzt von Walter E. Richartz

D. H. Lawrence
im Diogenes Verlag

Sämtliche Erzählungen und Kurzromane in acht Einzelbänden
Aus dem Englischen von Martin Beheim-Schwarzbach, Georg Goyert, Marta Hackel, Karl Lerbs, Elisabeth Schnack und Gerda von Uslar.

Der preußische Offizier
Sämtliche Erzählungen I. detebe 90/1

England, mein England
Sämtliche Erzählungen II. detebe 90/2

Die Frau, die davonritt
Sämtliche Erzählungen III. detebe 90/3

Der Mann, der Inseln liebte
Sämtliche Erzählungen IV. detebe 90/4

Der Fremdenlegionär
Autobiographische Prosa.
Sämtliche Erzählungen V. detebe 90/5

Der Fuchs – Der Marienkäfer – Die Hauptmannspuppe
Sämtliche Kurzromane I. detebe 90/6

Der Hengst St. Mawr
Sämtliche Kurzromane II. detebe 90/7

Liebe im Heu – Das Mädchen und der Zigeuner – Der Mann, der gestorben war
Sämtliche Kurzromane III. detebe 90/8

Außerdem liegen vor:

John Thomas & Lady Jane
Roman. Die zweite und längste Fassung der ›Lady Chatterley‹.
Aus dem Englischen von Susanna Rademacher. detebe 147

Pornographie und Obszönität
und andere Essays über Liebe, Sex und Emanzipation. Aus dem Englischen von Elisabeth Schnack. detebe 11

Alan Sillitoe im Diogenes Verlag

Der Tod des William Posters
Roman. Deutsch von Peter Naujack

Der brennende Baum
Roman. Deutsch von Peter Naujack

Nihilon
Roman. Deutsch von Fritz Güttinger

Die Lumpensammlerstochter
Erzählungen. Deutsch von Wulf Teichmann

Guzman, Go Home
Erzählung. Deutsch von Anna von Cramer-Klett
detebe 4/1

Die Einsamkeit des Langstreckenläufers
Erzählung. Deutsch von Günther Klotz
detebe 4/2

Samstagnacht und Sonntagmorgen
Roman. Deutsch von Gerda von Uslar
detebe 4/3

Ein Start ins Leben
Roman. Deutsch von Günter Eichel
und Anna von Cramer-Klett
detebe 4/4

Amerikanische Literatur von Edgar Poe bis Harold Brodkey im Diogenes Verlag

● **Edgar A. Poe** (1809–1849)
Der Untergang des Hauses Usher
Ausgewählte Erzählungen und Sämtliche Detektivgeschichten. Herausgegeben und mit einem Vorwort von Mary Hottinger. detebe 105

● **Henry David Thoreau** (1817–1862)
Walden oder Leben in den Wäldern
Mit einem Vorwort von W. E. Richartz. detebe 19/1

Über die Pflicht zum Ungehorsam gegen den Staat
und andere Essays. Herausgegeben, übersetzt und mit einem Nachwort von W. E. Richartz. detebe 19/2

● **Herman Melville** (1819–1891)
Moby Dick
Roman. Deutsch von Thesi Mutzenbecher und Ernst Schnabel. detebe 142

Billy Budd
Erzählung. Deutsch von Richard Moering. detebe 226

● **Mark Twain** (1835–1910)
Schöne Geschichten
Mit einem Vorwort von N. O. Scarpi und Zeichnungen von Bob van den Born. Ein Diogenes Sonderband

● **Ambrose Bierce** (1842–1914)
Die Spottdrossel
Ausgewählte Erzählungen und Phantastische Fabeln. Herausgegeben und mit einem Vorwort von Mary Hottinger. Zeichnungen von Tomi Ungerer. detebe 106

● **O. Henry** (1862–1910)
Glück, Geld und Gauner
Ausgewählte Geschichten. detebe 107

● **Jack London** (1876–1916)
Seefahrer- & Goldgräbergeschichten
Mit einem Vorwort von Herbert Eisenreich. Ein Diogenes Sonderband

● **Sherwood Anderson** (1876–1941)
Ich möchte wissen warum
Ausgewählte Erzählungen. Deutsch von Karl Lerbs und Helene Henze. detebe 156

● **Ring Lardner** (1885–1933)
Geschichten aus dem Jazz-Zeitalter
Herausgegeben, übersetzt und mit einem Nachwort von Fritz Güttinger. detebe 78

● **Raymond Chandler** (1888–1959)
Der große Schlaf
Roman. Deutsch von Gunar Ortlepp. detebe 70/1

Die kleine Schwester
Roman. Deutsch von W. E. Richartz. detebe 70/2

Das hohe Fenster
Roman. Deutsch von Urs Widmer. detebe 70/3

Der lange Abschied
Roman. Deutsch von Hans Wollschläger. detebe 70/4

Die simple Kunst des Mordes
Essays, Briefe, Fragmente. Deutsch von Hans Wollschläger. detebe 70/5

Die Tote im See
Roman. Deutsch von Hellmuth Karasek. detebe 70/6

Lebwohl, mein Liebling
Roman. Deutsch von Wulf Teichmann. detebe 70/7

Playback
Roman. Deutsch von Wulf Teichmann. detebe 70/8

Mord im Regen
Frühe Stories. Deutsch von Hans Wollschläger. detebe 70/9

Erpresser schießen nicht
Gesammelte Detektivstories I. Mit einem Vorwort des Autors. Deutsch von Hans Wollschläger. detebe 70/10

Der König in Gelb
Gesammelte Detektivstories II. Deutsch von Hans Wollschläger. detebe 70/11

Gefahr ist mein Geschäft
Gesammelte Detektivstories III. Deutsch von Hans Wollschläger. detebe 70/12

Englischer Sommer
Geschichten, Parodien, Essays. Mit einem Vorwort von Patricia Highsmith, Zeichnungen von Edward Gorey und einer Erinnerung an den Drehbuchautor Chandler von John Houseman. Deutsch von Wulf Teichmann, Hans Wollschläger u. a. detebe 70/13

● **Dashiell Hammett** (1894–1961)

Der Malteser Falke
Roman. Deutsch von Peter Naujack. detebe 69/1

Rote Ernte
Roman. Deutsch von Gunar Ortlepp. detebe 69/2

Der Fluch des Hauses Dain
Roman. Deutsch von Wulf Teichmann. detebe 69/3

Der gläserne Schlüssel
Roman. Deutsch von Hans Wollschläger. detebe 69/4

Der dünne Mann
Roman. Deutsch von Tom Knoth. detebe 69/5

Das große Umlegen
Der Detektivgeschichten erste Folge. Herausgegeben und mit einem Vorwort von Lillian Hellman. Deutsch von Hellmuth Karasek, W. E. Richartz, Harry Rowohlt u. a. Ein Diogenes Sonderband

Detektiv bei Continental's
Der Geschichten zweite und letzte Folge. Mit einem Nachwort von Prof. Steven Marcus. Deutsch von Wulf Teichmann. Ein Diogenes Sonderband

● **F. Scott Fitzgerald** (1896–1940)

Der große Gatsby
Roman. Deutsch von Walter Schürenberg. detebe 97/1

Der letzte Taikun
Roman. Deutsch von Walter Schürenberg. detebe 97/2

Pat Hobby's Hollywood Stories
Geschichten. Deutsch von Harry Rowohlt. detebe 97/3

Der Rest von Glück
Erzählungen 1920. detebe 97/4

Ein Diamant – so groß wie das Ritz
Erzählungen 1922–1926. detebe 97/5

Der gefangene Schatten
Erzählungen 1926–1928. detebe 97/6

Die letzte Schöne des Südens
Erzählungen 1928–1930. detebe 97/7

Wiedersehen mit Babylon
Erzählungen 1930–1940. detebe 97/8
Alle Erzählungen in der Übersetzung von Walter Schürenberg und Walter E. Richartz.

● **William Faulkner** (1897–1962)

Brandstifter
Gesammelte Erzählungen. Deutsch von Elisabeth Schnack. detebe 30/1

Eine Rose für Emily
Gesammelte Erzählungen. Deutsch von Elisabeth Schnack. detebe 30/2

Rotes Laub
Gesammelte Erzählungen. Deutsch von Elisabeth Schnack. detebe 30/3

Sieg im Gebirge
Gesammelte Erzählungen. Deutsch von Elisabeth Schnack. detebe 30/4

Schwarze Musik
Gesammelte Erzählungen. Deutsch von Elisabeth Schnack. detebe 30/5

Die Unbesiegten
Roman. Deutsch von Erich Franzen. detebe 30/6

Sartoris
Roman. Deutsch von Hermann Stresau. detebe 30/7

Als ich im Sterben lag
Roman. Deutsch von Albert Hess und Peter Schünemann. detebe 30/8

Schall und Wahn
Roman. Deutsch von Helmut M. Braem und Elisabeth Kaiser. detebe 30/9

Absalom, Absalom!
Roman. Deutsch von Hermann Stresau. detebe 30/10

Go down, Moses
Chronik einer Familie. Deutsch von Hermann Stresau und Elisabeth Schnack. detebe 30/11

Der große Wald
Jagdgeschichten. Deutsch von Elisabeth Schnack. detebe 30/12

Griff in den Staub
Roman. Deutsch von Harry Kahn. detebe 30/13

Der Springer greift an
Kriminalgeschichten. Deutsch von Elisabeth Schnack. detebe 30/14

Soldatenlohn
Roman. Deutsch von Susanna Rademacher. detebe 30/15

Moskitos
Roman. Deutsch von Richard K. Flesch. detebe 30/16

Wendemarke
Roman. Deutsch von Georg Goyert. detebe 30/17

Die Freistatt
Roman. Deutsch von Hans Wollschläger. Ein Diogenes Sonderband

Über William Faulkner
Essays, Aufsätze, Rezensionen von und über Faulkner. Mit Zeichnungen, Chronik und Bibliographie. Herausgegeben von Gerd Haffmans. detebe 54

● **Nathanael West** (1903–1940)
Schreiben Sie Miss Lonelyhearts
Roman. Deutsch von Fritz Güttinger. Vorwort von Alan Ross. detebe 40/1

Tag der Heuschrecke
Roman. Deutsch von Fritz Güttinger. detebe 40/2

Eine glatte Million oder Die Demontage des Mister Lemuel Pitkin
Roman. Übersetzt und mit einem Nachwort von Dieter E. Zimmer. detebe 40/3

● **Ross Macdonald** (*1915)
Durchgebrannt
Roman. Deutsch von Helmut Degner

Geld kostet zuviel
Roman. Deutsch von Günter Eichel

Die Kehrseite des Dollars
Roman. Deutsch von Günter Eichel

Der Untergrundmann
Roman. Deutsch von Hubert Deymann

Dornröschen war ein schönes Kind
Roman. Deutsch von Wulf Teichmann. detebe 99/1

Unter Wasser stirbt man nicht
Roman. Deutsch von Hubert Deymann. detebe 99/2

Ein Grinsen aus Elfenbein
Roman. Deutsch von Charlotte Hamberger. detebe 99/3

Die Küste der Barbaren
Roman. Deutsch von Marianne Lipcowitz. detebe 99/4

Der Fall Galton
Roman. Deutsch von Egon Lothar Wensk. detebe 99/5

Gänsehaut
Roman. Deutsch von Gretel Friedmann. detebe 99/6

Der blaue Hammer
Roman. Deutsch von Peter Naujack. detebe 99/7

Sämtliche Detektivstories
Mit einem Aufsatz des Autors. Deutsch von Hubert Deymann. Ein Diogenes Sonderband

● **Margaret Millar** (*1915)
Liebe Mutter, es geht mir gut
Roman. Deutsch von Elizabeth Gilbert. detebe 98/1

Die Feindin
Roman. Deutsch von Elizabeth Gilbert. detebe 98/2

Fragt morgen nach mir
Roman. Deutsch von Anne Uhde. detebe 98/3

Ein Fremder liegt in meinem Grab
Roman. Deutsch von Elizabeth Gilbert. detebe 98/4

Die Süßholzraspler
Roman. Deutsch von Georg Kahn-Ackermann

Von hier an wird's gefährlich
Roman. Deutsch von Fritz Güttinger

● **Carson McCullers** (1916–1967)
Wunderkind
Erzählungen I. Deutsch von Elisabeth Schnack. detebe 20/1

Madame Zilensky und der König von Finnland
Erzählungen II. Deutsch von Elisabeth Schnack. detebe 20/2

Die Ballade vom traurigen Café
Novelle. Deutsch von Elisabeth Schnack. detebe 20/3

Das Herz ist ein einsamer Jäger
Roman. Deutsch von Susanna Rademacher. detebe 20/4

Spiegelbild im goldnen Auge
Roman. Deutsch von Richard Moering. detebe 20/5

Frankie
Roman. Deutsch von Richard Moering. detebe 20/6

Uhr ohne Zeiger
Roman. Deutsch von Elisabeth Schnack. detebe 20/7

Über Carson McCullers
Essays, Aufsätze, Rezensionen von und über McCullers. Mit Chronik und Bibliographie. Herausgegeben von Gerd Haffmans. detebe 20/8

● **Lawrence Ferlinghetti** (*1919)
Ausgewählte Gedichte
Nachdichtung und Nachwort von Alexander Schmitz. detebe 41

● **Ray Bradbury** (*1920)
Der illustrierte Mann
Geschichten. Deutsch von Peter Naujack. detebe 127

● **Patricia Highsmith** (*1921)
Leise, leise im Wind
Erzählungen. Deutsch von Anne Uhde

Der Junge, der Ripley folgte
Roman. Deutsch von Anne Uhde

Der Stümper
Roman. Deutsch von Barbara Bortfeldt. detebe 74/1

Zwei Fremde im Zug
Roman. Deutsch von Anne Uhde. detebe 74/2

Der Geschichtenerzähler
Roman. Deutsch von Anne Uhde. detebe 74/3

Der süße Wahn
Roman. Deutsch von Christian Spiel. detebe 74/4

Die zwei Gesichter des Januars
Roman. Deutsch von Anne Uhde.
detebe 74/5

Der Schrei der Eule
Roman. Deutsch von Gisela Stege.
detebe 74/6

Tiefe Wasser
Roman. Deutsch von Gisela Stege.
detebe 74/7

Die gläserne Zelle
Roman. Deutsch von Eva Gärtner.
detebe 74/8

Das Zittern des Fälschers
Roman. Deutsch von Anne Uhde.
detebe 74/9

Lösegeld für einen Hund
Roman. Deutsch von Anne Uhde.
detebe 74/10

Der talentierte Mr. Ripley
Roman. Deutsch von Barbara Bortfeldt.
detebe 74/11

Ripley Under Ground
Roman. Deutsch von Anne Uhde.
detebe 74/12

Ripley's Game oder Der amerikanische Freund
Roman. Deutsch von Anne Uhde.
detebe 74/13

Der Schneckenforscher
Gesammelte Geschichten. Vorwort von Graham Greene. Deutsch von Anne Uhde.
detebe 74/14

Ein Spiel für die Lebenden
Roman. Deutsch von Anne Uhde.
detebe 74/15

Kleine Geschichten für Weiberfeinde
Deutsch von W. E. Richartz. detebe 74/16

Kleine Mordgeschichten für Tierfreunde
Deutsch von Anne Uhde. detebe 74/17

Venedig kann sehr kalt sein
Roman. Deutsch von Anne Uhde.
detebe 74/18

Ediths Tagebuch
Roman. detebe 74/19

● **Harold Brodkey** (*?)
Erste Liebe und andere Sorgen
Erzählungen. Deutsch von Elizabeth Gilbert

Das Diogenes Lesebuch amerikanischer Erzähler
Geschichten von Washington Irving bis Harold Brodkey. Herausgegeben von Gerd Haffmans. detebe 117

Der Baum mit den bitteren Feigen
Erzählungen aus dem Süden der USA, von Erskine Caldwell bis Thomas Wolfe. Herausgegeben von Elisabeth Schnack. Ein Diogenes Sonderband

Liebesgeschichten aus Amerika
Herausgegeben von John G. Machaffy. Ein Diogenes Sonderband